光明日报
字信息处理技术的研究和应用获重大突破
在新的崛起面前
教科新闻
学习不是你死我活的战斗
宁波一老师竟让家长批改作业
华主席离平壤回国金主席到车站热烈欢送
金主席向华主席赠送礼品
实践是检验真理的唯一标准
就是要彻底否定"文革"
人民日报
RENMIN RIBAO
分清主流与支流 兢把 齐头 当过头
李鹏会见
中国与汤加王

你如今看见的日常，

来得并不寻常。

报章里的改革史

BAOZHANG LI DE
GAIGE SHI

刘　昆　主编

GUANGXI NORMAL UNIVERSITY PRESS
广西师范大学出版社
·桂林·

图书在版编目（CIP）数据

报章里的改革史 / 刘昆主编．—桂林：广西师范大学出版社，2018.10（2018.12 重印）
ISBN 978-7-5598-1236-0

Ⅰ．①报… Ⅱ．①刘… Ⅲ．①改革开放－中国－文集
Ⅳ．①D61-53

中国版本图书馆 CIP 数据核字（2018）第 228845 号

广西师范大学出版社出版发行
（广西桂林市五里店路 9 号　邮政编码：541004
网址：http://www.bbtpress.com）
出版人：张艺兵
全国新华书店经销
广西民族印刷包装集团有限公司印刷
（南宁市高新区高新三路 1 号　邮政编码：530007）
开本：890 mm × 1 240 mm　1/32
印张：12.25　　字数：250 千字
2018 年 10 月第 1 版　　2018 年 12 月第 2 次印刷
册数：5 001~11 000 册　　定价：65.00 元

为改革立传

40年前，中国的大门敞开了。一个改革开放的时代，如壮丽画卷，徐徐铺展开来。改革开放40年，中国在醒来，中国在蜕变，中国在腾跃，中国在飞翔。这个进程波澜壮阔，这个过程扣人心弦，这个历程令人回味无穷。

在波澜壮阔的改革进程中，新闻人是书写者，也是建设者。他们的文章千千万，总有那些“不寻常”，如航标，如星宿，熠熠发光。它们或是岁月的刻痕，或是历史的见证，或是时代的坐标，或是命运的呐喊，或是人世的长歌……这些文章不仅“美”，而且“真”，还很“实”，彰显出文字的劲道与力度。朱光潜先生说过：“年代久远常常使最寻常的物体也具有一种美。”何况，一些篇章一开始就如此“不寻常”。

这些记录并影响历史进程的名篇佳作，是新闻史的重要部分，也是改革开放史中的华章。

为纪念改革开放40周年，2018年初，光明日报社报业集团下的《文摘报》开办了《旧报新读——改革开放40年路上的人和事》专栏，将此间那些动人而“不寻常”的篇章重新打开，重新唤醒，重新编排，意在重温那些曾影响时代的新闻，让跌宕的故事复活，让历史的现场重现，让后人能随亲历者一起，回到那些风云际会的时刻。该栏目中的精彩文章，最终汇聚成了眼前这本《报章里的改革史》。

“过去史在我的现时思想活动中才能复苏，才获得它的历史性。”诚如此言，《报章里的改革史》记录的改革史，每一个故事的核心都是变革，但“昨天”与“今天”却能在时间的延展性中形成整体的叙事——

比如，书中的首篇，是1978年6月18日发表在《光明日报》的长篇通讯《深入宝库采明珠——记抗疟新药“青蒿素”的研制历程》，报道记录了青蒿素的研制过程和中西医结合的医学探索之路。30多年后的2015年，文中那位“解放后从北京医学院毕业的实习研究员”屠呦呦，成了首位因中国本土科学研究而获得诺贝尔科学奖的科学家，中医中药也迎来了世界舞台上的高光时刻。当改革开放让中国与世界相融，中国科学探索之路始自哪里，走向何方，都可以在“旧闻”与“新闻”的对比中找到。

再如，书中的另一篇“旧闻”，是作家徐迟写数学家陈景润的报告文学《哥德巴赫猜想》。1978年2月16日，当时只有四个版的光明日报，拿出两个半版面的篇幅转载了《人民文学》杂志的这篇文章。文章影响了一代人的心灵史，知识界无人不读，无人不知，而对中国普通公众，陈景润和“哥德巴赫猜想”几乎成了普及度最高的数学家和数学范畴。当时，中国正处于“只待新雷第一声”的历史转折点，《哥德巴赫猜想》极大地凝聚了全社会砥砺向前的共识；今日，新时代的中国面临着全面深化改革的历史重任，面临着国内外环境的深刻改变，更需要唤醒知识界与家国共担当的精神，重读此文正当其时。

为改革立传，媒体的镜头可宏阔可细腻，宏瞻是江河奔流，细观则是飞珠滚玉。改革开放40年，在对“什么是社会主义”“怎样建设社会主义”的持续思考中，在对“解放和发展生产力”“消灭贫穷”的持续探索中，马克思主义中国化不断推进，中国特色社会主义进入新时代，“四个自信”成为中国底气，经济发展取得史诗般的进步，改革与创新精神成为时代精神，我们前所未有地接近实现中华民族伟大复兴的目标。这些历史性变革，说到底，都是由每个中国家庭的变迁组成的；这个崭新的民族面貌，仔细看来，都是每个社会个体的表情。《报章里的改革史》所采撷的，正是这些微观历史层面的人物、场景、故事，但恰恰因为微观和具体，更能使读者清楚地看到改革行进，看到社会转型，看到文化嬗变，看到思想浪潮，看到我们的历史如何大浪淘沙，奔涌向前。

以写历史的虔敬写新闻，《报章里的改革史》所收录的优秀作品及作者，给今天的新闻人做出了示范，让我们再一次感受到了肩头的责任。以历史昭示未来,《报章里的改革史》当然又不仅仅是新闻行业的一次自我梳理,它更试图从40年中沉淀些什么,为新时代披荆斩棘推进改革大业的人们提供点力量,可能是一点信心,可能是一点底气,可能是一种长路同行的默契。

愿它与每个同道者相遇。

目 录

1978，6，18 光明日报

深入宝库采明珠

——记抗疟新药“青蒿素”的研制历程

本报记者 王 晨

一九七七年十月末，在祖国南方一
普通公社卫生院里，弥漫着紧张、急
的空气，一场全力抢救病危黎族儿童
战斗正在进行。

病儿只有五岁，三天前因患恶性疟
住院治疗，医务人员已经给他用氯喹
了一个疗程。人们都知道奎宁丸，氯
就是继奎宁之后用化学合成方法制成
一种抗疟药，是自第二次世界大战以
国际公认的“王牌”抗疟药。但是，
六十年代发现了抗氯喹原虫株，产生了严重抗药性
后，氯喹的疗效已经大大降低了。这一回，又是完
无效。病儿高烧不退，昏迷不醒，严重贫血，后来
发生消化道出血。眼看危在旦夕，医务人员们心头
扎上了千万根针！

就在这关键时刻，医务人员经过研究，给病儿注
了一种我国自己试制的新型抗疟药，病儿情况很快
生了变化：用药三十九小时后，能动嘴了；六十一
时后，完全清醒；验血发现，疟原虫已经全部转阴，
儿终于得救了！

这种高效、速效、低毒的抗疟新药叫“青蒿素”，
已经多次显示出良好疗效了。了解这种药的研制过
的人们，高兴地把它比做从祖国药学宝库里发掘出
的一颗明珠。

向难关挑战

一九六七年五月的一天，北京一个单位的会议
里，汇聚着有关部门的领导和几个省、市的科研人
。他们遵照伟大领袖毛主席的指示，在敬爱的周总
亲自关怀下，即将全面展开防治疟疾的研究。

要知道疟疾的厉害，可以读读唐代诗人白居易的
诗：“闻道云南有泸水，椒花落时瘴烟起，大军
水如汤，未过十人二三死。”诗人描绘的那种令
恐怖的“瘴烟”，就是疟疾。在那黑暗而漫长的岁
里，疟疾伴同着水旱洪涝、连绵战争而猖獗流行，
夺了不知多少劳动人民的生命！人们为“打摆子”
苦，对它讨厌极了。

解放后，这种局面已经发生了根本的变化。但
疟疾仍然是世界范围的常见传染病。特别是在氯喹
治疗疟疾的主要药物，越来越降低了作用以后，
新型抗疟药的任务，就越来越急迫地提到了各国
科学家的面前。很多方法，试过了，很多实验，
了。这是药学研究中的一道难关，是一项关系着
人民保健灭病的光荣任务。

党和人民的期望和重托，激励着科研工作者们树
，立壮志，攀高峰，破难关。他们说：我们有祖
药学这笔得天独厚的丰富遗产，只要遵循毛主席
“中国医药学是一个伟大的宝库，应当努力发
加以提高”的教导，努力运用现代科学知识和方
就一定能从祖国药学宝库里发掘出抗疟新药。

从中草药里发掘筛选抗疟药物的工作开始了。从
到北方，从内地到边疆，几个省、市派出了一个
研小组，一支支找药队，活跃在南方的崇山峻
行进在北方的平原沟壑。他们风餐露宿，开展普
走到哪里就向哪里的群众请教。那几年，正是林
“四人帮”疯狂破坏的时候，他们挑动武斗，制
乱，把一些研究单位搅得乌烟瘴气；他们阻塞交
停车停船，逼得科研人员肩挑行李，背着实验设
行下乡。不管受多大压力，冒多大风险，科研人员
地坚持进行工作。四年多过去了，收集整理的单
方近万个，中草药数千种，付出了艰巨的劳动。
，到底哪一个方子中的哪一味药是最理想的抗疟
？科研工作者们在顽强地探索着，探索着……

“绞汁法”的启示

“难道氯喹‘王牌’就不可替代，祖国药学宝库再也挖不出宝来吗？”一九七一年初夏，参加协作研究的中医研究院中药研究所的科研人员，正苦苦地思索着。

主要担负这项研究工作的是一位解放后从北京医学院毕业的实习研究员。她曾经把中医研究院十几年积累的治疟方搜集成册，从中选择了二百多方药进行了动物筛选实验，没有得到成果。祖国医药学书籍记载最多的治疗疟疾的药物是常山，经过大量研究，它虽然有一定效果，但毒性太大，病人服后剧烈呕吐，而且药源困难。那个实习研究员曾经这样问自己：一个氯喹不可超越，一个常山已经到顶，我们就真的无路可走吗？

就在这时，党组织让她去广州参加专业会议。我们敬爱的周总理对这次会议非常关心，对抗疟药研究亲自作了重要指示。这使科研工作者们受到极大的鼓舞和鞭策。那个实习研究员暗暗下定决心，要尽快闯出一条新路，让周总理放心！

新的攻关又开始了。科研人员请教老中医，翻医书，查《本草》，分析群众献方，扩大筛选药源，即使有一丝希望的也不放过，又对一百多种中草药进行复筛。头两遍虽然一无所获，但他们发现，用作对比实验的葡萄糖酸锑钠，当它的有效剂量不足时，也会出现低效或无效的结果。纯度相当高的化学药尚且如此，成分复杂、杂质又多的中草药，当没有掌握其客观规律时，它的有效成分很可能无法集中，以致显不出有效的结果。而一旦改进了方法，是有可能从低效、无效向高效转化的。

可是，到底怎样改进方法，究竟哪一种药可能有高效抗疟作用呢？科研人员还是没有理出头绪。他们翻看了古今大量的医药学著作和资料，从《神农本草经》到《本草纲目》，从各种治疟方到现代《中医杂志》，从总结祖国传统医药学经验入手，吸取着丰富的营养，寻找突破口。突然，那个实习研究员被东晋葛洪的医著《肘后备急方》中的一段话吸引住了：“青蒿一握（一把的意思），水一升渍，绞取汁尽服之。”她思忖：许多医书都记载着青蒿抗疟，过去我们和别的单位也都试验过，没有发现明显的抗疟作用，所以把它丢掉了又拾起来，拾起来又放弃了。一千六百多年前的葛洪，为什么在这里特别强调要用绞汁法呢？这个问题真使她绞尽了脑汁，蓦地，她想到：古代用绞汁法而不用通常的水煎法，会不会是存在着温度干扰的问题呢？换句通俗的话来说，青蒿是不是怕热呢？

科研人员立即改进方法，开始了提取青蒿抗疟成分的新的化学分析研究。他们历尽艰辛，得到了一种青蒿提取物，它是实验记录本上的第一百九十一号样品。

一九七一年十月四日，实验第一次出现了令人鼓舞的好征兆。第一百九十一号样品用于鼠疟模型，出现了百分之百的效价，疟原虫全部转阴。科研工作者抑制不住自己的激动心情，一鼓作气，加班加点，继续去粗取精，又找到了对鼠疟效价更集中而毒副作用更低的有效部分。功夫不负有心人，新型抗疟药已经曙光在望了。

探索无止境

青蒿抗疟有效部分对鼠疟有效，对其他动物如何，它的抗疟成分究竟是什么，毒性怎样？科研工作者要走的路程还很长很长。

猴疟又被治愈了，科技人员加紧进行药理毒性试验，这是用动物来试验一定剂量的药物有没有毒性。将青蒿抗疟有效部分给狗灌服以后，出人意料地出现了异常的病变。有的同志受抗疟药“无毒就无效、有毒才有效”的传统观念影响，认定青蒿抗疟有效部分的毒副作用大得很，还一一列举菊科蒿属植物可能具有的毒性，好象青蒿抗疟有效部分也都具有，简直象要宣判它的死刑。青蒿研究组的同志根据中药用药习惯和鼠疟、猴疟实验的结果，不同意这种意见，一时争论得十分激烈。科研人员解放思想，大胆争鸣，与外单位一起，反复分析讨论狗的病理切片，得出了青蒿抗疟有效部分低毒的正确结论，弄清了狗的病理异常与药无关，为初步临床实验打下了基础。

一九七二年七月，中医研究院东直门医院住进来三个特殊的“病人”。她们每天按时吃自己带来的药，严格接受医院的各种身体器官功能检查，作了一周的详细记录。原来，科研人员为了检验青蒿抗疟有效部分的药理试验结果，尽快上临床试验，决定先通过自身试服，来验证毒副作用反应。结果十分令人满意，这种药的正常有效剂量不会对人体产生毒副作用。有人曾经问自身服药的同志：“你们不怕出危险吗？”她们说：“想到人民的利益，按照科学办事，什么危险也不怕！”这是一种多么崇高的精神！

探索，是没有止境的。科研人员在初步临床实验取得成效的基础上，开始对青蒿抗疟有效部分进行分离提纯。他们热烈地谈论着：早在一千多年前，我们的祖先就发现了青蒿的抗疟疗效，这确是一个伟大的成就。现在，我们要用现代科学方法，挖出祖国医药学宝库里的宝藏，为创造中国统一的新医学、新药学贡献力量，这是何等光荣的责任、何等灿烂的前景啊！

科研工作者们满怀信心地投入新的战斗。他们克服重重困难，一次又一次地试验着，终于在一九七二年底，从青蒿抗疟有效部分里找到了一种结晶，它正是青蒿中的抗疟有效成分。辛勤的劳动终于结出丰硕的果实：青蒿素诞生了！

云南省药物研究所和山东省中西医结合研究院等单位也很早对当地产黄花蒿进行了研究，一九七三年，他们在不同的条件下，采用不同的办法，也提取出了与青蒿素的化学成分完全一样的黄花蒿素。

真正的考验

对于一种新药物来说，真正的考验在临床实验。如果临床结果不准确，或者可能把药断送在实验室里，或者可能把病人断送在病床上。各地都在加紧进行临床研究。攻克了间日疟，人们又向恶性疟、脑型疟进军。

同那些实验室研究人员相比，搞临床研究的医药卫生人员从事的是一种更艰苦的战斗。他们长期战斗在边疆、海岛，有时为一个病人，一个数据，爬高山、淌急流，钻密林；有时自己背上病人，抬上病人，一走就是几十里；他们为病人输过多少自己身上的鲜血，算也算不全；他们守护病人度过多少不眠之夜，数也数不清！

这是一九七四年深秋的一个夜晚，祖国西南边疆某县陡峭的山路上，急匆匆走着两个人。他们是广东中医学院的医务人员，要去抢救一个症状凶险的脑型疟病人。从清早五点就出发，已经
赶了一天路的医务人员，一心惦记
人，忘记了寒冷和疲劳，也顾不
一带常有野兽出没的危险，终于及
到了那个公社卫生院。

病人是一位佤族青年孕妇，一
就发生死胎流产，接着便昏迷了过
一天前虽然给病人灌服了青蒿素，
有看到明显好转。医务人员知道，
疟是疟疾中最危险的，孕妇脑型疟
亡率又一向最高。青蒿素靠得住吗？对他们说来
时，不仅需要很高的胆略，更需要严密的科学态
对人民极端负责的革命精神。广东中医学院的医
员，多年来坚持研究疟原虫在体内发育、繁殖规
积累了比较丰富的经验。他们经过仔细、认真
查，断定用青蒿素杀灭疟原虫是有把握的，只要
给病人输血，辅以其他的综合性对症处理，病人
转危为安。果然不出所料，五十个小时以后，病
醒了过来，十天后就病愈出院了。

广东中医学院同云南药物研究所以及当地医
门协作，提出了系统有力的临床验证报告，首次
青蒿素在治疗恶性疟、抢救脑型疟方面优于氯喹
举打开了局面。

在斗争中放射光芒

青蒿素研究在继续深入。从资源调查到生
艺，从临床验证到基础理论，全国几十个研究单
展了社会主义大协作，新成果不断出现。

提取方法改革了。过去采用的方法，成本高
作繁杂。云南省药物研究所创造出一种新方法，
简便易行。山东省中西医结合研究院先后制出
剂、微囊、油混悬剂、水混悬剂和固体分散剂，
比较，从中初步找到了较好的剂型。

为了尽快攻克基础理论这一关，首要的是要
青蒿素的化学结构。中医研究院中药研究所与中
学院上海有机化学研究所、北京生物物理研究
作，经过一年多的努力，运用现代科学技术，
青蒿素的化学结构是一种新的倍半萜内脂，是我
次发现的一个新抗疟化合物。

一九七五年底，科研人员得知国外也在进行
的某些化学研究时，要求将我们自己的研究成
表，为国争光。那时，“四人帮”加紧了篡党夺权的
活动，他们在卫生部的那个党羽，早就对青蒿素
怀不满，现在又来大兴问罪之师了。她气势汹汹
问：“为什么要和外国人争呢？”她胡说发表
化学结构是“迎合了资本主义医药投机商的需
强令从《科学通报》杂志要回已经排好的论文，
蛮横地不准发表。她抓住这件事，诬陷支持
员的革命老干部，打击科研单位党组织，迫害
子。在把别人打下去以后，她又摇身一变，又
示，又是讲话，妄图窃取青蒿素研究成果，为
帮”篡党夺权的罪恶阴谋服务。“四人帮”党
恶表演，给科研人员带来了巨大的困难，也从
教育和锻炼了他们。他们不屈服，不受骗，
研，用实际行动迎来了粉碎“四人帮”以后的
天。

一九六六年，国外一份文献上曾经说：“看
解决耐药性恶性疟原虫问题还在遥远的未来。”
的诞生，打破了这种悲观的预言，标志着我国药
的新水平。更可喜的是，很短的时间里，青蒿
又取得了一系列新进展。通过结构改造，为研
型的抗疟药打开了路子；同时还发现了它对其
疾病的特殊疗效，展现出更广阔、更光明的前
研人员决心把这项研究深入开展下去，让从祖
宝库里发掘出来的这颗明珠，放射出更加夺目
辉。

1978年，“科学的春天”到来了。这一年，一位年轻研究员的身影出现在了《光明日报》上，和她一起走进人们视野的，是一种新药——“青蒿素”。若干年后，当这位科学家成为迄今为止首位获得诺贝尔科学奖项的本土中国科学家，屠呦呦这个名字才彻底为人熟知。“科技兴则民族兴，科技强则国家强。”今天我们回顾这篇40年前的长篇通讯，仍能感觉到一位优秀新闻工作者高度的新闻敏感和文化自觉，更能感觉到春天来临之际，时代的心跳和脉搏是多么强劲而有力，至今不停歇。

春天里的心跳，40年不停歇

◎陈海波

1978年是一个不一般的年份。这一年，中国举行了十一届三中全会，拨乱反正，开始改革开放。这一年，全国科学大会召开，宣布“科学的春天”到来。同样是这一年，作为时代记录者、以知识分子为服务对象的《光明日报》，敏感地抓住了一个时代的心跳，一直持续到现在的心跳。

1978年6月17日，《光明日报》头版头条刊发消息《治疟新药“青蒿素”研制成功》，宣布一种治疗疟疾的有效新药——“青蒿素”已在我国研制成功，并称“这是我国医药卫生科技人员走中西医结合道路，发掘祖国医药学宝库所取得的一项重大科研成果”。

翌日，《光明日报》继续“跟踪”青蒿素，刊发时任光明日报记者王晨（现任中共中央政治局委员、全国人大常委会副委员长）采写的长篇通讯《深入宝库采明珠——记抗疟新药“青蒿素”的研制历程》，对青蒿素的研制过程做了全面而生动的解读。报道里还提及，“主要担负这项研究工作的是一位解放后从北京医学院毕业的实习研究员”。

这篇报道还原了青蒿素研制过程的艰难，以及科研人员的解放思想、大胆争鸣。他们“收集整理的单方验方近万个，中草药数千种”，但到底哪一个方子中的哪一味药是最理想的抗疟药？那位“实习研究员”在一次失败后问自己：“我们就真的无路可走吗？”37年后，当获得诺贝尔奖的屠呦呦再次接受《光明日报》采访时，回忆了当初的困惑：“经过那么多次失败，我也怀疑自己的路子是不是走对了，但我不想放弃。”这就是科学家的执着。

仍然回到1978年王晨的那篇报道：“突然，那个实习研究员被东晋葛洪的医著《肘后备急方》中的一段话吸引住了。”这便是后来被许多人津津乐道的一个历史细节：屠呦呦在“青蒿一握，以水二升渍，绞取汁，尽服之”的这句古籍记载里得到启发，找到了研制青蒿素的关键，得到了“第一百九十一号样品”，即青蒿提取物。报道里还记载了科研人员以身试药的事实，“想到人民的利益，按照科学办事，什么危险也不怕”。他们在一种自信和忘我的状态里，通过不断试验，终于分离提纯出抗疟有效成分——青蒿素。

据北京大学教授周程考证，《光明日报》关于青蒿素与抗疟疾的公开报道，在媒体上是第一次。1977年3月，《科学通报》刊发了青蒿素结构研究协作组的论文，“但这篇只有一页的论文是面向科学共同体写的，而且没有介绍青蒿素的抗疟功效”。

1993年，王晨在《新闻实践》杂志发表文章《我们彼此是否记得》，回忆了这篇通讯的写作背景：“记得是在香山招待所开了几天的鉴定会，北京中医研究院女科学家屠呦呦拿出了她潜心研究多年的成果……学者们整天开会、讨论，争得面红耳赤……我不停地记、听、问，终于写出了消息和长篇通讯。”

优秀的记者必须能在喧哗中找到宁静，善于抓住时代的心跳和脉搏，王晨就是这样的记者，光明日报则给他提供了舞台。科学就是那个时代的心跳，前进就是那个时代的脉搏。我们需要发展科学技术，需要不断前进，实现国家富强与民族复兴。我们从屠呦呦这样的科学家以及王晨这样的记者身上，感受到了那个时代知识分子对真理的矢志不渝，对国家的赤胆忠诚。接下来的四十年，科技的进步与中国的强大同步。

王晨在那篇报道里还写道：“科研人员决心把这项研究深入开展下去，让从祖国药学宝库里发掘出来的这颗明珠，放射出更加夺目的光辉。”确实如此。《光明日报》此后对青蒿素、屠呦呦的关注一直未间断，见证了科研人员如何把青蒿素这颗“明珠”擦得更亮。

1979年3月10日，《光明日报》刊发报道《中药青蒿可治盘形红斑狼疮》：中医研究院广安门医院科研人员，在青蒿素临床及实验研究取得重大成果的鼓舞下，大胆应用中药青蒿的蜜丸和青蒿素治疗盘形红斑狼疮，并取得很好的疗效。

1981年4月1日，《光明日报》刊发报道《抗疟新药蒿甲醚研究成功》：继青蒿素之后，我国又研制成功一种抗疟新药——青蒿素衍生物蒿甲醚。

1987年3月1日，《光明日报》刊发报道《青蒿素栓剂领到第一号新药证书》：为了使青蒿素尽快推广使用，中国中医研究院中药研究所试制成青蒿素栓剂，并领到《新药审批办法》施行以来的第一号新药证书。

1990年4月1日，《光明日报》刊发报道《治疗抗氯喹恶性疟新药效果好》：一种疗效高于青蒿素10倍的治疗抗氯喹恶性疟新药——还原青蒿素片研制成功，这是我国继青蒿素之后创制的又一种新化合物，后来入选1992年我国十大科技成就。

……

我们可以从这些报道里找到一种节奏和音符，那是中国科技进步的旋律，音韵铿锵，基调高昂，催人奋进。这种旋律，一直持续至今，是中国科研人员一步一个脚印踩踏出来的声音。但这声音里，也夹杂着苦涩——

1992年9月9日，《光明日报》刊发时任中国专利局局长高卢麟的署名文章《科技怎样"入关"？》，里面谈及多年后仍被很多人关注的青蒿素专利问题："这么好的东西却没人想到申请专利，不知用专利法保护它。……使我们失去了占领国际市场的机会。"

1994年9月13日，《光明日报》刊发报道《中国中医研究院中药研究所呼吁保护青蒿素的知识产权》，继续呼吁关注青蒿素

屠呦呦获得2015年诺贝尔生理学或医学奖

专利保护问题：“这样一个国家一类新药，近年来被许多地方滥产滥用，侵权现象十分严重。”

如今读来，令人惋惜。多年后，青蒿素专利问题因诺奖新闻而再次引发热议，光明日报记者采访了中国中医科学院中药研究所，他们解释：“这与我国当时没有实施专利保护法有一定关系。”历史已不可更改，但未来可以掌握。如今的中国，科技创新正得到越来越多的保护和尊重。倡导创新文化，强化知识产权创造、保护、运用，也被写入党的十九大报告。

在青蒿素之外，《光明日报》也一直对屠呦呦很关注。1978年那篇还原青蒿素研制过程的报道，是《光明日报》第一次与屠呦呦发生联系，但出于特殊考虑，未明确提及其名字。《光明日报》第一次出现“屠呦呦”三个字，是在1978年10月21日。当天刊发的报道《充分发挥专家作用，发扬学术民主——中医研究院成立学术委员会》中提及，在中医研究院学术委员会成立大会上，“医药科研工作者屠呦呦”作了关于《中药青蒿的抗疟研究》的学术报告。第二次出现是在1994年，屠呦呦的名字与“青蒿素的发明者”直接联系起来，不再像以前那么隐晦。此后，屠呦呦的名字频繁出现在《光明日报》上。

不仅仅是屠呦呦，更多科学家的名字、照片和文章占据了《光明日报》的版面，他们的形象也更丰富、饱满。这是这40年来中国科技发展的结果，他们创造了一个让中国科技从跟跑到并跑甚至领跑世界的时代，这个时代也回报给他们更大的尊重。2016年，习近平总书记在“科技三会”上说，要让领衔科技专家有职有权，有更大的技术路线决策权、更大的经费支配权、更大的资源调动权，防止瞎指挥、乱指挥。这是所有人的心声，科学家永远是时代的主角之一。我们需要更多“屠呦呦”（推动时代进步的科学家），也需要更多的“王晨”（书写时代进步的记录者）。因为，40年前开始的那个科学的春天以及那个春天里的心跳，从未停歇。

旧报章

深入宝库采明珠

——记抗疟新药“青蒿素”的研制历程

◎王　晨

一九七七年十月末，在祖国南方一个普通公社卫生院里，弥漫着紧张、急迫的空气，一场全力抢救病危黎族儿童的战斗正在进行。

病儿只有五岁，三天前因患恶性疟疾住院治疗，医务人员已经给他用氯喹治了一个疗程。人们都知道奎宁丸，氯喹就是继奎宁之后用化学合成方法制成的一种抗疟药，是自第二次世界大战以来国际公认的“王牌”抗疟药。但是，自六十年代发现了抗氯喹原虫株，产生了严重抗药性以后，氯喹的疗效已经大大降低了。这一回，又是完全无效。病儿高烧不退，昏迷不醒，严重贫血，后来又发生消化道出血。眼看危在旦夕，医务人员们心头像扎上了千万根针！

就在这关键时刻，医务人员经过研究，给病儿注射了一种我国自己试制的新型抗疟药，病儿情况很快发生了变化：用药三十九小时后，能动嘴了；六十一小时后，完全清醒；验血发现，疟原虫已经全部转阴，病儿终于得救了！

这种高效、速效、低毒的抗疟新药叫“青蒿素”，它已经多次显示出良好疗效了。了解这种药的研制过程的人们，高兴地把它比做从祖国药学宝库里发掘出来的一颗明珠。

向难关挑战

一九六七年五月的一天，北京一个单位的会议室里，汇聚着有关部门的领导和几个省、市的科研人员。他们遵照伟大领袖毛主席的指示，在敬爱的周总理亲自关怀下，即将全面展开防治疟疾的研究。

要知道疟疾的厉害，可以读读唐代诗人白居易的一首诗：“闻道云南有泸水，椒花落时瘴烟起。大军徒涉水如汤，未过十人二三死。”诗人描绘的那种令人恐怖的“瘴烟”，就是疟疾。在那黑暗而漫长的岁月里，疟疾伴同着水旱洪涝、连绵战争而猖獗流行，吞噬了不知多少劳动人民的生命！人们为“打摆子”所苦，对它讨厌极了。

解放后，这种局面已经发生了根本的变化。但是，疟疾仍然是世界范围的常见传染病。特别是在氯喹这类治疗疟疾的主要药物，越来越降低了作用以后，寻找新型抗疟药的任务，就越来越急迫地提到了各国医学科学家的面前。很多方法，试过了，很多实验，失败了。这是药学研究中的一道难关，是一项关系着亿万人民保健灭病的光荣任务。

党和人民的期望和重托，激励着科研工作者们树雄心，立壮志，攀高峰，破难关。他们说：我们有祖国医药学这笔得天独厚的丰富遗产，只要遵循毛主席关于“中国医药学是一个伟大的宝库，应当努力发掘，加以提高”的教导，努力运用现代科学知识和方法，就一定能从祖国药学宝库里发掘出抗疟新药。

从中草药里发掘筛选抗疟药物的工作开始了。从南方到北方，从内地到边疆，几个省、市派出了一个个科研小组，一支支找药队，活跃在南方的崇山峻岭，行进在北方的平原沟壑。他们风餐露宿，开展普查，走到哪里就向那里的群众请教。那几年，正是林彪、“四人帮”疯狂破坏的时候，他们挑动武斗，制造混乱，把一些研究单位搅得乌烟瘴气；他们阻塞交通，停车停船，逼得科研人员肩挑行李，背着实验设备步行下乡。不管受多大压力，冒多大风险，科研人员勇敢地坚持进行工作。四年多过去了，收集整理的单方验方近万个，中草药数千种，付出了艰巨的劳动。但是，到底哪一个方子中的哪一味药是最理想的抗疟药呢？科研工作者们在顽强地探索着，探索着……

“绞汁法”的启示

“难道氯喹‘王牌’就不可替代，祖国药学宝库再也挖不出宝来吗？”一九七一年初夏，参加协作研究的中医研究院中药研究所的科研人员，正苦苦地思索着。

主要担负这项研究工作的是一位解放后从北京医学院毕业的实习研究员。她曾经把中医研究院十几年积累的治疟方搜集成册，从中选择了二百多方药进行了动物筛选实验，没有得到成果。祖国医药学书籍记载最多的治疗疟疾的药物是常山，经过大量研究，它虽然有一定效果，但毒性太大，病人服后剧烈呕吐，而且药源困难。那个实习研究员曾经这样问自己：一个氯喹不可超越，一个常山已经到顶，我们就真的无路可走吗？

就在这时，党组织让她去广州参加专业会议。我们敬爱的周总理对这次会议非常关心，对抗疟药研究亲自作了重要指示。这使科研工作者们受到极大的鼓舞和鞭策。那个实习研究员暗暗下定决心，要尽快闯出一条新路，让周总理放心！

新的攻关又开始了。科研人员请教老中医，翻医书，查《本草》，分析群众献方，扩大筛选药源，即使有一丝希望的也不放过，又对一百多种中草药进行复筛。头两遍虽然一无所获，但他们发现，用作对比实验的葡萄糖酸锑钠，当它的有效剂量不足时，也会出现低效或无效的结果。纯度相当高的化学药尚且如此，成分复杂、杂质又多的中草药，当没有掌握其客观规律时，它的有效成分很可能无法集中，以致显不出有效的结果。而一旦改进了方法，是有可能从低效、无效向高效转化的。

可是，到底怎样改进方法，究竟哪一种药可能有高效抗疟作用呢？科研人员还是没有理出头绪。他们翻看了古今大量的医药学著作和资料，从《神农本草经》到《本草纲目》，从各种治疟方到现代《中医杂志》，从总结祖国传统医药学经验入手，吸取着丰富的营养，寻找突破口。突然，那个实习研究员被东晋葛洪的医著《肘后备急方》中的一段话吸引住了：“青蒿一握（一把的意思），水一升渍，绞取汁尽服之。”她思忖：许多医书都记载着青蒿抗疟，过去我们和别的单位也都试验过，没有发现明显的抗疟作用，所以把它丢掉了又拾起来，拾起来又放弃了。一千六百多年前的葛洪，为什么在这里特别强调要用绞汁法呢？这个问题真使她绞尽了脑汁，蓦地，她想道：古代用绞汁法而不用通常的水煎法，会不会是存在着温度干扰的问题呢？换句通俗的话来说，青蒿是不是怕热呢？

科研人员立即改进方法，开始了提取青蒿抗疟成分的新的化学分析研究。他们历尽艰辛，得到了一种青蒿提取物，它是实验记录本上的第一百九十一号样品。

一九七一年十月四日，实验第一次出现了令人鼓舞的好征兆。第一百九十一号样品用于鼠疟模型，出现了百分之百的效价，疟原虫全部转阴。科研工作者抑制不住自己的激动心情，一鼓作气，加班加点，继续去粗取精，又找到了对鼠疟效价更集中而毒副作用更低的有效部分。功夫不负有心人，新型抗疟药已经曙光在望了。

探索无止境

青蒿抗疟有效部分对鼠疟有效，对其他动物如何，它的抗疟成分究竟是什么，毒性怎样？科研工作者要走的路程还很长很长。

猴疟又被治愈了，科技人员加紧进行药理毒性试验，这是用动物来试验一定剂量的药物有没有毒性。将青蒿抗疟有效部分给狗灌服以后，出人意料地出现了异常的病变。有的同志受抗疟药“无毒就无效、有毒才有效”的传统观念影响，认定青蒿抗疟有效部分的毒副作用大得很，还一一列举菊科蒿属植物可能具有的毒性，好像青蒿抗疟有效部分也都具有，简直像要宣判它的死刑。青蒿研究组的同志根据中药用药习惯和鼠疟、猴疟实验的结果，不同意这种意见，一时争论得十分激烈。科研人员解放思想，大胆争鸣，与外单位一起，反复分析讨论狗的病理切片，得出了青蒿抗疟有效部分低毒的正确结论，弄清了狗的病理异常与药无关，为初步临床实验打下了基础。

一九七二年七月，中医研究院东直门医院住进来三个特殊的“病人”。她们每天按时吃自己带来的药，严格接受医院的各种身体器官功能检查，作了一周的详细记录。原来，科研人员为了检验青蒿抗疟有效部分的药理试验结果，尽快上临床试验，决定先通过自身试服，来验证毒副作用反应。结果十分令人满意，这种药的正常有效剂量不会对人体产生毒副作用。有人曾经问自身服药的同志："你们不怕出危险吗?"她们说："想到人民的利益，按照科学办事，什么危险也不怕!"这是一种多么崇高的精神!

探索，是没有止境的。科研人员在初步临床实验取得成效的基础上，开始对青蒿抗疟有效部分进行分离提纯。他们热烈地谈论着：早在一千多年前，我们的祖先就发现了青蒿的抗疟疗效，这确是一个伟大的成就。现在，我们要用现代科学方法，挖出祖国医药学宝库里的宝藏，为创造中国统一的新医学、新药学贡献力量，这是何等光荣的责任、何等灿烂的前景啊!

科研工作者们满怀信心地投入新的战斗。他们克服重重困难，一次又一次地试验着，终于在一九七二年底，从青蒿抗疟有效部分里找到了一种结晶，它正是青蒿中的抗疟有效成分。辛勤的劳动终于结出丰硕的果实：青蒿素诞生了!

云南省药物研究所和山东省中西医结合研究院等单位也很早对当地产黄花蒿进行了研究，一九七三年，他们在不同的条件下，采用不同的办法，也提取出了与青蒿素的化学成分完全一样的黄花蒿素。

真正的考验

对于一种新药物来说，真正的考验在临床实验。如果临床结果不准确，或者可能把药断送在实验室里，或者可能把病人断送在病床上。各地都在加紧进行临床研究。攻克了间日疟，人们又向恶性疟、脑型疟进军。

同那些实验室研究人员相比，搞临床研究的医药卫生人员从事的是一种更艰苦的战斗。他们长期战斗在边疆、海岛，有时为一个病人，一个数据，爬高山、淌急流，钻密林；有时自己背上病人，抬上病人，一走就是几十里；他们为病人输过多少自己身上的鲜血，算也算不全；他们守护病人度过多少不眠之夜，数也数不清！

这是一九七四年深秋的一个夜晚，祖国西南边疆某县陡峭的山路上，急匆匆走着两个人。他们是广东中医学院的医务人员，要去抢救一个症状凶险的脑型疟病人。从清早五点就出发，已经整整赶了一天路的医务人员，一心惦记着病人，忘记了寒冷和疲劳，也顾不得这一带常有野兽出没的危险，终于及时赶到了那个公社卫生院。

病人是一位佤族青年孕妇，一进院就发生死胎流产，接着便昏迷了过去。一天前虽然给病人灌服了青蒿素，但没有看到明显好转。医务人员知道，脑型疟是疟疾中最危险的，孕妇脑型疟的死亡率又一向最高。青蒿素靠得住吗？对他们说来，这时，不仅需要很高的胆略，更需要严密的科学态度和对人民极端负责的革命精神。广东中医学院的医务人员，多年来坚持研究疟原虫在体内发育、繁殖规律，积累了比较丰富的经验。他们经过仔细、认真的检查，断定用青蒿素杀灭疟原虫是有把握的，只要立即给病人输血，辅以其他的综合性对症处理，病人就能转危为安。果然不出所料，五十个小时以后，病人清醒了过来，十天后就病愈出院了。

广东中医学院同云南药物研究所以及当地医务部门协作，提出了系统有力的临床验证报告，首次证明青蒿素在治疗恶性疟、抢救脑型疟方面优于氯喹，一举打开了局面。

在斗争中放射光芒

青蒿素研究在继续深入。从资源调查到生产工艺，从临床验证到基础理论，全国几十个研究单位开展了社会主义大协作，新成果不断出现。

提取方法改革了。过去采用的方法，成本高，操作繁杂。云南省药物研究所创造出一种新方法，十分简便易行。山东省中西医结合研究院先后制出了片剂、微囊、油混悬剂、水混悬剂和固体分散剂，加以比较，从中初步找到了较好的剂型。

为了尽快攻克基础理论这一关，首要的是要搞清青蒿素的化学结构。中医研究院中药研究所与中国科学院上海有机化学研究所、北京生物物理研究所合作，经过一年多的努力，运用现代科学技术，测定出青蒿素的化学结构是一种新的倍半萜内脂，是我国首次发现的一个新抗疟化合物。

一九七五年底，科研人员得知国外也在进行青蒿的某些化学研究时，要求将我们自己的研究成果发表，为国争光。那时，“四人帮”加紧了篡党夺权的阴谋活动，他们在卫生部的那个党羽，早就对青蒿素研究心怀不满，现在又来大兴问罪之师了。她气势汹汹地责问：“为什么要和外国人争呢？”她胡说发表青蒿素化学结构是“迎合了资本主义医药投机商的需要”，强令从《科学通报》杂志要回已经排好的论文清样，蛮横地不准发表。她抓住这件事，诬陷支持科研人员的革命老干部，打击科研单位党组织，迫害知识分子。在把别人打下去以后，她又摇身一变，又是批示，又是讲话，妄图窃取青蒿素研究成果，为“四人帮”篡党夺权的罪恶阴谋服务。“四人帮”党羽的丑恶表演，给科研人员带来了巨大的困难，也从反面教育和锻炼了他们。他们不屈服，不受骗，坚持科研，用实际行动迎来了粉碎“四人帮”以后的大好春天。

一九六六年，国外一份文献上曾经说：“看来，要解决耐药性恶性疟原虫问题还在遥远的未来。”青蒿素的诞生，打破了这种悲观的预言，标志着我国药学研究的新水平。更可喜的是，很短的时间里，青蒿素研究又取得了一系列新进展。通过结构改造，为研制新类型的抗疟药打开了路子；同时还发现了它对其他一些疾病的特殊疗效，展现出更广阔、更光明的前途。科研人员决心把这项研究深入开展下去，让从祖国药学宝库里发掘出来的这颗明珠，放射出更加夺目的光辉。

（原载《光明日报》，1978年6月18日）

光明日报

GUANGMING RIBAO 1978年2月16日 星期四 农历戊午年正月初十 第10884号

马克思语录

在科学上没有平坦的大道，只有不畏劳苦沿着陡峭山路攀登的人，才有希望达到光辉的顶点。

哥德巴赫猜想

徐迟

编者按 我们高兴地向大家推荐《哥德巴赫猜想》一文。老作家徐迟同志深入科研单位写出的这篇激动人心的报告文学，热情讴歌了数学家陈景润在攀登科学高峰中的顽强意志和苦战精神，显示了陈景润对解决哥德巴赫猜想这一著名世界难题的卓越贡献。广大科学工作者和知识分子会从这里受到鼓午，受到教育，受到鞭策；广大工农兵群众读过以后，也一定会为我们国家有这样优秀的科学家和这样出色的科研成果而感到骄傲和自豪。一个民族，科学文化水平不提高，四个现代化是搞不起来的。我们要刻苦学习，要研究新问题，要攀登科学高峰，要努力提高我们整个民族的科学文化水平，争取对人类作出较大的贡献。

——为革命钻研技术，分明是又红又专，被他们攻击为"白专道路"。

——一九七八年两报一刊元旦社论《光明的中国》

一

x(1,2)为适合下列条件的素数p的个数：

$$x-p=p_1 \text{或} x-p=p_2p_3$$

p₁p₂p₃都是素数。〔这是不好懂的，读不懂时，可以跳过这几行。〕

表一充分大的偶数。

$$\text{命} C_x=\prod_{\substack{p/x\\p>2}}\frac{p-2}{p-2}\prod_{p>2}\left(1-\frac{1}{(p-1)^2}\right).$$

任意给定的偶数h及充分大的x，用$x_h(1,2)$表示满足下面条件的素数：p的个数：

$$p\leqslant x,\ p+h=p_1 \text{或} h+p=p_2p_3,$$

p_1, p_2, p_3都是素数。

本文的目的在于证明并改进作者在文献〔10〕内所提及的全部结果，现在详述如下。

二

引自一篇解析数论的论文。这一段引自它的引言"，提出了这道题。它后面是"（二）"，充满了各种公式和计算。最后是"（三）证明了一条定理。这篇论文，极不好懂。即数学家，如果不是专门研究这一个数学的分不一定能读懂。但是这篇论文已经得到了国的公认，誉满天下。它证明的那条定理，现国一致地把它命名为"陈氏定理"，因为它琢，名景润。他现在是中国科学院数学研究员。

润是福建人，生于一九三三年。当他降生到人间时，他的家庭和社会生活并没有对他显花朵一般的艳丽色彩。他父亲是邮政局职跑来跑去的。当年如果参加了国民党，就可达。但是他父亲不肯参加。有的同事说他真务。他母亲是一个善良的操劳过甚的妇女，十二个孩子。只活了六个。其中陈景润排行有哥哥和姐姐，下有弟弟和妹妹。孩子生得不是双亲所疼爱的儿女了。他们越来越成为赘——多余的孩子，多余的人。从生下的一就象一个被宣布为不受欢迎的人似的，来到间。

至没有享受过多少童年的快乐。母亲劳苦终上爱他。当他记事的时候，酷烈的战争灶鬼子打进福建省。他还这么小，就提心吊胆父亲到三元县的三明市，一个邮政分局当局邮局，设在山区一坐古寺庙里。这地方曾经命根据地。但那时候，茂郁山林已成为悲惨有男子汉都被国民党匪军疯狂屠杀，无一幸老年的男人也一个都不剩了。剩下的只有妇的生活特别凄凉。花纱布价钱又太贵了，穿，大姑娘都还裸着上体。福州被敌人占领进山来的人多起来。这里飞机不来轰炸，山点儿兴旺。却又迁来了一个集中营。深夜嚎声惨痛地回宕。不时还有杀害烈士的枪天，那些戴着镣铐出来劳动的人，神色就更

润的幼小心灵受到了极大的创伤。他时常被惊慌和迷惘所征服。在家里并没有得到乐趣，在小学里他总是受人欺侮。他觉得自己是一只丑小鸭。不，是人，他还是觉得自己也是一个人。只是他瘦削、弱小。光是这付窝囊样子就不能讨人喜欢。习惯于挨打，从来不讨饶。这更使对方狠狠揍他。而他则更坚韧而有耐力了。他过分敏感，过早地感觉到了旧社会那些人吃人的现象。他被造成了一个内向的人，内向的性格。他独独爱上了数学。演算数学习题占去了他大部分的时间。

当他升入初中的时候，江苏学院从远方的沦陷区搬迁到这个山区来了。那学院里的教授和讲师也到本地初中里来兼点课，多少也能给他们流亡在异地的生活改善一些。这些老师很有学问。有个语文老师水平最高。大家都崇拜他。但陈景润不喜欢语文。他喜欢两个外地的数理老师。外地老师倒还喜欢他。这些老师经常吹什么科学救国一类的话。他不相信科学能救国。但是救国却不可以没有科学，尤其不可以没有数学。而且数学是什么事儿也少不了它的。人们对他歧视，拳打脚踢，只能使他更加爱上数学。枯燥无味的代数方程式却使他充满了幸福，成为唯一的乐趣。

十三岁那年，他母亲去世了。是死于肺结核的，从此，儿想亲娘在梦中，而父亲又结了婚，后娘对他就不如亲娘了。抗战胜利了，他们回到福州。陈景润进了三义中学。毕业后又到英华书院去念高中。那里有个数学老师，曾经是国立清华大学的航空系主任。

名数学家华罗庚和陈景润在愉快地交谈。
本报记者摄

三

老师非常渊博，又诲人不倦。他在数学课上，给同学们讲了许多有趣的数学知识。不爱数学的同学都能被他吸引住，爱数学的同学就更不用说了。

数学分两大部分：纯数学和应用数学。纯数学处理数的关系与空间形式。在处理数的关系这部分里，讨论整数性质的一个重要分枝，名叫"数论"。十七世纪法国大数学家费马是西方数论的创始人。但是中国古代老早已对数论作出了特殊贡献。《周髀》是最古老的古典数学著作。较早的还有一部《孙子算经》。其中有一条余数定理是中国首创。据说大军事家韩信曾经用它来点兵。后来被传到了西方，名为孙子定理，是数论中的一条著名定理。直到明代以前，中国在数论方面是对人类有过较大的贡献的。十三世纪下半纪更是中国古代数学的高潮了。南宋大数学家秦九韶著有《数书九章》。他的联立一次方程式的解法比意大利大数学家欧拉的解法早出了五百多年。元代大数学家朱世杰，著有《四元玉鉴》。他的多元高次方程的解法，比法国大数学家毕朱，也早出了四百多年。明清以后，我们落后了。然而中国人对于数学好象是特具禀赋的。中国应当出大数学家。中国是数学的故乡。

有一次，老师给这些高中生讲了数论之中一道著名的难题。当初，他说，俄罗斯的彼得大帝造设彼得堡，聘请了一大批欧洲的大科学家。其中，有意大利大数学家欧拉，有德国的一位中学教师，名叫哥德巴赫也是数学家。

一七四二年，哥德巴赫发现，每一个大偶数都可以写成两个素数的和。他对许多偶数进行了检验，都说明这是确实的。但是这需要给予证明。因为尚未经过证明，只能称之为猜想。他自己却不能够证明它，就写信请教那赫赫有名的大数学家欧拉，请他来帮忙作出证明。一直到死，欧拉也不能证明它。从此这成了一道难题，吸引了成千上万数学家的注意。两百多年来，多少数学家企图给这个猜想作出证明，都没有成功。

说到这里，教室里成了开了锅的水。那些象初放的花朵一样的青年学生几几喳喳地议论起来了。

老师又说，自然科学的皇后是数学。数学的皇冠是数论。哥德巴赫猜想，则是皇冠上的明珠。

同学们都惊讶地瞪大了眼睛。

老师说，你们都知道偶数和奇数。也都知道素数和合数。我们小学三年级就教这些了。这不是最容易的吗？不，这道难题是最难的呢。这道题很难很难。要有谁能够做了出来，不得了，那可不得了呵！

青年人又吵起来了。这有什么不得了。我们来做。我们做得出来。他们夸下了海口。

老师也笑了。他说，"真的，昨天晚上我还作了一个梦呢。我梦见你们中间的有一位同学，他不得了，他证明了哥德巴赫猜想。"

高中生们轰的一声大笑了。

但是陈景润没有笑。他也被老师的话震动了，但是他不能笑。如果他笑了，还会有同学用白眼瞪他的。自从升入高中以后，他越发孤独了。同学们嫌他古怪，嫌他脏，嫌他多病的样子，都不理睬他。他们用鄙视的和讥讽的眼神盯着他。他成了一个踽踽独行，形单影只，自言自语，孤苦伶仃的畸零人。长空里，一只孤雁。

第二天，又上课了。几个相当用功的学生兴冲冲地给老师送上了几个答题的卷子。他们说，他们已经做出来了，能够证明那个德国人的猜想了。可以多方面地证明它呢。没有什么了不起的。哈！哈！

"你们算了！"老师笑着说，"算了！算了！"

"我们算了，算了。我们算出来了！"

"你们算啦！好啦好啦，我是说，你们算了吧，白费这个力气做什么？你们这些卷子我是看也不会看的，用不着看的。那么容易吗？你们是想骑着自行车到月球上去。"

教室里又爆发出一阵哄堂大笑。那些没有交卷的同学都笑话那几个交了卷的。他们自己也笑了起来，都笑得跺脚，笑破肚子了。唯独陈景润没有笑。他紧结着眉头。他被排除在这一切欢乐之外。

第二年，老师又回清华去了。他早该忘记这两堂数学课了。他怎能知道他被多么深刻地铭刻在学生陈景润的记忆中。老师因为同学多，容易忘记，学生却常常记着自己青年时代的老师。

四

福州解放！那年他高中三年级。因为交不起学费，一九五〇年上半年，他没有上学，在家自学了一学期。高中没有毕业，但以同等学历报考，他考进了厦门大学。那年，大学里只有数学物理系。读大学二年级时，才有了一个数学组。但只四个学生。到三年级时，有数学系了，系里还是这四个人。因为成绩特别优异，国家又急需培养人才，四个人提前毕了业。而且，立即分配了工作，得到的优待，羡慕煞人。一九五三年秋季，陈景润被分配到了北京！在第X中学当数学老师。这该是多么的幸福了呵！

然而，不然！在厦门大学的时候，他的日子是好过的。同组同系就只四个大学生，倒有四个教授和一个助教指导学习。他是多么饥渴而且贪馋地吸饮于百花丛中，以酝酿芬芳馥郁的数学蜜汁呵！学习的成效非常之高。他的抽象的领域里驰骋得多么自由自在！大家有共同的dx和dy等等之类的数学语言。心心相印，息息相通。三年中间，没有人歧视他，也不受骂挨打了。他很少和人来往，过的是黄金岁月，全身心沉浸在数学的海洋里面。真想不到，那么快，他就毕业了。一想到他将要当老师，在讲台上站立，被几十对锐利而机灵，有时难免要恶作剧的眼睛盯视，他禁不住吓得打战！

他的猜想立刻就得到了证明。他是完全不适合于当老师的。他那么瘦小和病弱。他的学生却都是高大而且健壮的。他最不善于说话，说多几句就嗓子发痛了。他多么羡慕那些循循善诱的好老师。下了课回到房间里，他叫自己笨旦。辱骂自己比别人的还厉害得多。他一向不会照顾自己，又不注意营养。积忧成疾，发烧到摄氏三十八度。送进医院一检查，他患有肺结核和急腹症。

这是著名数学家陈景润在翻阅资料。
本报记者摄

这一年内，他住医院六次，做了三次手术。当然他没有能够好好的教书。但他并没有放弃了他的专业。中国科学院不久前出版了华罗庚的名著《堆垒素数论》。它摆上书店的书架，陈景润就买到了。他一头扎进去了。非常深刻的著作，非常之艰难！可是他钻研了它。住进医院，他还偷偷地避开了医生和护士的耳目，研究它。他那时也认为，这样下去，学校没有理由欢迎他。

他想他也许会失业？又有什么办法呢？好在他节衣缩食，一只牙刷也不买。他从来不随便花一分钱，他积蓄了几乎他的全部收入。他横下心来，失业就回家，还继续搞他的数学研究。积蓄这几个钱是他搞数学的保证。这保证他失了业也还能研究数学的几个钱，就是他的命；他的命就是数学。至于积蓄一旦用光了，以后呢？他不知道那时又该怎么办？这是难题，这是尚未得到解答的猜想。而这个猜想后来也证明是猜对了的。他的病好不了，中学里后来无法续聘他了。

厦门大学校长来到了北京，在教育部开会。那中学的一位领导迁见了他，谈起来，很不满意，提出了一大堆的意见：你们怎么培养了这样的高材生？

王亚南，厦门大学校长，就是马克思的《资本论》的翻译者。听到意见之后，非常吃惊。他一直认为陈景润是他们学校里最好的学生。他不同意他所听到的意见。但他认为这是分配学生的工作时，分配不得当。他同意让陈景润回到厦门大学。

听说他可以回厦门大学数学系了，说也奇怪，陈景润的病也就好转了。而王亚南却安排他在厦大图书馆当管理员。又不让管理图书，只让他专心致意地研究数学。王亚南不愧为政治经济学的批判家，他懂得价值论，懂得人的价值。陈景润也没有辜负了老校长的培养。他果然精深地钻研了华罗庚的《堆垒素数论》和大厚本儿的《数论导引》。陈景润都把它们吃透了。他的这种经历却也并不是没有先例的。

当初，我国老一辈的大数学家、大教育家熊庆来，我国现代数学的引进者，在北京的清华大学执教。三十年代之初，有一个在初中毕业以后就失了学，失了学就完全自学的青年数学家，寄出了一篇代数方程解法的文章，给了熊庆来。熊庆来一看，就看出了这篇文章中的英姿勃发和奇光异采。他立刻把它的作者，姓华名罗庚的，请进了清华园来。他安排华罗庚在清华图书馆中工作，一面自学，一面听课。尔后，派遣华罗庚出国，留学英国剑桥。学成回国，已担任在昆明的西南联合大学校长的熊庆来又聘请他当联大教授。华罗庚后来再次出国，在美国普林斯顿和依利诺的大学教书。中华人民共和国成立以后，华罗庚马上回国来了，他主持了中国科学院数学研究所的工作。

陈景润在厦门大学图书馆中也很快写出了数论方面的专题文章，文章寄给了中国科学院数学研究所。华罗庚一看文章，就看出了文章中的英姿勃发和奇光异采，也提出了建议，把陈景润选调到数学研究所来当实习研究员。正是：熊庆来慧眼认罗庚，华罗庚青目识景润。

（下转第二版）

“我们高兴地向大家推荐《哥德巴赫猜想》一文。老作家徐迟同志深入科研单位写出的这篇激动人心的报告文学，热情讴歌了数学家陈景润在攀登科学高峰中的顽强意志和苦战精神，展示了陈景润对解决哥德巴赫猜想这一著名世界难题的卓越贡献。”这段“编者按”，刊登在1978年2月16日的《光明日报》上。当日的这份报纸，只有四个版，却拿出了两个半版面的篇幅，从头版整版开始，转载了《人民文学》杂志当年首期的报告文学《哥德巴赫猜想》。

40年，这部作品仍令人念念不忘

◎王国平

一万八千字，就像一首诗

“《哥德巴赫猜想》是站在思想巅峰之上的写作与思考。它的长久生命力表明，文学最为重要的还是思想品质与精神品相。”报告文学作家徐剑说。

“……他跋涉在数学的崎岖山路，吃力地迈动步伐。在抽象思维的高原，他向陡峭的巉岩升登，降下又升登！……他无法统计他失败了多少次。他毫不气馁。他总结失败的教训，把失败接起来，焊上去，作登山用的尼龙绳子和金属梯子。……一张又一张运算的稿纸，像漫天大雪似的飞舞，铺满了大地。数字、符号、引理、公式、逻辑、推理，积在楼板上，有三尺深。忽然化为膝下群山，雪莲万千。”《哥德巴赫猜想》中的这些句子，历来为人称道。

“读《哥德巴赫猜想》为何让人激动不已？因为诗人的激情排山倒海一般涌来，字里行间有着饱满的诗性。”作家叶梅说。

陈景润

在中国作协创作研究部副主任李朝全看来，一万八千字左右的《哥德巴赫猜想》就像是一首诗，将抽象、玄奥的科技术语和概念形象化，变得生动可读，“充分彰显了报告文学创作短、平、快、新、实的特点，实现了报告性、新闻性和艺术性、文学性的完美统一与融合”。

“可以说，《哥德巴赫猜想》有力地界定了报告文学这个文体的内涵和外延。”中国作协副主席李敬泽说。

把陈景润当成文学画廊中的人物来写

徐迟动手写《哥德巴赫猜想》时已经63岁了。“读这篇报告文学，你分明能感受到他的古典文学修养，很典雅、高贵，文字有韵律感。”报告文学作家徐剑说。

不仅传统的底子深厚，徐迟还是翻译家，他的译著《瓦尔登湖》至今都是权威版本。他19岁开始写诗，写过一系列的小说、散文和文艺评论，《徐迟文集》共计10卷。他写报告文学《哥德巴赫猜想》，是真正的“厚积薄发”。

报告文学作家赵瑜认为，现在的部分作品，写的人物只是一个符号，陷入理念化、概念化、数据化的误区。这就越发看出徐迟刻画人物的功力，“他写的是活生生的人物，围绕人、人心、人性、人的特征、人的时代代表性来写。他是把陈景润当成文学画廊中的人物来写的”。

《哥德巴赫猜想》就像是一面镜子，可以照出作品的成色；也是一杆秤，可以称出作品的斤两。

“科学的春天”这首大歌的领唱

当年转载这篇报告文学时，《光明日报》“编者按”写道，广大科学工作者和知识分子“会从这里受到鼓舞，受到教育，受到鞭策”，而普通读者则“一定会为我们国家有这样优秀的科学家和这样出色的科研成果而感到骄傲和自豪”。事实证明，这样的判断精准而又切合实际。

《人民文学》杂志副主编徐坤当年就是在《光明日报》上读到这篇文章的，“读了一遍又一遍，‘陈景润’‘皇冠上的明珠’‘(1+1)’

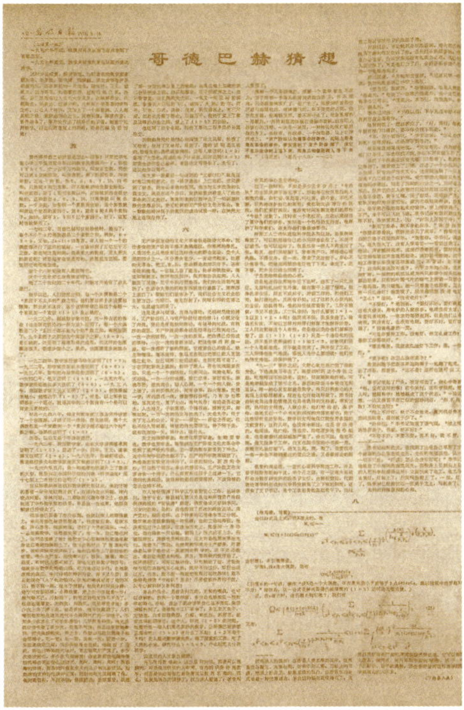

哥德巴赫猜想

‘自己撞在树上，还问是谁撞了他’，这些关键词和生动细节，一直刻在脑海里，印象太深了”。

叶梅初读《哥德巴赫猜想》则是在田间地头。1978年，她在湖北恩施偏远的山区生产队蹲点。当时由于父母受到冲击，她经常遭遇莫名其妙的批评，心里很压抑。就在田间劳动时，她接到了家人寄来的当年首期《人民文学》杂志，站着一口气把《哥德巴赫猜想》读完了，“那个感觉，现在想起来都忍不住热泪盈眶，真是云开雾散、豁然开朗，天地是如此明亮”。

李敬泽当时14岁，他跟着大人，听着广播喇叭里朗诵《哥德巴赫猜想》，“没有人组织，大家都听进去了。感觉喇叭里的这个声音，给我们打开了一个新世界”。在李敬泽看来，这部作品敏锐地捕捉了时代精神，是文学对社会历史进程一次非常有力的参与，让人们重新认识到科学技术和知识分子的价值，开启了中国现代化的美好前景。

“《哥德巴赫猜想》是‘科学的春天’这首大歌的领唱。”《人民文学》杂志主编施战军说，陈景润、哥德巴赫猜想，在当时甚至就是报效祖国、攀登科学高峰的代名词。这是一个时代的新风尚。文学艺术出色地参与了这一重知识、爱科学、得民心、有力量的社会风尚的形成。

（原载《光明日报》，2018年2月5日）

旧报章

哥德巴赫猜想（节选）

◎徐　迟

数学分两大部分：纯数学和应用数学。纯数学处理数的关系与空间形式。在处理数的关系这部分里，论讨整数性质的一个重要分支，名叫“数论”。17世纪法国大数学家费马是西方数论的创始人。但是中国古代老早已对数论作出了特殊贡献。《周髀》是最古老的古典数学著作。较早的还有一部《孙子算经》。其中有一条余数定理是中国首创。后来被传到了西方，名为孙子定理，是数论中的一条著名定理。直到明代以前，中国在数论方面是对人类有过较大的贡献的。13世纪下半纪更是中国古代数学的高潮了。南宋大数学家秦九韶著有《数书九章》。他的联立一次方程式的解法比瑞士大数学家欧拉的解法早出了五百多年。元代大数学家朱世杰，著有《四元玉鉴》。他的多元高次方程的解法，比法国大数学家毕朱，也早出了四百多年。明清以后，我们落后了。然而中国人对于数学好像是特具禀赋的。中国应当出大数学家。中国是数学的故乡。

有一次，老师给这些高中生讲了数论之中一道著名的难题。他说，当初，俄罗斯的彼得大帝建设彼得堡，聘请了一大批欧洲的大科学家。其中，有瑞士大数学家欧拉；有德国的一位中学教师，名叫哥德巴赫，也是数学家。

1742年，哥德巴赫发现，每一个大偶数都可以写成两个素数的和。他对许多偶数进行了检验，都说明这是确实的。但是这需要给予证明。因为尚未经过证明，只能称之为猜想。他自己却不能够证明它，就写信请教那赫赫有名的大数学家欧拉，请他来帮忙做出证明。一直到死，欧拉也不能证明它。从此这成了一道难题，吸引了成千上万数学家的注意。两百多年来，多少数学家企图给这个猜想作出证明，都没有成功。

说到这里，教室里成了开了锅的水。那些像初放的花朵一样的青年学生叽叽喳喳地议论起来了。

老师又说，自然科学的皇后是数学。数学的皇冠是数论。哥德巴赫猜想，则是皇冠上的明珠。

同学们都惊讶地瞪大了眼睛。

老师说，你们都知道偶数和奇数。也都知道素数和合数。我们小学三年级就教这些了。这不是最容易的吗？不，这道难题是最难的呢。这道题很难很难。要有谁能够做了出来，不得了，那可不得了啊！

青年人又吵起来了。这有什么不得了。我们来做。我们做得出来。他们夸下了海口。

老师也笑了。他说："真的，昨天晚上我还做了一个梦呢。我梦见你们中间的有一位同学，他不得了，他证明了哥德巴赫猜想。"

高中生们哄的一声大笑了。

但是陈景润没有笑。他也被老师的话震动了，但是他不能笑。如果他笑了，还会有同学用白眼瞪他的。自从升入高中以后，他越发孤独了。同学们嫌他古怪，嫌他脏，嫌他多病的样子，都不理睬他。他们用蔑视的和讥讽的眼神瞅着他。他成了一个踽踽独行，形单影只，自言自语，孤苦伶仃的畸零人。长空里，一只孤雁。

第二天，又上课了。几个相当用功的学生兴冲冲地给老师送上了几个答题的卷子。他们说，他们已经做出来了，能够证明那个德国人的猜想了。可以多方面地证明它呢。没有什么了不起的。哈！哈！

"你们算了！"老师笑着说，"算了！算了！"

"我们算了，算了。我们算出来了！"

"你们算啦！好啦好啦，我是说，你们算了吧，白费这个力气做什么？你们这些卷子我是看也不会看的，用不着看的。那么容易吗？你们是想骑着自行车到月球上去。"

教室里又爆发出一阵哄堂大笑。那些没有交卷的同学都笑话那几个交了卷的。他们自己也笑了起来，都笑得跺脚，笑破肚子了。唯独陈景润没有笑。他紧结着眉头。他被排除在这一切欢乐之外。

第二年，老师又回清华去了。他早该忘记这两堂数学课了。他怎能知道他被多么深刻地铭刻在学生陈景润的记忆中。老师因为同学多，容易忘记，学生却常常记着自己青年时代的老师。

福州解放！那年他高中三年级。因为交不起学费，1950年上半年，他没有上学，在家自学了一个学期。高中没有毕业，但以同等学力报考，他考进了厦门大学。那年，大学里只有数学物理系。读大学二年级时，才有了一个数学组，但只四个学生。到三年级时，有数学系了，系里还是这四个人。因为成绩特别优异，国家又急需培养人才，四个人提前毕了业；而且，立即分配了工作，得到的优待，羡慕煞人。一九五三年秋季，陈景润被分配到了北京！在第X中学当数学老师。这该是多么的幸福了呵！

然而，不然！在厦门大学的时候，他的日子是好过的。同组同系就只四个大学生，倒有四个教授和一个助教指导学习。他是多么饥渴而且贪馋地吸饮于百花丛中，以酿制芬芳馥郁的数学蜜糖呵！学习的成效非常之高。他在抽象的领域里驰骋得多么自由自在！大家有共同的dx和dy等等之类的数学语言。心心相印，息息相通。三年中间，没有人歧视他，也不受骂挨打了。他很少和人来往，过的是黄金岁月；全身心沉浸在数学的海洋里面。真想不到，那么快，他就毕业了。一想到他将要当老师，在讲台上站立，被几十对锐利而机灵，有时难免要恶作剧的眼睛盯视，他禁不住吓得打战！

他的猜想立刻就得到了证明。他是完全不适合当老师的。他那么瘦小和病弱，他的学生却都是高大而且健壮的。他最不善于说话，说多几句就嗓子发痛了。他多么羡慕那些循循善诱的好老师。下了课回到房间里，他叫自己笨蛋。辱骂自己比别人的还厉害得多。他一向不会照顾自己，又不注意营养。积忧成疾，发烧到摄氏三十八度。送进医院一检查，他患有肺结核和腹膜结核症。

这一年内，他住医院六次，做了三次手术。当然他没有能够好好的教书。但他并没有放弃了他的专业。中国科学院不久前出版了华罗庚的名著《堆垒素数论》。刚摆上书店的书架，陈景润就买到了。他一头扎进去了。非常深刻的著作，非常之艰难！可是他钻研了它。住进医院，他还偷偷地避开了医生和护士的耳目，研究它。他那时也认为，这样下去，学校没有理由欢迎他。

他想他也许会失业？又有什么办法呢？好在他节衣缩食，一支牙刷也不买。他从来不随便花一分钱，他积蓄了几乎他的全部收入。他横下心来，失业就回家，还继续搞他的数学研究。积蓄这几个钱是他搞数学的保证。这保证他失了业也还能研究数学的几个钱，就是他的生命：他的生命就是数学。至于积蓄一旦用光了，以后呢？他不知道，那时又该怎么办？这也是难题；也是尚未得到解答的猜想。而这个猜想后来也证明是猜对了的。他的病好不了，中学里后来无法续聘他了。

厦门大学校长来到了北京，在教育部开会。那中学的一位领导遇见了他，谈起来，很不满意，提出了一大堆的意见：你们怎么培养了这样的高才生？

王亚南，厦门大学校长，就是马克思的《资本论》的翻译者，听到意见之后，非常吃惊。他一直认为陈景润是他们学校里最好的学生。他不同意他所听到的意见。他认为这是分配学生的工作时，分配不得当。他同意让陈景润回到厦门大学。

听说他可以回厦门大学数学系了，说也奇怪，陈景润的病也就好转了。而王亚南却安排他在厦大图书馆当管理员。又不让管理图书，只让他专心致意的研究数学。王亚南不愧为政治经济学的批判家，他懂得价值论，懂得人的价值。陈景润也没有辜负了老校长的培养。他果然精深地钻研了华罗庚的《堆垒素数论》和大厚本儿的《数论导引》。陈景润都把它们吃透了。他的这种经历却也并不是没有先例的。

当初，我国老一辈的大数学家、大教育家熊庆来，我国现代数学的引进者，在北京的清华大学执教。三十年代之初，有一个在初中毕业以后就失了学，失了学就完全自学的青年人，寄出了一篇代数方程解法的文章，给了熊庆来。熊庆来一看，就看出了这篇文章中的英姿勃发和奇光异彩。他立刻把它的作者，姓华名罗庚的，请进了清华园来。他安排华罗庚在清华数学系当文书，可以一面自学，一面大量地听课。尔后，派遣华罗庚出国，留学英国剑桥。学成回国，已担任在昆明的云南大学校长的熊庆来又介绍他当联大教授。华罗庚后来再次出国，在美国普林斯顿和依利诺的大学教书。中华人民共和国成立以后，华罗庚马上回国来了，他主持了中国科学院数学研究所的工作。

陈景润在厦门大学图书馆中也很快写出了数论方面的专题文章，文章寄给了中国科学院数学研究所。华罗庚一看文章，就看出了文章中的英姿勃发和奇光异彩，也提出了建议，把陈景润选调到数学研究所来当实习研究员。正是：熊庆来慧眼认罗庚，华罗庚睿目识景润。

1956年年底，陈景润再次从南方海滨来到了首都北京。

1957年夏天，数学大师熊庆来也从国外重返祖国首都。

这时少长咸集，群贤毕至。当时著名的数学家有熊庆来、华罗庚、张宗燧、闵嗣鹤、吴文俊等等许多明星灿灿；还有新起的一代俊彦，陆启铿、万哲先、王元、越民义、吴方等等，如朝霞烂漫；还有后起之秀，陆汝钤、杨乐、张广厚等等已入北京大学求学。在解析数论、代数数论、涵数论、泛涵分析、几何拓扑学等等的学科之中，已是人才济济，又加上了一个陈景润。人人握灵蛇之珠，家家抱荆山之玉。风靡云蒸，阵容齐整。条件具备了，华罗庚作出了部署。侧重于应用数学，但也要向那皇冠上的明珠，哥德巴赫猜想挺进！

要懂得哥德巴赫猜想是怎么一回事，只需把早先在小学三年级里就学到过的数学再来温习一下。那些12345，个十百千万的数字，叫做正整数。那些可以被2整除的数，叫做偶数。剩下的那些数，叫做奇数。还有一种数，如2，3，5，7，11，13等等，只能被1和它本数，而不能被别的整数整除的，叫做素数。除了1和它本数以外，还能被别的整数整除的，这种数如4，6，8，9，10，12等等就叫做合数。一个整数，如能被一个素数所整除，这个素数就叫做这个整数的素因子。如6，就有2和3两个素因子。如30，就有2，3和5三个素因子。好了，这暂时也就够用了。

1742年，哥德巴赫写信给欧拉时，提出了：每个不小于6的偶数都是二个素数之和。例如，6=3+3。又如，24=11+13等等。有人对一个一个的偶数都进行了这样的验算，一直验算到了三亿三千万之数，都表明这是对的。但是更大的数目，更大更大的数目呢？猜想起来也该是对的。猜想应当证明。要证明它却很难很难。

整个18世纪没有人能证明它。

整个19世纪也没有能证明它。

到了20世纪的20年代，问题才开始有了点儿进展。

很早以前，人们就想证明，每一个大偶数是二个“素因子不太多的”数之和。他们想这样子来设置包围圈，想由此来逐步、逐步证明哥德巴赫这个命题一个素数加一个素数（1+1）是正确的。

1920年，挪威数学家布朗，用一种古老的筛法（这是研究数论的一种方法）证明了：每一个大偶数是二个“素因子都不超九个的”数之和。布朗证明了：九个素因子之积加九个素因子之积，（9+9），是正确的。这是用了筛法取得的成果。但这样的包围圈还很大，要逐步缩小之。果然，包围圈逐步地缩小了。

1924年，数学家拉德马哈尔证明了（7+7）；一九三二年，数学家爱斯斯尔曼证明了（6+6）；一九三八年，数学家布赫斯塔勃证明了（5+5）；一九四〇年，他又证明了（4+4）。一九五六年，数学家维诺格拉多夫证明了（3+3）。一九五八年，我国数学家王元又证明了（2+3）。包围圈越来越小，越接近于（1+1）了。但是，以上所有证明都有一个弱点，就是其中的二个数没有一个是可以肯定为素数的。

早在1948年，匈牙利数学家兰恩易另外设置了一个包围圈。开辟了另一战场，想来证明：每个大偶数都是一个素数和一个“素因子都不超过六个的”数之和。他果然证明了（1+6）。

但是，以后又是十年没有进展。

1962年，我国数学家、山东大学讲师潘承洞证明了（1+5），前进了一步；同年，王元、潘承洞又证明了（1+4）。一九六五年，布赫斯塔勃、维诺格拉多夫和数学家庞皮艾黎都证明了（1+3）。

1966年5月，像一颗璀璨的明星升上了数学的天空，陈景润在中国科学院的刊物《科学通报》第十七期上宣布他已经证明了（1+2）。

自从陈景润被选调到数学研究所以来，他的才智的蓓蕾一朵朵地烂漫开放了。在圆内整点问题，球内整点问题，华林问题，三维除数问题等等之上，他都改进了中外数学家的结果。单是这一些成果，他那贡献就已经很大了。

但当他已具备了充分依据，他就以惊人的顽强毅力，来向哥德巴赫猜想挺进了。他废寝忘食，昼夜不舍，潜心思考，探测精蕴，进行了大量的运算。一心一意地搞数学，搞得他发呆了。有一次，自己撞在树上，还问是谁撞了他？他把全部心智和理性统统奉献给这道难题的解题上了，他为此而付出了很高的代价。他的两眼深深凹陷了。他的面颊带上了肺结核的红晕。喉头炎严重，他咳嗽不停。腹胀、腹痛，难以忍受。有时已人事不知了，却还记挂着数字和符号。他跋涉在数学的崎岖山路，吃力地迈动步伐。在抽象思维的高原，他向陡峭的巉岩升登，降下又升登！善意的误会飞入了他的眼帘。无知的嘲讽钻进了他的耳道。他不屑一顾；他未予理睬。他没有时间来分辩；他宁可含垢忍辱。餐霜饮雪，走上去一步就是一步！他气喘不已；汗如雨下。时常感到他支持不下去了。但他还是攀登。用四肢，用指爪。真是艰苦卓绝！多少次上去了摔下来。就是铁鞋，也早该踏破了。人们嘲笑他穿的是通风透气不会得脚气病的一双鞋子。不知多少次发生了可怕的滑坠！几乎粉身碎骨。他无法统计他失败了多少次。他毫不气馁。他总结失败的教训，把失败接起来，焊上去，作登山用的尼龙绳子和金属梯子。吃一堑，长一智。失败一次，前进一步。失败是成功之母；成功由失败堆垒而成。他越过了雪线，到达雪峰和现代冰川，更感缺氧的严重了。多少次坚冰封山，多少次雪崩掩埋！他就像那些征服珠穆朗玛峰的英雄登山运动员，爬啊，爬啊，爬啊！恶毒的诽谤，恶意的污蔑像变天的乌云和九级狂风。然而热情的支持为他拨开云雾；爱护的阳光又温暖了他。他向着目标，不屈不挠；继续前进，继续攀登。战胜了第一台阶的难以登上的峻峭；出现在难上加难的第二台阶绝壁之前。他只知攀登，在千仞深渊之上；他只管攀登，在无限风光之间。一张又一张的运算稿纸，像漫天大雪似的飞舞，铺满了大地。数字、符号、引理、公式、逻辑、推理，积在楼板上，有三尺深。忽然化为膝下群山，雪莲万千。他终于登上了攀登顶峰的必由之路，登上了（1+2）的台阶。

他证明了这个命题，写出了厚达二百多页的长篇论文。

（原载《光明日报》，1978年2月16日）

光明日報

GUANGMING RIBAO　1982年12月23日　星期四

农历壬戌年十一月初九　第12078号

大寨不再吃大锅饭了

据新华社太原十二月二十二日电　山西省昔阳县大寨大队党支部委员宋立英最近对新华社记者说，大寨大队从今年秋收以后开始实行联产承包到劳的生产责任制，不再吃大锅饭了。他们把八百六十亩耕地全部分给社员承包，实行大包干责任制，原来集体经营的一座粉坊、三台拖拉机、二百亩果园、八百亩山林，也都承包给社员。

宋立英说，现在她再也不用扯着嗓门喊社员下地了，社员也再不用那么紧张了。

助理工程师韩琨工余受聘贡献技术帮助攻关

救活工厂有功　接受报酬无罪

上海政法部门围绕韩琨"是不是罪人"发生过一场持续一年的争论，目前尚有余波。市委指示要认真研究重新处理

本报讯　记者谢军报，上海去年底发生了一控告一名科技人员犯罪特殊案件。围绕着"他不是罪人"这个问题，上海政法部门引起了一持续一年之久的争论，前尚有余波。他的名字韩琨，是上海橡胶制品究所的助理工程师。他新里被作为犯罪分子，从科研岗位"下放"到车间从事体力劳动。

事情要从一九七九年说起。上海奉贤县钱桥橡塑厂在这年十月决定转产微型轴承橡胶密封圈。这是上海微型轴承厂急需的配套产品。这种产品小而精巧，难度较高，没有一定的技术水平是啃不下来的。当钱桥橡塑厂党支部书记专程赶到市区韩琨家里聘请他担任技术顾问时，他想到这项工作既能为国家填补一项空白，又能多创外汇，就欣然同意了。他在完成本职工作的前提下，利用星期天和其它休息时间竭尽全力帮助工厂攻关。虽然从市区家中到远郊工厂来回二三百里，交通不便，但他每逢休息日总是早出晚归，风雨无阻，大年初一也不例外。经过近一年的努力，这种新产品终于试制成功并正式投产。

这个厂原来的老产品没有销路，因而连年亏损，面临关门的威胁。橡胶密封圈上马后，绝路逢生，工厂一年比一年兴盛：一九八〇年扭亏为盈，今年预计可盈利达四十万元。上海微型轴承厂采用了这个厂供应的橡胶密封圈后，也提高了对外竞争能力。

但是意料不到为工厂注入繁荣血琨却背上了沉重架。问题出在敏感上。他的妻子是农口，家中有两个孩济比较困难。钱桥领导出于关心和鼓一九七九年十二月他妻子的名义每月十八元，作为韩琨报酬，付了二十一共一千八百四十八九八一年初，经上批准，该厂嘉奖试密封圈的有功人员韩琨奖金一千二百外加上别的零星收共获三千四百余元橡胶制品所的领导个情况后说："韩钞票，问题的性质了。这是一个严重犯罪案件，应依法裁"。

（下转第四版

福建科

本报讯　记者徐九武、李林、陈有仁报道：十二月二十一日，当福建省药品检验所的代表在福州举行的鲨试剂鉴定会上，介绍了他们提前超额完成一九八〇年与福建省科委签订的"东方鲨试剂质量和中试工艺研究"的科研承

出一

西

一篇千字人物报道，把一个基层科技人员推到全国人民面前；一个默默无闻的小人物，因光明日报的报道名闻全国，并将载入史册。

韩琨事件：使大批科技人员免除牢狱之灾

◎叶　辉

被称为“中国星期天工程师无罪第一案”的韩琨事件，使“星期天工程师”从地下转到地上，由非法变成合法，这一转换极大地解放了科技生产力，推动了乡镇企业和民营经济的发展，使我国有限的科技力量在改革开放后的经济发展中最大限度地发挥作用。1984年，时任中共中央政治局委员、国务委员、国家科委主任方毅对光明日报总编辑杜导正说：“韩琨事件使一大批类似韩琨这样的科技人员免除了牢狱之灾！”

2008年，《新京报》在纪念改革开放30周年的报道中回顾了“韩琨事件”，该报为此发表上海交通大学教授熊丙奇的文章《给人才“松绑”造福社会》。

事件缘起

谢军，光明日报上海记者站站长，高级记者，上世纪80年代叱咤上海滩乃至声播全国的名记者。他写的韩琨事件报道打响了《光明日报》关于科技人员业余兼职问题是否合法系列报道的第一枪。

据谢军提供的资料介绍，韩琨事件的背景是：改革开放初期，乡镇企业和民营企业崛起，这些在一穷二白基础上创办企业的农民精明而大胆。缺乏技术怎么办？他们迅速把目标对准了国有企业和科研机构的科技人员，周末或节假日把他们请到企业进行技术服务，付给科技人员报酬。这一做法逐渐形成一种风气，这就是后来被称为改革开放过程中一大历史景观的“星期天工程师”现象。

“星期天工程师”在20世纪70年代末的出现，有效缓解了乡镇企业或民营企业缺乏技术的严重问题，却马上遇到了旧观念、旧体制的强烈抵制，科技人员所在单位对这些外出“赚外快”的技术人员的行为非常恼火，被视为是对人才部门或单位所有制的权力的挑战。人才单位所有制的制度性阻碍马上显现出来，人才所在单位利用单位的人事权加以制止，一旦发现制止无效，他们就会借助司法的力量施压，因为司法机关依据的还是旧的法律法规，科技人员业余兼职收取报酬往往被认定是受贿，这就导致许多“星期天工程师”遭遇被拘捕甚至判刑的厄运。

科技人员利用业余时间为乡镇企业、民营企业提供技术服务收取报酬的合法性问题，已成为当时一大无可回避的社会问题。

韩琨原系1950年代的调干生，毕业于军事院校，是军需企业的技术骨干，曾在我国自行设计的火炮用橡胶配制件以及军工产品研制中作出过贡献，受到多次嘉奖。后转业至上海市橡胶制品研究所任助理工程师。

1979年底的一天，上海奉贤县钱桥工业公司经理通过关系找到韩琨，邀请他担任钱桥橡胶用品厂的技术顾问，被韩琨婉拒。钱桥乡领导三顾茅庐，企业对他言听计从，尊崇有加，已按他的意见建厂房，添设备，韩琨很是感动。人非草木，孰能无情？韩琨军人出身，组织观念很强，虽然他乐意奉献，愿意用自己的技术为乡镇企业服务，但他有顾虑，表示帮助可以，但须征得单位同意。钱桥乡党委见他已松动，立即找到了韩琨所在单位橡胶制品研究所，征得了研究所领导同意。韩琨这才接受了聘书。韩琨因此成为一个此后备受责难、最终载誉历史的“星期天工程师”的杰出代表。

问题出在了企业对他的奖励上。作为乡镇企业的创办者，这些农民是精明的，也是大方的，重情义的，是懂得感恩的。他们感激韩琨寒来暑往的奔波操劳，决定一次性奖励韩琨3300元。两年时间，以效益上百万和个人所得奖励的区区3000多元，这样的比例用当时该厂工人的话说太不成比例了。

之所以做这样的奖励并非师出无名，钱桥乡党委和乡工业公司进行过认真研究，并参照当时劳动部门对科研人员利用业余时间搞第二职业实施津贴的有关规定，和当时国家科委对科研成果奖励条例，经集体讨论后才做出决定的。奖励分若干项目：奖金1200元；18个月来回的车票、外勤补贴728元；韩琨妻子没有工作，长期卧病，家庭生活困难，每月补贴88元，补21个月，得1848元，三项合计3376元。对妻子补贴部分，韩琨坚持不收，婉拒不成，存在了银行里，当时他就表态："如果不合规章，如数退回。"而其他部分，韩琨收下了。就是这笔奖金给韩琨带来了灾难。

一场全国性的大讨论

韩琨是功臣还是罪人？3000多元奖金补贴该不该拿？一时在司法界、知识界众说纷纭。

韩琨案件经检察院侦查结束移送到法院，长宁区法院主审法官杜经奉对此案却有截然相反的看法，在经过深入地调查之后，杜法官得出结论：韩琨非但无罪，而且有功！

问题复杂了，围绕韩琨案，检察院和法院之间发生了不同看法，引发了一场争论。

谢军是从上海市科技干部管理处的朋友处获悉韩琨案的。他从韩琨案中掂出这一事件的分量，马上判断这是一个具有普遍意义的典型人物。

科技局的朋友告诉他，关于韩琨案，上海市领导专门下令：不许报道。对于一个党报记者来说，是遵守命令还是冒着风险进行报道？此时，一个记者的社会责任感和人格、胆识、良知发挥了作用，谢军决定舍弃个人利益，冒着风险对此进行报道。他马上找到区法院的杜经奉法官和一位副院长，告知自己准备写报道的想法，得到了法院的支持，采访进展顺利。他又找到韩琨本人采访，还找了举报韩琨的橡胶研究所等单位和相关人员。深入采访之后，他占有了大量的第一手材料，稿子很快完成。稿件发回报社后，报社高度重视，编委会很快安排刊出。编辑部还给稿件加了一个旗帜鲜明的标题："救活工厂有功，接受报酬无罪"。这篇稿子1982年12月23日在《光明日报》一版头条位置刊出。

就像引爆了一颗炸弹，"星期天工程师"问题触及了社会的神经，马上引发了整个社会的强烈震荡，韩琨事件震惊全国。

12月24日，也就是报道发表的次日，谢军接到华东政法学院院长徐盼秋的电话，这位法学专家在电话里急切地表示他要来见记者，要发表自己对韩琨事件的看法。

1983年1月4日，《光明日报》头版头条发表徐盼秋的文章《要划清是非功罪的界限》，这位法学专家从法律上阐述了对"韩琨事件"的看法，旗帜鲜明地对韩琨的做法表示支持。同一天，《光明日报》还发表了韩琨的辩护律师郭学诚的文章《法律应保护有贡献的知识分子》。

韩琨事件引爆之后，全国各地的来信雪片似的飞向编辑部和

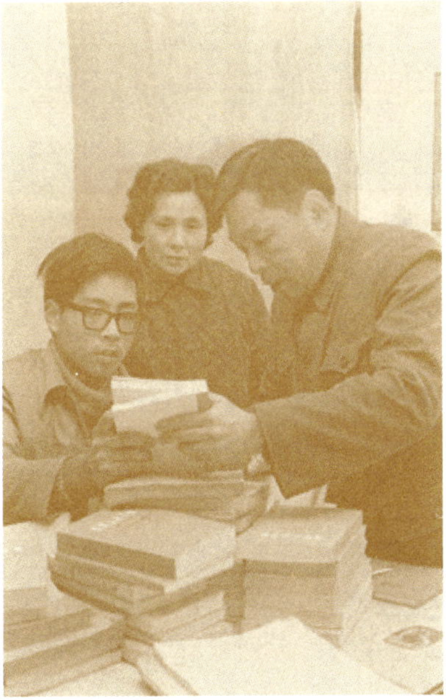

韩琨（右）受聘于中国科技大学，担任该校化学系化学教研室教师。

记者站，光明日报顺势而为，在报纸上开辟“如何看待科技人员业余应聘接受报酬?”专栏，开始就韩琨事件展开大讨论。

许多读者希望更进一步了解韩琨事件的细节，为此，编辑部指示谢军再做一篇详细报道。1月13日，《光明日报》一版头条刊登谢军的长篇通讯《韩琨事件始末》。

在《光明日报》的推动下，韩琨事件持续发酵，《光明日报》的专栏引导着舆论，引导着科技人员业余兼职领取报酬是否合法的大讨论更深入地展开，这场讨论波及全国科技、公检法司、劳

06 教科新闻 光明日报

学习不是你死我活的战斗

提高大学生就业质量

草根科技达人
韩琨走了

江苏24日开通异地高考
网上报名系统

艺考

澳门大学横琴校区下月竣工

宁波一老师竟让家长批改作业

广西打通“中职升本”通道

《光明日报》2013年1月24日刊登韩琨辞世消息

动人事、党政机关各部门。讨论持续了四个月，谢军就此先后写了10多篇报道一步步跟进。

新闻记录历史，影响今天。大讨论的结果是，“韩琨事件”引起高层注意，中共中央书记处和中央政法委专门就此开会讨论，并形成明确的意见：韩琨无罪！

1983年1月21日，时任中央政法委书记陈丕显主持召开政法委员会会议，专门讨论了“韩琨事件”，并作出六条决定：韩琨的行为不构成犯罪；类似韩琨的星期天工程师一律释放；公检法机关今后不再受理韩琨这类案子；关于业余应聘接受报酬等政策上的问题，由中央另行研究。

中共中央发文通知全国各地，科技人员在不影响本职工作的前提下可业余兼职并获取合理报酬，由此受打击的科技人员一律平反，一大批“韩琨”重获自由。

1月30日，《光明日报》一版头条以通栏大标题隆重推出时任劳动人事部部长赵守一答本报记者问的报道，关于科技人员业余兼职收取报酬问题终于迎来了新的政策——允许科技人员业余兼职并收取报酬。

韩琨这个小人物因为一件并不显著的小事引发了一场全国性的大讨论，他的这一特殊年代的特殊遭遇折射出历史的进步，反映了这个时代知识分子命运的巨大变迁。

媒体人的勇气

著名作家张贤亮认为，(20世纪)80年代最可贵的东西是：勇气！

《光明日报》上世纪80年代的报道中，因为有了勇气，才敢于突破旧的政策和法规底线，敢于顶住压力与抵制改革的势力进行较量，敢于旗帜鲜明地支持在改革中出现的新生事物，为改革助阵呐喊。张志新、遇罗克、马寅初、孙冶方、栾茀、韩琨、蒋筑英等人物报道便是《光明日报》当时刊发的影响最大、效果最好、最为社会各界称道的成功的人物报道。每个人物报道都呼应着一个重大的时代主题和社会关切。而这些人物报道的推出无不彰显着光明日报领导、编辑和记者的勇气。

纵观20世纪80年代《光明日报》等中央主流媒体，有一个现象很值得关注，那就是在重大的历史关头，在社会转型的关键时刻，中央主流媒体的领导人身上都有着一个相同的特质：勇气！这种勇气弥漫在他们的日常工作中，发散在他们的言行中，贯穿于他们的行动中。他们与真理同行，与时代同步！

旧报章

救活工厂有功　接受报酬无罪

◎谢　军

上海去年底发生了一起控告一名科技人员犯罪的特殊案件。围绕着“他是不是罪人”这个问题，在上海政法部门引起了一场持续一年之久的争论，目前尚有余波。他的名字叫韩琨，是上海橡胶制品研究所的助理工程师。他在所里被作为犯罪分子，从科研岗位“下放”到车间从事体力劳动。

事情要从1979年说起。上海奉贤县钱桥橡塑厂在这年10月决定转产微型轴承橡胶容封圈。这是上海微型轴承厂急需的配套产品。这种产品小而精巧，难度较高，没有一定的技术水平是啃不下来的。当钱桥橡塑厂党支部书记专程赶到市区韩琨家里聘请他担任技术顾问时，他想到这项工作既能为国家填补一项空白，又能多创外汇，就欣然同意了。他在完成本职工作的前提下，利用星期天和其他休息时间竭尽全力帮助工厂攻关。虽然从市区家中到远郊工厂来回二三百里，交通不便，但他每逢休息日总是早出晚归，风雨无阻，大年初一也不例外。经过近一年的努力，这种新产品终于试制成功并正式投产。

这个厂原来的老产品没有销路，因而连年亏损，面临关门的威胁。橡胶密封圈上马后，绝路逢生，工厂一年比一年兴盛：1980年扭亏为盈，今年预计可盈利达40万元。上海微型轴承厂采用了这个厂供应的橡胶密封圈后，也提高了对外竞争的能力。

但是意料不到的是，为工厂注入繁荣血液的韩琨却背上了沉重的十字架。问题出在敏感的“钱”上。他的妻子是农村户口，家中有两个孩子，经济比较困难。钱桥橡塑厂领导出于关心和鼓励，从1979年12月起，以他妻子的名义每月支付88元，作为韩琨的劳动报酬，付了21个月，共1848元。1981年初，经上级党委批准，该厂嘉奖试制橡胶密封圈的有功人员，发给韩琨奖金1200元。此外加上别的零星收入，他共获3400余元。上海橡胶制品所的领导得知这个情况后说：“韩琨拿了钞票，问题的性质就变了。这是一个严重的经济犯罪案件，应依法予以制裁”。

1981年10月，该所下令把他调往车间劳动，作出“停发每月奖金”的决定；取消他晋升工程师的资格。同时，以所的名义向区人民检察院控告了他。检察院立案侦查后，向本区人民法院提起公诉，指控韩琨收受贿赂，构成受贿罪。

韩琨在检察院立案的第二天，就把所谓的“赃款”近3000元现金送交检察院。消息传到钱桥，在群众中激起强烈反响。许多同志激愤地说：天底下哪有这样的罪人？老韩用自己的知识把我们厂扶起来救活了。公社党委书记说：“这样的人才难得，要吃官司，我替他去。”厂领导说：“这3000多元都是我们商量出来的，有错误，由我们承担。”研究所的大多数科技人员对所领导的种种做法也表示不满。

这个区人民法院经过深入调查研究，认为韩琨不仅没有给国家和人民造成危害，相反，他却创造了社会财富。因此，他的行为不构成犯罪，要求区检察院撤诉。一位自始至终参加此案调查的审判员说：“我们的法律应该保护有贡献的知识分子。韩琨有缺点，应热情帮助，但决不能一棍子把人家打下去。”

区检察院虽最终撤诉了，但还坚持认为韩琨“有罪”，只因他“能够交代罪行，积极退赔，决定从宽处理，免予起诉”。韩琨不服，提出申诉，但被“驳回”。

最近中共上海市委陈国栋、杨士法等领导同志对该案作了批示，明确指出把韩琨作为“罪人”对待是完全错误的，应该尽快恢复他从事技术工作的权利，工程师职称照样晋升。除挂名工资外，1200元成果奖归还本人。市委领导并指示有关部门认真研究，重新处理。

（原载《光明日报》，1982年12月23日）

光明日報
GUANGMING RIBAO
1982年8月27日 星期五
农历壬戌年七月初九 第11960号

党的十二大将发扬艰苦作风 本着节约原则安排会务活动

新华社北京八月二十六日讯 新华社记者从中共中央办公厅获悉：即将召开的党的第十二次全国代表大会，将发扬党的艰苦朴素的传统作风，本着厉行节约的精神安排代表的住宿、交通工具和各种会务活动。

会议筹备组规定，会议期间，不组织代表参观游览，代表看戏看电影一律收费。各住地的小卖部，不为代表设专柜供应新产品和紧缺商品。北京的百货商店不为代表增辟专门营业时间。同时，会议筹备组要求各地不要以献礼名义向代表提供新产品。

会议筹备组对这次大会的工作人员作了尽量压缩。会议规定，除年老有病、行动不便的老同志经过批准可以带一名随员外，其余一律不准带随员。据初步统计，大会工作人员比原计划将减少三分之一，随员将减少三分之二。会议筹备组还规定，大会期间代表集体乘车参加活动。中央党政机关、人民解放军驻京领导机关的代表，除年老体弱行动不便者外，一律在自己所在的代表团居住，并和其他代表一起乘大轿车参加会议。

对革命无限忠诚 为四化忘我工作

研究员蒋筑英为我国光学事业奋斗终生

林省委追认他为中共正式党员，中科院长春分院号召全院向他学习

本报讯 记者肖玉华 中国科学院长春光室代主任、副研究筑英，对革命无限忠发展我国光学事业，日地忘我工作，作要贡献。不久前他成疾，不幸逝世，十三岁。根据他生望，吉林省委最近为中共正式党员。学院长春分院召开号召所属各单位广向优秀科学工作者蒋筑英学习活动。

蒋筑英一九六二年毕业于北京大学物理系，曾是著名光学家王大珩的研究生。二十年来，他努力地学习和工作，业务水平提高很快，先后掌握了英、德、法、日、俄五种外国语。近年来，他和同事们一起对我国光学传递函数理论及测试做了开创性的工作，在光学检验、色度学以及软X射线检测技术等方面都做出了贡献。我国彩色电视机生产中曾出现一个突出问题，即颜色不纯正。怎样才能使彩色电视颜色逼真？从一九七四年八月开始，蒋筑英配合我国著名光学专家王大珩作了大量的工作，编写出“彩色电视摄象机校色矩阵最优化程序”。这是我国有关这方面研究的第一个计算程序，它解决了彩色电视的颜色逼真问题。

蒋筑英善于团结同行一道攻关。他阅读外文资料时，凡发现对其他同志的课题有帮助的资料，他都译成中文。许多同志都得到过他的帮助。他处处让荣誉，让方便，提携青年。去年，在研制十倍彩色电视变焦距物镜时，遇到彩色还原的技术难题，蒋筑英经过反复研究，从理论上找到答案。他立即把自己的收获贡献出来，由九室助研齐钰镀膜成功。他们合写的论文，在国内一个光学会议上得到很高评价，被列为大会的重点发言文章。会议点名让蒋筑英出席，他却把这个荣誉让给了齐钰。

蒋筑英为使我国光学科研达到先进水平，一贯刻苦钻研，工作不分昼夜。前些年，他家四口人，住在一个仅有十多平米的宿舍里，为不影响孩子学习，晚上他就在床边放一张小板凳，伏在床沿上看书、写作。在国外工作期间，他同样抓紧一切时间学习，并克勤克俭，用节省下来的钱给所里买了英文打字机、电子计算器等许多器件。

由于长期过度劳累，蒋筑英的体质日益下降。今年以来，他时常感到身体不适，右腹疼痛，身体日渐消瘦。但他因工作繁重，顾不上及时去医院检查。今年六月，他带病出差到成都，突然发病，抢救无效而不幸病逝。

蒋筑英逝世的消息传到所里，科技人员、干部、工人无比悲痛。许多同志自动扎制白花，书写挽联，深切悼念这位优秀的科研战士。长春光机所党委送的一幅挽联写道：“忘我工作，光明磊落，对革命无限忠诚；才华横溢，不计名利，为四化鞠躬尽瘁。”

中直机关党委对党员、干部开展共产主义思想教育

号召党员在各项工作中起表率作用迎接十二大

新华社北京八月二十六日讯 新华社记者报道：中共中央直属机关党委为迎接党的十二大召开，广泛深入地对党员、干部开展了共产主义思想教育，强调共产党员要保持共产主义的纯洁性，提高共产主义觉悟，做一个合格的共产党员，在各项工作中起表率作用。

今年五月举行的中直机关第八次党代表大会，明确提出了把加强党的政治思想教育、用共产主义思想武装广大党员和干部，作为今后党的工作的重点，并号召党员以实际行动迎接党的十二大的召开。在这以后，中直机关党委先后两次召开机关党的工作经验交流会，交流了对党员进行思想教育、改进支部工作、严格党的组织生活等方面的经验。“七一”前后，为纪念党诞生六十一周年，中直机关各个支部和广大党员普遍检查了年初订立的在各项工作中起表率作用的计划的执行情况。不少单位结合检查，表彰了先进党员。在打击经济领域严重犯罪活动的斗争中，中直机关党委召开了支部书记以上的党的领导骨干会议，总结了经验，强调要通过这场斗争，对党员进行反对资本主义思想腐蚀的教育。最近，中直机关党委发出了向模范共产党员赵春娥同志学习的通知，并举办了赵春娥事迹报告会，强调中直机关的广大党员要用赵春娥的思想品德要求自己，进一步推动在各项工作中起表率作用活动的深入开展。中直机关党委还决定，在一九八三年第一季度召开表彰大会，表彰自去年九月贯彻落实中共中央提出“中央机关要做全国的表率”的战斗口号以来涌现出的先进集体和先进人物。中直机关在十二大前还普遍抓紧了干部轮训工作。参加中直机关党委举办的“从鸦片战争到五四运动”近代史学习班的中直各单位干部，就有四百九十六人。

中直机关的广大党员、干部经过前一段的共产主义思想教育，进一步坚定了共产主义信念。党员们更加自觉地贯彻执行党的路线、方针、政策，贯彻执行《关于党内政治生活的若干准则》，工作中注意深入实际，调查研究，坚持从实际出发，机关工作效率有了显著提高，各级党组织的战斗力有了增强，党的民主集中制原则得到进一步贯彻，党的组织生活逐步走上了正常化、制度化；广大党员在各项工作中更加注意发挥表率作用和模范作用。

目前，中直机关各单位正在日夜紧张工作，为开好党的第十二次全国代表大会作出贡献。

为进一步做好知识分子工作 湖北省委制定五项措施

本报讯 湖北省委按照中央的要求，最近对全省七万四千七百七十六名高、中级知识分子的政策落实情况进行了普遍检查。为了认真贯彻“边检查、边解决问题”的精神，省委作出了以下五项决定：

一、各级党委要把知识分子工作列入重要议事日程，一年至少抓两次。省委决定由省直各有关部门负责同志参加，成立知识分子工作联系小组，组织部负责抓总。

二、从政治上关心知识分子的进步，组织和引导他们学习马列主义、毛泽东思想，做好在知识分子中发展党员的工作。

三、争取在三、五年内，企事业单位领导班子中，真正懂业务、会管理的知识分子达到百分之五十以上。在今年内，各地、市和各部门要选一百名至一百五十名优秀知识分子，列入省直各厅局和地、市领导班子的预备名单。对已经担任各级领导职务的知识分子，要支持他们大胆工作，使他们有职、有权、有责。

四、中级以上知识分子的业务进修主要由省的主管部门来负责组织安排，一般知识分子的业务进修由地、市、县和基层来安排。省委还决定，省筹建一所科技干部进修学院，作为全省培训科技人员的基地，并充分发挥高等学校和中等专业学校的作用。

五、对知识分子生活上的一些实际困难，先解决以下几个问题：一是明确高、中级知识分子的生活待遇标准。二是对生活水平在当地一般水平之下的中年知识分子，给予定期补助。三是凡年龄在四十岁以上、参加工作满二十年的中级以上知识分子，配偶在农村的，都允许迁往城镇，符合规定的子女也可以随迁。四是对归侨、侨眷中知识分子的实际困难从优解决。适当提高他们的住房标准。对他们的子女升学和就业，在同等条件下优先加以照顾。五是对长年在公社以下工作的农技人员，增发工作津贴（包括类似情况的行政干部）。六是改善中、小学教师，特别是山区、农村中小学教师的生活条件和工作条件。给中、小学增拨一定数量的修建校舍和教职员工宿舍的专门经费，不得挪作他用。

（四 青）

浙江省开展教育经费财务大检查

本报讯 本报通讯员宋梓铭报道：为了管好用好教育经费，浙江省教育厅把财务工作作为一九八二年的一项重点工作，在全省范围内组织一次财务大检查。第一批开展财务大检查的有十个县、市，参加的共四百多人，省教育厅的两位正副厅长和地、县、市教育部门的负责同志参加了财务检查的全过程。

浙江省一九八一年教育事业费支出比一九七六年增长百分之九十一点九，平均每年递增百分之十三点九。但在经费的使用上也存在不少问题，急需加以解决。从十个县、市财务检查中发现的主要问题是违反财经纪律，挪用教育经费。有些教育局对教育经费没有建立预决算制度，以拨款作支出。有的县滥发各种奖金、补贴和实物，奖金、补贴的名目竟有三十几种。经济上的犯罪活动在少数单位也有发生。财务队伍薄弱，财务管理混乱。

浙江省教育厅通过十个县、市财务检查，着重抓会计队伍的建设，制订了关于加强教育经费管规定。要求县教育局单独设置财务机构，配备财，公社中心学校以上的教学单位也要配备专职员，在十个县、市财务检查取得成效的基础教育厅已布置全省地、县、市教育部门在今年部要开展教育经费大检查。

老劳模张侯拉向国家献树三十万株

保德县委县政府通报表彰，并把他的事迹编入县志和树碑，以昭示后代

新华社太原八月二十六日电 五十年代就成为山西省林业劳动模范的张侯拉，于八月十一日，把他退休以后用十多年时间种植的三十万零七千五百株树全部献给国家。这位老劳模为绿化祖国作出很大贡献。他一生给国家、集体和别的农户植树总计一百多万株。中共保德县委、县人民政府最近作出决定，通报表彰张侯拉的功绩，把他的事迹编入县志，树碑昭示后代；并发给他奖金三千元，让他的第四个儿子到县国营林场工作，继承他的事业。

当张侯拉把这些树献给国家时，山西省林业厅拍来电报向他表示敬意。中共保德县委、县人民政府号召全县人民向他学习。

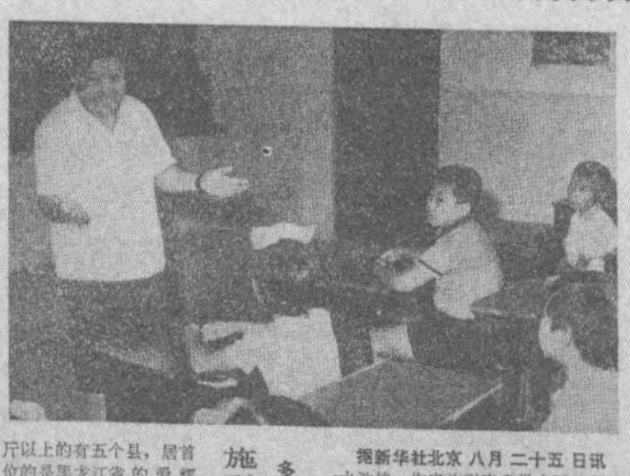

⇦ 党的十二大代表、北京景山学校特级教师马淑珍，忠诚党的教育事业，长期坚持识字教学改革试验，在提高教学质量，以及培养儿童优秀品德方面，做出了优异成绩。新华社记者 曹松龄摄

一九八一年度全国交售一亿斤以上商品粮的县有五百多个

其中二百五十多个是近几年新涌现的商品粮县

据新华社北京八月二十六日讯 新华社记者方：据商业部提供的一九八一年度在我生产有了比较稳定情况下，全国共有十个交售商品粮总亿斤以上的商品粮全国县级单位总数之一强。其中二百个是近几年新涌现商品粮县。年全国交售亿斤以商品粮县中，有八个粮在五亿斤以上。县是：辽宁省昌城；吉林省梨树、榆树；江苏省兴北省荆门和黑龙江县。其中，昌图县一年度向国家提供商品粮十亿零九千多万斤，是全国交售商品粮最多的县。

按每个农业人口平均交售的商品粮计算，五百多个商品粮县平均交售的水平比全国水平高一倍多，商品率普遍达到或超过百分之二十五，其中每人交售征、超购粮在一千斤以上的有五个县，居首位的是黑龙江省的爱辉县，人均交售一千四百四十三斤。

为推动小学生思想品德教育的讨论

天津市教育局要求各小学增订《光明日报》

本报讯 天津市教育局最近发出通知，要求全市各小学增订《光明日报》，以推动《大家都来关心小学生的思想品德教育》讨论的开展。

通知指出，前不久中共中央宣传部召开的少年儿童思想品德教育座谈会，号召全国人民都来关心少年儿童的成长，并决定在《光明日报》上开展《大家都来关心小学生的思想品德教育》的讨论，为了使教师及时阅读《光明日报》有关小学生思想品德教育的讨论文章，决定从九月份起，市区有条件的小学每个年级组，各郊区、各县每个学校增订一份《光明日报》。

（路清社）

施耐庵文物史料问题座谈会在京召开

多数人认为施彦端就是施耐庵的结论尚难成立

据新华社北京八月二十五日讯 《水浒传》作者施耐庵身世之谜揭开没有？中国社会科学院文学研究所最近在北京召开施耐庵文物史料问题座谈会。

参加座谈的古典文学、历史学、文物学等方面的专家、学者及新闻、出版界人士五十多人，怀着极大的兴趣目验了江苏同志专程运送来京的墓志铭、“长门谱”和其他文物史料原件。

座谈会上就墓志铭和“长门谱”中所记载的施彦端是否就是著《水浒传》的施耐庵等问题进行了讨论。

专家们表示，对目前已发现的文物史料存在着不同看法是十分正常的。多数人认为，从现有材料判断，施彦端就是《水浒传》作者施耐庵的结论尚难成立。与会者希望各有关方面通力协作，继续收集、发现新的文物史料，以期这一问题得以澄清。

精神文明大家谈

尊敬人者受尊敬

王锡璋

北京市新华书店海淀门市部的二六一六号服务员，是个戴眼镜的男青年。他待顾客彬彬有礼，服务热情周到。无论顾客要拿本书来看看，或是付款购书，他总是用双手将一册册新书捧交顾客。前几天，我到这家书店买书，亲眼看到不少买书者或看书者，离去时主动地对那位服务员道声“谢谢！”，或致以微笑表达敬意。见此情景，我甚有感触。服务员尊敬顾客，事情虽小，却不难使人悟出一条道理，只有尊敬别人，才能受到别人尊敬。

有谁不愿得到别人的尊敬呢？但是，如果只一味强调别人应该尊重“我”，唯我独尊，却不注意从一点一滴做起，去尊敬别人，那么，便永远也不会受到别人尊敬。现在有些做服务工作的青年人，自觉“职位低下，干的是叫人瞧不起的行当”，便故作挺胸昂首之态，待人冷若冰霜，似乎不如此便不能换取别人的敬重，其结果，只能适得其反，更令人对你的无知和傲慢反感。

其实，古今中外真正备受尊敬的许多伟人，恰恰几乎无一不是尊敬别人的典范。象古时的刘备三顾茅庐、杨时程门立雪，……都被人们颂为佳话，千古万世广为流传。当代毛主席尊师敬贤，周总理尊老爱幼……人们有口皆碑，千家万户学习仿效。由此奉劝那些“挺胸昂首者”，还是从尊敬别人做起吧！

蒋筑英是谁？很多读者恐怕对这个名字有些陌生了。站在今天的角度来回顾，蒋筑英一心报国却英年早逝的人生遭遇，是一种让人既心痛又感奋的时代记忆。

40年前，我国经济处于复苏期，物质匮乏，知识分子尤其是中年知识分子工作压力大，待遇低，英年早逝现象频发。蒋筑英的去世引发了从中央到地方对这一现象的重视，并采取各种措施关心知识分子，提高他们的待遇。蒋筑英的英年早逝成为知识分子待遇改善的分水岭。

改革开放走过40年历程，中国进入了新时代，知识分子的境遇早已今非昔比。艰苦奋斗再创业，改革开放再出发。广大知识分子秉持科技报国理想，把为祖国富强、民族振兴、人民幸福贡献力量作为毕生追求的初心，也从未改变。

蒋筑英，这是一个不朽的名字。

蒋筑英英年早逝：知识分子待遇改善的分水岭

◎叶　辉

蒋筑英

1982年初春，京广线上，一列客车正在疾驰。

车厢里，光明日报记者陈禹山正和几位武汉大学的教师聊得起劲。两位老师向他透露，现在高校老师尤其是中年教师压力大，待遇低，生活困难。工作上，他们是学校的顶梁柱；生活上，他们是家庭的主心骨，上有老下有小，而待遇太低又影响了他们的健康。就在过去的一年中，武汉大学接连多位中年教师英年早逝。

这一信息马上触动了陈禹山的新闻敏感，他意识到，中年知识分子英年早逝问题已成为一个社会问题，联想到近年社会上“救救中年知识分子”的呼声越来越高，这个问题值得高度重视。此时，陈禹山脑子里已在思考和酝酿这个问题，这是一个很好的选题，一个触及知识分子神经的重大选题，一旦寻找到合适的线索就可以动手采访。

本来，陈禹山可以马上到武汉大学采访，但当时他另有任务，只好暂时搁置。

不久，一个此后轰动全国的选题进入陈禹山的视野。那是1982年夏，中科院组织台湾籍科技工作者在北戴河开会，实际上这是一次让科技工作者放松的疗养，陈禹山应邀参加了这次活动。活动期间的一天黄昏，陈禹山与中科院人事部的一位干部一起在海边散步，闲聊中，这位人事部干部向他感叹，长春光机所所长王大珩的学生、中年科学家蒋筑英猝然去世，倒在了出差四川的途中。

又一个中年英才早逝！天妒英才啊！这位工作人员叹息。

陈禹山突然感到脑子里电光一闪，他马上意识到，他一直在思考和酝酿的关于知识分子英年早逝这一重大社会问题的报道机会来了！回到编辑部，他马上向领导汇报了自己的想法，得到支持。他立即赶赴长春采访。

早在陈禹山获悉蒋筑英去世的消息并决定去采访之前，另一双敏锐的眼睛已经盯住了这个人物，他就是光明日报驻吉林记者站站长肖玉华。

肖玉华在《往事追忆 在宣传蒋筑英的日子里》(《岁月——光明日报记者站30年》，光明日报出版社2008年出版）一文中说："1982年6月的一天，我在省委大院遇到中科院长春光机所党委书记李光。我问他到省委做什么来了？他心情沉重地说：'我所副研究员蒋筑英，最近到成都监测仪器，突然在那里逝世，才43岁，太可惜了。今天，我到组织部研究给他追认党员的事。唉，正是做贡献的时候，却过早的……'这'过早的'三个字引起我的思索。几乎与此同时，吉林省一位49岁的专业作家也溘然长逝。两位知识界人士的早逝，给我一个很深的印象，中年知识分子的健康问题应该引起重视。第二天，我便骑着自行车到长春光机所采访。"

肖玉华了解到，蒋筑英的去世让同事们非常伤心，原计划500人参加的追悼会最后到了1000多人，礼堂都无法容纳，这样的场面极为罕见。所长王大珩专门从北京赶回参加追悼会并为自己的学生致悼词，因为太过伤心，致悼词中间他泪流满面，不能自已。蒋筑英骨灰入葬革命公墓，王大珩坚持要亲自送去，临上车时才被同事劝阻。整个采访中，肖玉华被这个中年科学家的事迹深深感动了。

1982年8月27日，《光明日报》一版头条位置上刊出了肖玉华的人物新闻:《对革命无限忠诚，为四化忘我工作，副研究员蒋筑英为祖国光学事业奋斗终生》。这是中央媒体第一篇关于蒋筑英的报道。

集中宣传蒋筑英事迹是在1982年的10月。10月10日，陈禹山的长篇通讯《为中华崛起而献身的光辉榜样——记中年光学专家蒋筑英》在一版头条通栏转二版整版并配评论隆重推出。

陈禹山说，蒋筑英的长篇通讯刊出之后，马上在全国引起轰动。这个报道太有代表性了，报道触动了广大知识分子的神经，反映了在“文革”及“文革”前知识分子受轻视、受歧视、受迫害的现实，知识分子待遇低下，政治上不被信任，生活在贫困之中，而超负荷的工作加剧了对他们身体的伤害，导致许多知识分子英年早逝。

在中央领导的关注和重视下，蒋筑英的报道升级了！光明日报专门成立了以记者部主任卢云为组长、有陈禹山等编辑部人员以及吉林记者站肖玉华等参加的蒋筑英报道组，这个报道组直接由总编辑杜导正领导。

就在有关蒋筑英的报道密集铺开之时，10月15日，《光明日报》刊出另一个此后与蒋筑英相提并论的同类型人物报道《工程师罗健夫把毕生心血献给科研事业》。蒋筑英年仅43岁就去世了，而罗健夫去世时也只有47岁。这位此后被誉为“中国式保尔”的知识分子的事迹也非常感人。

陈禹山的通讯刊出之后，《光明日报》10月29日一版头条刊出评论《向知识分子优秀代表蒋筑英同志学习》。此后重要的后续报道还有：肖玉华与陈禹山合作的长篇通讯《光辉的足迹——

关于蒋筑英的故事》《蒋筑英生命的最后几天》，蒋筑英夫人路长琴的文章《永存的慰藉》，1983年1月7日一版头条刊登胡耀邦就蒋筑英罗健夫问题发表的谈话：《我们需要千千万万活着的蒋筑英罗健夫》。

此后，《光明日报》接连刊发了“活着的蒋筑英和罗健夫”的多篇报道：《关怀蒋筑英罗健夫式的知识分子 天津师大对讲师黄祯寿采取具体保护措施》《工程师刘维仁被誉为活着的蒋筑英罗健夫》。

《光明日报》对蒋筑英的连续报道，也推动了党和政府对这个先进人物的肯定和嘉奖，吉林省委发出开展向蒋筑英学习的决定，党和国家领导人号召广大知识分子向蒋筑英、罗健夫学习。为配合全国学习蒋筑英，吉林省组成蒋筑英模范事迹报告团到全国各地作巡回报告，在北京举办蒋筑英模范事迹展览，后来还拍摄了电影《蒋筑英》。

肖玉华在《新闻战线》杂志2004年第五期撰文说：“对蒋筑英这一典型的认识，是在宣传实践中不断升华的。开始，把他作为应予关心的中年知识分子健康的典型。当时对蒋筑英的宣传，起到这个作用。许多单位定期为知识分子检查身体，就是从那时开始的。但是，典型的意义远非止于此。胡乔木曾撰写文章，既对蒋筑英英年早逝惋惜，更称赞他是在逆境中奋起的科技英才。在宣传蒋筑英之后，又有罗健夫等一批优秀知识分子典型出现，为在全社会倡导‘尊重知识，尊重人才’创造了舆论环境。”

蒋筑英的英年早逝被称为“知识分子的中国式早逝”，属于“过劳死”。

改革开放之初，在社会财富积累过程中，出现了新的问题：脑体倒挂。特别是80年代中后期，社会上关于“手术刀不如剃头刀”，“搞导弹不如卖茶叶蛋”，“工人叫，农民笑，知识分子光着屁股坐花桥”的议论蜂起。知识分子尤其是中年知识分子，工作和生活压力太重，在单位，他们是工作中的骨干，拼命工作，以夺回被荒废了的宝贵时间；生活中他们上有老，下有小，是家庭的顶梁柱。由于工作时间长，压力重，劳动强度大，而又因为物质匮乏，长期营养不良，以致精疲力竭，突然引发身体潜藏的疾病急速恶化，救治不及终至殒命。

蒋筑英的英年早逝和他的感人事迹，经媒体报道后，引发了从中央到地方对知识分子英年早逝现象的重视。中央出台了一些改善知识分子待遇的政策，提高工资和补贴，注意知识分子的健康检查等。

有人说，蒋筑英的英年早逝成为中国知识分子待遇得到提高的分水岭。

分水岭的形成，有着深刻的时代背景。十一届三中全会后，党中央对知识分子做了新的定位，明确“知识分子是工人阶级的一部分”。邓小平同志多次表达了对知识分子的重视。尊重知识、尊重人才口号的提出，科学技术是第一生产力的定位都表明，知识分子不再是“臭老九”，不再是受歧视的阶层，知识分子开始得到应有的尊重，知识分子作为一个社会的精英阶层回到本该有的正常地位。

就在1980年元旦，以团结和服务知识分子为己任的《光明日报》发表题为《可喜的变化　光辉的前景》的社论，强调知识分子在人类历史发展中起到十分重要的作用，在社会主义社会，知识分子中的绝大多数已是工人阶级的一部分。在改革开放的新时期，知识分子一定能发挥更大的作用。

但是，落实知识分子政策是一个复杂而艰难的工作，这项工作几乎覆盖了整个80年代。

中央当时明确要求，落实知识分子政策工作必须在十三大前基本完成。中办发〔1984〕32号文件规定，由中央组织部负责落实知识分子政策的抓总工作。1986年，中组部专门下发《中共中央组织部关于检查落实知识分子政策工作的通知》。

《光明日报》有关落实知识分子政策的报道，也持续了整个80年代。在这10年中，就知识分子的生活待遇、工作条件、著作版权、稿酬、职称以及中年知识分子的健康等问题，《光明日报》发表了大量的报道和调查报告，这些报道在社会上引起很大的反响，受到党和政府有关部门的重视，推动了党的知识分子政策的落实。

旧报章

对革命无限忠诚　为四化忘我工作

副研究员蒋筑英为我国光学事业奋斗终生

吉林省委追认他为中共正式党员，
中科院长春分院号召全院向他学习

◎肖玉华

中国科学院长春光机所四室代主任、副研究员蒋筑英，对革命无限忠诚，为发展我国光学事业，夜以继日地忘我工作，作出了重要贡献。不久前他因积劳成疾，不幸逝世，年仅四十三岁。根据他生前的愿望，吉林省委最近追认他为中共正式党员。中国科学院长春分院召开大会，号召所属各单位广泛开展向优秀科学工作者蒋筑英学习活动。

蒋筑英一九六二年毕业于北京大学物理系，曾是著名光学家王大珩的研究生。二十年来，他努力地学习和工作，业务水平提高很快，先后掌握了英、德、法、日、俄五种外国语。近年来，他和同事们一起对我国光学传递函数理论及测试做了开创性的工作，在光学检验、色度学以及软 X 射线检测技术等方面都做出了贡献。我国彩色电视机生产中曾出现一个突出问题，即颜色不纯正。怎样才能使彩色电视颜色逼真？从一九七四年八月开始，蒋筑英配合我国著名光学专家王大珩做了大量的工作，编写出“彩色电视摄像机校色矩阵最优化程序”。这是我国有关这方面研究的第一个计算程序，它解决了彩色电视的颜色逼真问题。

蒋筑英善于团结同行一道攻关。他阅读外文资料时，凡发现对其他同志的课题有帮助的资料，他都译成中文。许多同志都得到过他的帮助。他处处让荣誉，让方便，提携青年。去年，在研制十倍彩色电视变焦距物镜时，遇到彩色还原的技术难题，蒋筑英经过反复研究，从理论上找到答案。他立即把自己的收获贡献出来，由九室助研齐钰镀膜成功。他们合写的论文，在国内一个光学会议上得到很高评价，被列为大会的重点发言文章。会议点名让蒋筑英出席，他却把这个荣誉让给了齐钰。

蒋筑英为使我国光学科研达到先进水平，一贯刻苦钻研，工作不分昼夜。前些年，他家四口人，住在一个仅有十多平方米的宿舍里，为不影响孩子学习，晚上他就在床边放一张小板凳，伏在床沿上看书、写作。在国外工作期间，他同样抓紧一切时间学习，并克勤克俭，用节省下来的钱给所里买了英文打字机、电子计算器等许多器件。

由于长期过度劳累，蒋筑英的体质日益下降。今年以来，他时常感到身体不适，右腹疼痛，身体日渐消瘦。但他因工作繁重，顾不上及时去医院检查。今年六月，他带病出差到成都，突然发病，抢救无效而不幸病逝。

蒋筑英逝世的消息传到所里，科技人员、干部、工人无比悲痛。许多同志自动扎制白花，书写挽联，深切悼念这位优秀的科研战士。长春光机所党委送的一副挽联写道："忘我工作，光明磊落，对革命无限忠诚；才华横溢，不计名利，为四化鞠躬尽瘁。"

（原载《光明日报》，1982年8月27日）

“打官司”与“打关系”

丹赤

旧社会有句俗话：“衙门口朝南开，有理无钱莫进来。”那时，“打官司”实为“打钱财”。现今，有时则是“打关系”。

何谓“打关系”？通常，当受害者向司法部门“告状”，以求申张正义时，被告者闻讯，便使用一切手段“调兵遣将”，为之“说情”、“灭火”，干扰案件的调查和处理。于是，本该处理的迟迟不受理，本已进行的突然中止。由此，又反转过来迫使受害人、冤屈者“如法炮制”。于是，你找到个某科长，我便找出某处长；我找个某处长，他便搬出个某局长……如此循环往复，双方的“关系”逐步升级，有理与无理是一回事，“关系”硬否又是一回事，名曰“打官司”，实为“打关系”。

那么，“打关系”究竟“打”到何等程度？笔者曾接触一位受害者，虽然事身无理，告发的问题也很为严重，因被告人的亲属都是一些带“长”的，抬出“关系”自然都是“大个的”，使案件一直拖了两年之久。某司法部门虽说对案件早已侦查完毕，事实确凿，本应立即法办，但均在关键时刻让“关系”给“打”住了。具体办案的同志虽然尚能主持正义，终因职权所限，打不过“大腿”，无可奈何地对被害人说：“对方的‘门子’太硬，你们也赶快想办法到上面找人吧！”这话听起来似乎好笑，实则“打关系”中“打”出的不是办法的办法。

“打官司”变为“打关系”，说起来也不新鲜，这正是我们常说的“以权代法”的一个反映。我倒觉得不必过多地去指责“打关系”的双方，应该评说的是那些被人用以“打关系”者。掀开“打关系”的内幕，被人们搬动出来的几乎都是党政机关的干部，有些还是地方上相当负责的领导同志，这些同志手中有“权”，方可被用来去“打关系”，这里的“打”字，总是要有一方被“打”，“打关系”即是有关系的去“打”没关系的，“打关系”中的诸位“大将”，无形中充当了“打手”——打击人民群众，打击正义。

诚然，如果明白地让这些同志去当“打手”，恐怕没人干，但实际上却起到了“打手”的作用。这是为什么？有人说，“有钱能使鬼推磨，‘打手’又算个啥！”我虽然不敢保证说绝对没有被“钱财”所撼动的，但我以为主要还是，□想弄懂了“关系”因而被用以“打关系”。事关自己的老上级、老战友、老同志，已然求到自己面前，岂能拒之门外？这心理，大概是主要的。因而，说他们“可悲”就在于“悲”在斩不破“关系网”、被人牵到了邪路；说他们“可鄙”就在于“鄙”在助纣为虐、庇护坏人坏事。

社会主义法律的尊严不可蔑视。“打关系”可以“打”一时，绝难“打”长久，打击了别人最终也必将“打”了自己。如果不信，你打打看？

读者论坛

中科院和国家计委地理所、科研人员发现我国低硒带

在防治克山病等方面取得突破性成果

本报讯 记者刘敬智报道：在刚刚结束的中国科学院科技进步奖的评审中，中国科学院和国家计委地理研究所有十项成果获奖。其中最引人注目的是荣获一等奖的“我国低硒带的发现与克山病、大骨节病病因的研究”。这项具有重大现实意义的成果，是以教授谭见安为首的十四位科技人员，在有关部门的协助下，经过十八年的努力取得的。

在调查中，他们充分发挥自己的特长，从宏观的角度搞出了病区在全国的分布图，然后又从分布图中反映出来的共性问题，进一步探索致病的病因。

这是一项十分艰苦细致的工作。十八年来，他们爬山涉水，跑遍了祖国的山山水水，全国二十八个省、市的三百多个县、旗中都留下了他们的足迹。他们在调查中还采集了大量的岩石、土壤、植物、粮食、水、人发、血液、脏器、动物毛发及组织等一系列样品，分析了十六个与生命有关的元素，积累了十三万多个数据。

自一九七九年开始，他们与有关单位协作又进行了六年的防治试验，证明用亚硒酸钠可以有效地预防克山病发生。亚硒酸钠和富硒酵母治疗大骨节病的有效率达百分之八十四至百分之九十八点五七，并且完全可以预防大骨节病。

这一重要发现在国际上引起反响。去年在伦敦召开的第一届国际环境地球化学与健康学术会议上，与会专家认为：中国关于标榜土帝属低硒带的发现及其与地方病关系的研究，具有重要的现实意义。

陕西省凤翔县漆器工艺美术厂的前身是一个生产小型农具的小厂，现在已发展成为有雕填、革器等五个工艺的工厂。该厂生产的刻绘屏风《孔雀牡丹》、刻绘挂屏《八仙过海》、仿古镶嵌《翘头柜》均在陕西省一九八五年漆器产品评比中荣获优秀作品奖。图为《翘头柜》的设计者、连续十二年的厂先进生产者、设计组组长张勤针（左）在彩绘车间指导工人给产品着色。

本报记者 彭瑋庆 吴力田摄

中年文博工作者吴正光、庄嘉如提出建议

贵州可建立各种具有地方和民族特色的博物馆

编辑部：

中年文博工作者吴正光、庄嘉如最近在贵州省文化出版厅召开的论证会上提出，在贵州建立各种具有地方特色和民族风格的博物馆，具有较好的基础和广阔的前景。他们的建议受到专家们的称赞。中国历史博物馆的一位民族文物专家赞扬说：“此举是民族学研究和民族博物馆事业发展的新趋势、新尝试，一定会引起国内外学者和旅游家的极大兴趣。”

他们向记者详细地阐明了自己的看法，他们的建议主要包括以下几个方面的内容。

一、利用文物保护单位开办博物馆。如石雕精湛的全国重点文物保护单位杨粲墓，可办一个反映黔北石刻艺术的博物馆，使之成为收藏、展出和研究黔北石刻艺术的中心。青龙洞是贵州最大的古建筑群，在此办一个建筑博物馆，陈列全省各地具有地方特色和民族风格的古建筑模型、沙盘、图纸、照片等。

二、建立一批具有民族特色的专题博物馆。贵州各族人民一年中有各种民族节日集会一千多次（处），人民在节日穿的服饰、吃的饮食、玩的乐器、唱的歌曲、跳的舞蹈等，被称为社会发展的“活化石”。在风景优美的黄平飞云崖建个民族博物馆，将民族节日的文物、资料和录相陈列展出，每逢节日，各族人民欢聚在此，载歌载舞，别有情趣。在“刺绣之乡”台江县文昌宫办个刺绣博物馆，在“蜡染之乡”安顺建个蜡染博物馆，将全省少数民族传统工艺的精华——蜡染和刺绣在博物馆展出，对保护民族文化遗产、发展民族经济定有好处。

三、建立一批具有地方特色的专题博物馆。贵州酿酒闻名于世。举办一次酒的文物展览，在此基础上办个酒博物馆，将全省有关酒的文物，包括出土文物、传世文物、过去和现在的各种酿酒工具、盛酒器皿以及反映各地区、各民族有关饮酒的风俗和礼仪的文物陈列出来，必将受到国内外观众欢迎。

戴宜长

本报记者来信

新疆发现古树化石——硅化木

专家希望建立自然保护区，以保护这些珍贵文物

本报讯 记者凌翔报道：去年秋季，由新疆林业科学院等单位组成的考察队，在卡拉麦里山一带一千五百平方公里的范围内，发现了大片露出地面的硅化木。仅在将军庙以北二十七公里处的一条山沟里，就发现了硅化木近千株。这些硅化木最高的三十米，最粗的直径二米多，树干、树皮、树杈、树系以及节疤、木纹、虫孔、年轮等均清晰可辨。形似枯木，敲击却铮铮作响，质地异常坚硬。有关专家认为，这片属于侏罗纪的硅化木，已有一亿五千万年左右的历史。其分布范围之广，数量之多，单株之长，直径之粗，实属国内外罕见。对于研究一亿年前的植物结构、植被面貌、古地理、古气候以及古植物的进化关系等，具有很高的科学价值。

另据有关专家反映，近几年由于缺乏切实的保护措施，致使卡拉麦里山一带的古树化石遭到了严重的破坏。新疆林业科学院等单位已提出了建立卡拉麦里山古树化石自然保护区的建议，并希望能引起有关方面的关注与重视。

我国著名的史学家和教育家翁独健先生溘然长逝了。我们为失去年高德劭的长者、诲人不倦的良师而悲痛莫名！先生在世时主持编写的《蒙古族简史》、《中国民族关系史纲要》、《中国少数民族历史大辞典》，或已付梓，或已定稿，或已展开工作，他还未来得及亲眼见到这些浸润着他多年心血的研究成果，就赍志而逝了。近一年来，大家正筹备为先生从事教学和研究工作五十周年的庆祝活动，并编写出版由海内知名学者和他的学生撰写的纪念文集《中国民族史研究集》。遗憾的是，论文集尚未刷刊行，先生却已作古了。

缅怀独健老师

高文德 蔡志纯 杨绍猷

先生一九〇六年生于福建省福清县一个贫寒家庭，家境穷困，不坠青云之志，身羸我疾，益壮士子之心。他早以优异的成绩毕业于福州英华中学和燕京大学历史系。大学期间，在洪业先生指导下，被破格吸收参加《道藏子目引得》等的编纂工作。自一九三五年起，先后赴美国哈佛大学和法国巴黎大学深造，荣获博士学位。一九三九年在抗日战争的硝烟中，以报国的赤子之心，不畏艰险，毅然回到祖国，投身到民族的教育和学术研究事业中，为国家、民族的兴旺发达，无私地奉献了自己的渊博知识和毕生精力，直至生命的最后一息。

先生是饮誉海内的民族史、蒙元史学家。他把中国的考据学传统同近代科学方法结合起来，以不虚不妄，求实求真的严谨治学态度，给后人留下了富有创见的著述，解决了蒙元史研究中的一些疑难问题，为民族史研究开辟了蹊径。他与同时代的学者韩儒林、邵循正两位先生一起，把我国的蒙元史研究推进到新的阶段，达到了新的水平。

先生于一九四〇年发表的《新元史·蒙兀儿史记爱薛传订误》，通过丰富的史料对比研究和严密考证，指出了两书爱薛传中的舛误近十处，对当时的蒙元史研究具有发聋振聩的意义。同年发表的《斡脱杂考》一文，对学者们见解歧异的“斡脱”一词，进行了缜密的考证和诠释，时至今日，这一定义仍广为学术界所采纳。一九四八年发表的《蒙元时代的法典编纂》是先生又一精辟之作。该文对蒙古法典的源流和形成，元世祖时期法典的纂修和颁行，对《大元通制》、《元典章》、《经世大典》中的宪典及元朝末期法典的编订，都有新的阐发，从而引起了人们的重视。一九四六年写成的《元典章译语集释》，为解决《元典章》中杂用元代硬译的奇特口语所造成的理解上的困难，做了示范性的工作，对于治蒙元史者可说是无量功德。

先生是位出色的科研组织工作者。作为一代史学大师，他不计名利，甘当人梯，为开创我国民族史研究的新局面而殚精竭虑，耗尽心血。

先生是位表里如一、言行一致的科研工作者，七十年代初期，他在短短几年内，主持完成了二百七十万字的《元史》点校工作，校勘出书中讹误千余处，使中华书局出版的标点校勘本《元史》成为迄今最好的版本。

先生是我国民族史研究的开拓者之一。为改变我国民族史研究的落后局面，他不辞辛苦，四处奔走。一九六一年，他倡同史坛巨擘吴晗、……委员会，……术界发……工负责……作，指……撰写了……书。十……氛，在……研究学……的倡导……显著进……先……在云南……新中国……

业，并……党，要……藏之年……他所主……简史》……志，并……患卖……持工作……

仍旧不……有好……理事会……生的……还在……同志……工作……八六……本学……要说，……五十……心脏……了。

一个工程师出走的反思

（上接第一版）谢的老岳母是个孤寡老人，多年来就盼女儿女婿能调回身边。她会同意谢中秋现在的选择吗？怀着惴惴不安的心情，钱李章陪谢中秋回到了上海。

一踏进对方家门，钱李章就充当了被告的角色。谢的爱人和老岳母又哭又闹，斥京山县是“半路里杀出的程咬金”、“缺德”、“不怀好心”。

钱李章虽然被骂得坐立不安，但他完全能体谅对方的难处。然而严峻的事实是，提花经编机的攻关已有了眉目，万一谢中秋到此为止，那末机子就有夭折的危险。

回到旅馆，钱李章吃了三片安定还无法入睡。他干脆披衣下床，整整一个通宵，写了两封长信。一封给武进纺机厂，一封给谢的爱人李藕英。第二天一早，他又来到谢家，只见老太太一人在做祷告。他静候老人做完祷告，与她进行了四个小时的长谈。当他离开时，那位虔诚的天主教徒老太太，脸色已由阴转晴，还一个劲地挽留着这位共产党的县委书记。李藕英回来，捧着钱李章情真意切的信，反复看了三遍，她深深地被打动了。

傍晚，当老太太亲自动手做了菜，打发女儿、女婿到旅馆请钱回家吃饭时，只从服务员处取到一张纸条：“我不能久等，走了。您们能来，我们欢迎，不能来也永远是朋友。京山的大门永远象对待家人一样向你们敞开。”

再说武进纺机厂，虽然有过本文开头说的一段曲折，但他们深信，谢中秋迟早是自己的人。六月初，他们擅自任命谢中秋为经编技术研究所的副所长，想就此造成既成事实。

同月中旬，武进纺机厂的马书记相约谢中秋一起到京山，主要任务是为谢定娘家。

马书记胸有成竹，眼下，谢中秋的妻儿都在武进纺机厂，武进离上海仅有几小时的路程，更重要的一张王牌，就是那位天主教徒老太太，不可能跟随谢中秋千里迢迢去京山县。

钱李章也同样自信，我用事业吸引人，用工作挽留人，用诚意感动人。在这场人才争夺战中，到底谁占上风还有待分

常德纺机厂通知谢回厂整党，京山县仅凭这一通知承认谢的党籍，一幕一幕离奇乱套

与此同时，在常德纺机厂，谢中秋擅自出走的余波还未平息。

特别是当京山县凭着一张通知谢中秋回厂参加整党的通知，就承认了谢中秋的党员资格，并让他参加了京山的组织生活时，常德纺机厂党委感到惊奇和气愤。

“象这样做，不是乱套了吗？”

“谢中秋不作严肃处理，怎么再做别人的工作？”

常德纺机厂的一份处理报告送到了地委组织部。地委组织部长在上面作了这样的批示：这件事发生在提倡人才流动的大背景下，不要看得过重。应派人做好谢的思想工作，劝其回厂。那位部长还指出，谢中秋的不辞而别是错误的，但用“叛徒”之类的比喻也是不恰当的，不利于团结同志，做好工作。他建议厂党委书记华坚或副书记亲自去京山，直接与谢对话，沟通思想。

八月，常德纺机厂派纪委副书记老伍去京山，本意是想让谢回厂整党，遗憾的是，双方谁也不愿见面。

下面是老伍和京山县委书记钱李章的一段对话：

伍：“他仓惶出逃。”

钱：“他是个人才，要尊重爱护，不要恶语伤人。”

伍：“让他回去整党。”

钱：“我们一起去做他工作，你们舞台大，我们舞台小，只要你们做通工作，他回去心情舒畅，我们欢送。”

“以前找过他，他态度不好，这次我不愿去找他，也没有必要找他。”

钱不胜惊奇：“既来做工作，为何不愿见他？”

“他不可能回去，我们也不指望他能回去，这次来，就是请京山通知他回去整党。”

钱不赞同这种态度：“既来就该有信心，不要来做工作，有迷惑不解……

今年五月，记者到京山县，看到了京山县委向中央有关部门写的一份报告：“在引进谢中秋的过程中，由于我们认为他来我县是自愿的，流向合理，而且既没有加官，又没有多给钱，加之我们求才心切，只考虑了自己的困难，因此，在引进中没有严格按组织程序办事，而且在谢来我县后，协商调动工作也抓得不很紧。这些，我们县委有着不可推卸的责任。”“考虑到当时在人才流动方面的背景以及我们山区人才奇缺的实际情况，希望常纺能谅解我们的失误。”

而常德纺机厂在给中央的一份报告中，也诉说了自己的苦衷：“我厂从去年（一九八四年）七月到今年七月，调走的工程师就有二十五人，调进的只有一人，而且每年分配来的大学生很多不来我厂报到，现在还有一批工程师、助理工程师要求调走，如果中央没有明确的政策界限，很有可能再次出现出走现象，如果单靠思想工作，没有相应的政策和物质利益跟上去，将很难安定人心……”

现在，常德纺机厂的负责同志正面临着一个严峻的难题。他们告诉记者，厂里的科技人员人心不稳，大有“雪崩”的危机，全厂七十多位工程师，已经调走了一半。造成这种状况的原因是什么？上任不久的新党委书记（原厂党委书记华坚两年任期未满、已调往厦门特区）承认，“现在没有一个控制人才的办法。”他还认为，现在乡镇企业吸引人才的一张“王牌”就是高薪，而国营大厂则没有这种“优势”，两者是在不平等的条件下竞争。至于对谢中秋的处理，他表示，鉴于谢的出走在干部群众中造成的恶劣影响，党委是在做了“仁至义尽”的工作之后，根据中央有关文件精神作出的。

五月上旬，京山县一位副县长和县委组织部副部长，受县委的嘱托，到常德纺机厂疏通关系，交流思想，以求取得对方的谅解。常德纺机厂党委对此感到费解，因为对谢的问题已处理完毕，还有什么对话的必要呢？

谢中秋也跟着来到了常德，想不到这个七尺男子汉面对记者和一些同事泣不成声：“开头一步棋不慎，就陷入了进退两难窘境”，“我是一个有二十多年党龄的科技工作者，谁知会落到今天这个结局。”“五十岁的人了，一生还能干几件事？我到京山别无他图，房子没有过去宽敞，工资没多拿一分，连春

丁履恒 厂……

勤奋自学，从事……年来，共研制成……制品，有的满足……国内首创，有的达……为我国石棉工业发……献。今年六月，……业劳动模范。

沈延刚 参……

完成四百余项革新……价值一千多万元。……有休息日，二十多……年多的时间。从……被评为辽宁省、……全国建材行业劳动……

许家麟 师、……

滨军事工程学院。……八年，实施和组织……该所有十二个项目……研制成功的具有……来获了一等奖。

苏锦昌 上……

设计的科学依据、……工作，经过几年……加载地质力学模……型试验装置上的……月，苏锦昌光荣……

李钊 长……

人才流动是20世纪80年代涉及整个社会的热点和难点问题。肇始于改革开放初期的人才流动热潮，冲击了旧有的人才制度，曾引起激烈的讨论。在此期间，《光明日报》的一篇报道《一个工程师出走的反思》，推动人才流动的讨论走向高潮，留下一个时代的印记。

党的十八大以来，习近平总书记先后多次强调要实行更加开放的人才政策，提出“要着力破除体制机制障碍，向用人主体放权，为人才松绑，让人才创新创造活力充分迸发，使各方面人才各得其所、尽展其长”。这为做好新时代人才流动工作指明了方向。

人才流动的闸门是如何开启的

◎叶　辉

1986年6月17日，《一个工程师出走的反思》一文在《光明日报》一版头条位置加编者按隆重推出，这是《光明日报》20世纪80年代影响最大的报道之一。

这篇报道触及了人才不能合理流动这一时代的痛处，引起了企业和广大科技人员的强烈共鸣。

人才部门所有制下的暗流涌动

1985年10月，光明日报湖北记者站站长樊云芳率领她的丈夫、副站长丁炳昌到湖北省京山县采访。京山是个山区县，经济落后。采访中，一条线索引起了他们的关注：湖南常德一家国营大厂的副总工程师谢中秋被引进到京山。一个大型国企的副总为何到一个偏远山区工作？这马上触动了他们的职业敏感。

改革开放后，经济社会的发展对人才的需求非常迫切。以乡镇企业为例，“星期天工程师”的出现虽暂时弥补了乡镇企业发展初期的技术需求，但随着企业的发展壮大，这种零打碎敲的技术服务已无法满足他们，他们开始寻求与大专院校、科研单位、国有企业合作，合作不成就“挖”；挖不成的就“抢”，把技术人员当财神来抢，许以高薪，以物质为诱饵，吸引技术人员下海跳槽。

发生在改革开放初期的第一次人才流动热潮，撼动了人才部门所有制的旧体制，打破了原有的秩序。面对这样的新态势，有人惊呼“狼来了”，有人怒斥这是“挖社会主义墙脚”，有人担忧如此下去将严重扰乱社会秩序。也有人呼吁，人才流动应该正大光明地进行，国家应允许人才合理合法地流动，因为这是生产力发展对人才的客观要求。

使两位记者对谢中秋感兴趣的是，这位国企副总为何逆向而动：从大厂流向小企业，从中等城市流向山城？个中原因究竟是什么？

他们很快见到了谢中秋。

谢中秋，湖南常德纺织机械厂副总工程师、副厂长兼分厂厂长，曾多次被评为先进生产者、优秀共产党员。

面对记者，谢中秋一肚子委屈。

谢中秋说，自己之所以要来京山，完全是被逼无奈。他在常德纺机厂处处受掣肘，原因是他成绩突出，风头太健，党委负责人心胸狭窄、气量极小，对他处处刁难。谢中秋是企业两个拳头产品的开发者，还在不断开发新产品。但每逢他有新的发明成果或科研项目，这位领导必定卡住不让申报或不予支持，谢中秋被逼无奈，决定调离，但他六次打报告均被卡住。

江苏武进纺机厂是一家乡镇企业，技术力量严重不足，正在四处寻找人才。得知谢中秋的情况后喜出望外，想尽办法邀请他去工作。在正常渠道无法走通的情况下，谢中秋决定冒险，携家带小不辞而别，“逃往”江苏武进纺机厂。

常德纺机厂得知情况非常恼火，在厂里宣布他是“叛徒”，同时向上级部门中国纺织机械总公司告状，北京的总公司向江苏武进纺机厂施压，指责江苏不择手段挖国企的墙脚，刚好江苏武进纺机厂正通过中国纺织机械总公司与国外谈一个引进项目，北京总公司便运用权力向武进纺机厂发出威胁：若不停止挖人，将马上停止其正在谈判的引进项目！

权力的干预马上产生效果：武进不能放弃引进项目，被逼无奈，不得不暂停挖人行动。

此时的谢中秋左右为难，处境尴尬，急得如热锅上的蚂蚁。

“鹬蚌相争，渔人得利”，就在谢中秋走投无路时，半路杀出程咬金——湖北京山县委书记钱亭章闻讯力邀他去工作。就这样，谢中秋来到京山县。

一个科技人员的流动问题，已牵涉到湖南、江苏、湖北三省；从中央到地方已有十多个部门插手此事，并且是“公说公有理，婆说婆有理”，记者该站在哪一边？而当时国家对人才流动还没有形成明确的政策或文件——虽然国务院已就人才流动问题做了规定，但那还只是“试行”，并没有正式颁布文件，中组部也还在调研阶段，谢中秋的行为是耶非耶，依凭无据，如何公断？

随着采访的深入，对事实的了解越深入，记者越发感到茫然。显然，从事情的前因后果来看，光批评常德纺机厂是不公平的，谢中秋本人也有做得欠妥之处；批评武进纺机厂吗？也不妥，他们发展经济急需人才；批评京山县“拦路抢劫”吗？山区需要发展，需要脱贫，渴望人才情有可原。那么该批评谁？这样的题材能写吗？

一个大马蜂窝，能不能捅？敢不敢捅？捅了，其结果很可能是各方均不满意，这样的题材该如何把握？

樊云芳和丁炳昌决定吃这个螃蟹，他们联络了光明日报湖南站站长张祖璜一起采访。

开创中性报道新样式

在京山县的采访中，三位记者遇到了湖北省委组织部知识分子处的负责人，这位负责人明确表示他们支持人才流动！并且透露，人才流动已经成为无法阻挡的潮流。

1984年开始，国家已允许对人才流动进行试点，一纸文件使新中国成立后一直关闭着的人才的闸门露出了一条缝隙，一些吃螃蟹者成为这股大潮的先锋，得以逃离原单位，但他们的出走往往是不合法不合规的，类似谢中秋这样擅自出走、私自流动并引发矛盾和冲突的人才流动事件，在湖北省就有2000多起，全国有数万起。问题缘此而来：1985年开始，有关部门有感于人才流动的无序状态，严令紧急关门；矛盾也由此爆发：已流到新单位的知识分子在办理户口、转工作关系和组织关系时遇到阻碍，原单位卡住档案材料不放，致使这些已经流动的人无法落户，形成悬案，甚至引发诉讼。

人才流动遇到的阻力已经表明，生产力的迅速发展要求生产关系与之相适应，但生产关系已经无法适应生产力的需要，改革已势在必行！

从这个意义上看，谢中秋的报道如果写好了，能为人才合理合法流动提供制定政策的依据！这正是三位记者认定的这个题材的新闻价值所在。

但是在采访常德纺机厂时，企业向他们大叹苦经：全厂70多名科技人员，两年多已走掉一半，流向比常德发达的东南沿海城市，这些地方政策活，福利好，待遇高，生活条件好。特别是那些乡镇企业，用房子、票子、农转非户口等来收买这些科技人员，挖国企的墙脚，造成国企人才雪崩。

常德纺机厂对谢中秋的意见更大，认为谢中秋作为一个厂领导，个人主义恶性膨胀，为了追求个人的待遇，丢下厂里的工作不管，擅自出走，造成既成事实，离开后才回来要党籍、户口、工龄，想得美，就是不给你，让你走！如果改革都这么改，全国还不乱了套！

采访结束后，三位记者陷入了矛盾中。纵观三方，每一方都有理由，每一方也都有缺点，这样的事件怎么报道？报道写还是不写？如果写，怎么写？

采访越深入，他们越感到没有把握，事件涉及的各方都有一肚子苦水，又都有充分的理由。这个题材既不是批评报道，也不是表扬报道，这是一个有争议的题材，而传统报道都是非正确即错误，事情有了明确的结论才可能报道，对有争议题材基本上是搁置起来，等有结果再说。如果这样，那么这个人才流动的疑难问题也只能放弃不写。

就这么放弃？三位记者很不甘心。难道除了表扬报道和批评报道，就没有其他途径可走啦？

矛盾，痛苦，迷茫，这正是孕育新生命的必然反应。在放弃与坚持的矛盾和较量中，一个全新的报道模式开始在樊云芳的脑子里形成，但此时她恐怕还没有料到，这篇即将诞生的报道，不但为中国的人才流动闸门的打开助力，而且其报道形式将被载入中国新闻史册——中性报道由此诞生。

三位记者商定了一个报道原则：

一、客观报道矛盾各方的意见，不回避什么，也不夸大什么，有一说一，有二说二，既不美化，也不丑化，既不褒，也不贬，记者不站出来直接发表意见，而是用事实来传达意见。

二、客观记录事情发展经过，特别是文章结尾，不搞虚假的“大团圆”，而是按照实际情况留下问号。

三、尽量剔除记者的主观色彩，力求不把自己的观点带进报道中，报道只提供事实，提出问题，而不作任何结论，孰对孰错谁是谁非由读者根据事实来评判。

原则一经确定，写作就顺畅了，这篇洋洋洒洒六七千字的长篇通讯很快完成了。

当樊云芳把这篇主题模糊、倾向缺失、立场不清、公说公有理婆说婆有理的“四不像”稿件交到记者部主任卢云手里，卢云作为一名优秀的编辑敏锐地发现，这是一篇形式全新的报道，是对新中国成立以来非对即错是非分明的报道的一个逆反，是一种极具价值的创新。卢云兴致勃勃地拿着稿件去找总编辑杜导正，杜导正一看稿子同样兴奋不已，就像发现了新大陆，并对卢云的意见高度认同：“一个字都不要改，马上发！”

被撼动的闸门

报道刊出后，马上在全国引起轰动，引发各方热议，光明日报编辑部收到1600多封读者来信。报纸为此辟出版面展开讨论，追踪事态发展。6月24日二版第一篇反响稿刊出《破除人才单位所有制需要钱亭章》；8月6日在一版刊发追踪报道《知识分子最需要的是理解，是对他事业的支持——谢中秋在京山近况》；

8月7日一版头条刊发钱亭章等人的四篇文章，并配发评论员文章……从6月24日到8月27日，两个多月时间共刊出各类报道、文章、评论40余篇。

报道引起了人事部、中组部，以及湖北、湖南、江苏三省的高度关注和重视。湖北省委组织部专门派出调查组深入十堰市的第二汽车制造厂进行人才流动问题调查，因为这家厂引进了200多名“谢中秋”，这些科技人员大都没有户口，没有档案材料，没有组织关系，引进来后引发了系列矛盾。

就在《光明日报》就谢中秋事件开展大讨论期间，国务院决定采取措施促进科技人员合理流动，1986年7月23日《光明日报》一版头条刊出了这一消息，报道说，国务院要求各地各部门努力创造人尽其才的环境，大力发掘科技人才资源，继续调整被积压、浪费和使用不当的科技人员，鼓励他们向急需人才的行业和单位流动。

新闻推动社会进步！但是，人才流动并不因为这篇报道就铁门洞开，也不因为国务院、中组部等相关政策的出台就可以畅通无阻了，旧制度的消亡和新制度的形成需要漫长的时间，尤其是新观念取代旧观念更需要润物无声，潜移默化。正是因为人才部门所有制的固垒依然阻碍着改革开放的进程，《光明日报》对人才流动中问题的关注是持之以恒的。

《一个工程师出走的反思》刊出一年多后，另一个事件进入《中国青年报》的视野。首届中美联合培养的38名MBA学员回国后，被窝在原单位英雄无用武之地；他们出国培训的经费几乎耗费了国家经委全年出国费用的一半，可是回国后却在原单位学非所用，用非所长。万般无奈中，他们投书《中国青年报》：“我们年纪轻轻，却无用武之地，报国无门，苦恼不堪；为培养我们，国家耗资百万，我们历尽艰辛，然而，培养与使用完全脱节——我们怀疑，国家耗费巨资办这种人才项目是为了什么？”《中国青年报》1987年12月2日在一版头条推出长篇通讯《命运备忘录》，这篇通讯成为另一篇影响巨大的反映人才被禁锢问题的力作。

报道见报当天，时任国务院代总理李鹏亲自过问此事，国家经委、国家教委、国家科委、劳动人事部等六个部门出面举行座谈会，座谈会由国家经委副主任袁宝华主持，并邀请记者参加座谈。会议决定：给予这批 MBA“特殊政策”，允许他们自由流动。第一代 MBA 就这样被“解放”了。更多中国人逐渐有了换工作的自由。

旧报章

一个工程师出走的反思

◎樊云芳　丁炳昌　张祖璜

中国的一道封闭得最严密的闸门——人才单位所有制——在1984年得以启动了。

平静的水面开始流动，掀起波涛，形成漩涡，相互激荡。

就在这错综复杂的大背景面前，推出了我们将要向读者介绍的这个曲折而发人深思的事件。

一起爆炸性新闻——谢中秋“仓皇出逃”。武进纺机厂想挖谢中秋“蓄谋已久”，帮着他演出“出逃”一幕

“昨天我厂发生了一起爆炸性新闻——谢中秋仓皇出逃！”去年3月1日，当湖南省常德纺织机械厂党委书记在中层干部会上发布这条新闻时，在座者无不目瞪口呆。

谁不知道谢中秋，总厂副厂长、副总工程师、分厂厂长，多

次被评为先进生产者、优秀党员，竟能干出这种事来?!惊讶的、茫然的、沉思的……人们怀着各种各样不同的心理嚼这条不可思议的新闻。

这是发生在1985年2月27日的一幕：正在度探亲假的谢中秋突然返厂，同来的还有江苏省武进纺机厂的两个人，他们连夜打点行李箱子。第二天晚上，谢携带家眷细软，没向组织上打一声招呼，就不辞而别了。他们到哪里去了?

消息传到北京中国纺织机械总公司。总公司的领导百思不得其解：谢中秋技术全面，工作积极肯干，该厂目前在市场上居领先地位的两大产品——摇架和经编机，谢中秋是主要开发者之一。据谢本人反映，由于某种原因心情不快，先后六次打报告，要求调动工作，总公司也已同意。也许再过几个月，就可名正言顺地通过组织手续，调到上海附近。他为何要作如此愚蠢的选择?

接着一份更详细的报告从常德专程送到北京：谢的爱人已在江苏省武进纺机厂招待所住下，两个孩子也已由该厂安排到当地的重点中学上学。

总公司立即向武进纺机厂发出警告：如果这样不择手段地向国营大厂挖人，将立即停止他们正在与国外谈判的引进项目！

武进纺机厂想挖谢中秋“蓄谋已久”，当获悉总公司对谢的调动已开了“绿灯”，他们就来了个先下手为强，帮着他演出了“仓皇出逃”的一幕。在武进纺机厂看来，当时的左邻右舍都是这么干的，“不去招引人才，企业怎么能上得去？”可现在，总公司使出了“杀手锏”，这使该厂引进谢中秋的事不得不暂时作罢。

常德纺机厂宣布他为“叛徒”，武进纺机厂亮起了“红灯”，谢中秋如热锅上的蚂蚁，半路里又杀出“程咬金”

这一来，谢中秋前无进路，后无退路，成了热锅上的蚂蚁。一个月的探亲假期满，他带着彷徨苦闷的心情回到了厂里。

党委书记华坚与他见面后闹了个不欢而散。谢中秋心乱如麻，不能自拔，想找个人倾吐心中的郁闷。

电话拨通了湖北省京山县委。对方说：“钱亭章书记不在。”“请转告他，我心里很苦闷，很想跟他聊聊。”

说起这个钱书记，只是谢中秋到京山做技术咨询时，与之打过两三次交道的一个新朋友。放下电话，他感到惆怅。湖北省的京山县离湖南省的常德市400公里，钱亭章又是县委书记，怎么可能放下手头工作，与外单位的一个科技人员谈心呢？

万万没有想到，第二天下午，钱亭章风尘仆仆赶来了。

握手时，谢吓了一跳，对方手心烫得吓人，且脸色乌青，满嘴燎泡。一问，才知钱亭章是带着高烧，从病床上赶来的，一路上颠簸了十个小时。

“你把我当作朋友，你有苦闷，我怎能不来？”

爱激动的谢中秋，泪水在眼眶里直打转。他来了个竹筒倒豆子，向钱亭章倾诉了一切。“现在说得不好听，我成了落水狗，你要不要我？”

在京山县这样的山区，像谢中秋这样的人才，打着灯笼也难找。可是钱亭章当然知道，一个党员干部这样自动离职是违反组织原则的。

“你先到我们那里散散心，至于工作问题，再从长计议。”钱亭章表了态。

就是在这种特殊情况下，谢中秋来到了京山。京山县委常委对此作出了三条决定：

一、不乘人之危，急于办手续。先放手让谢中秋工作，给他以充分的时间观察京山，作全面的思考和进行选择。

二、谢中秋如果提出要走，我们欢送。人才是国家的，只要他找到更合适的舞台，就开“绿灯”。

三、不给高薪，不封官许愿——靠这些不能长久拴住人心。

为使已经通过鉴定的提花经编机形成批量生产的能力，县里专门成立了攻关指挥部。“谢总任总指挥，我任副总指挥。”钱亭章当场宣布。为使谢有职有权，钱亭章自愿接受了两项任务：到银行落实贷款事宜，复印经编机的技术资料。当天晚上，两件事落实，钱亭章亲自向总指挥交了差。

于是，在这个县办小厂里，谢中秋又重操旧业，没日没夜地干起来。

武进—京山间激烈争夺，钱亭章情真意切煞费苦心，谢中秋一思再思举家迁京山

正在谢中秋攻关最起劲的时刻，他爱人从上海发来了四道“金牌”，“勒令”他速回上海。

钱亭章知道，谢中秋来京山工作，对他爱人和老岳母，还保守着秘密。

谢的老岳母是个孤寡老人，多年来就盼女儿女婿能调回身边，她会同意谢中秋现在的远行吗？怀着惴惴不安的心情，钱亭章陪同谢中秋来到了上海。

一踏进对方家门，钱亭章就充当了被告的角色。谢的爱人和老岳母又哭又闹，申斥京山县是“半路里杀出的程咬金”，“缺德”“不怀好心”。

钱亭章虽然被骂得坐立不安，但他完全能体谅对方的难处。然而严峻的事实是：提花经编机的攻关已有了眉目，万一谢中秋到此为止，那么机子就有夭折的危险。

回到旅馆，钱亭章吃了三片安定还无法入睡。他干脆披衣下床，整整一个通宵，写了两封长信。一封给武进纺机厂，一封给谢的爱人李藕英。第二天一早，他又来到谢家，只见老太太一人在做祷告。他静候老人做完祷告，与她进行了四个小时的长谈。当他离开时，那位虔诚的天主教徒老太太，脸色已由阴转晴。李藕英回来，捧着钱亭章情真意切的信，反复看了三遍，她深深地

被打动了。

傍晚，当老太太亲自动手做了菜，打发女儿、女婿到旅馆请钱到家里吃饭时，只从服务员处取到一张纸条："我不能久待，走了。你们能来，我们欢迎，不能来也永远是朋友。京山的大门永远像对待家人一样向你们敞开。"

但武进纺机厂仍不肯罢手：一来，谢中秋的妻儿现已住进武进纺机厂；更重要的一张王牌，就是那位天主教徒老太太，不可能跟随谢中秋千里迢迢去京山县。

3月中旬，武进纺机厂的马书记陪同谢中秋来到京山，他很有自信让谢跟他回武进。但钱亨章同样自信，我用事业吸引人，用工作挽留人，用诚意感动人，在这场人才争夺战中，到底谁占上风还有待分晓。

谈判的气氛是友好的，可在谢的去留问题上，谁也不肯退让半步。最后只得由谢自己定夺。谢选择了京山。

"你家里这一关通得过吗？"马书记感到突然，赶紧提醒谢中秋。

"老太太已请示过耶稣，同意我来京山。"原来在离沪前夕，谢与老太太已商量过去向问题。

事情就此一锤定音。

时隔不久，谢中秋全家，包括那位老太太，都从繁华的上海市搬到了京山县。这一下，谢中秋消除了后顾之忧，像一条游龙，施展着自己的才干。

常德纺机厂通知谢回厂整党，京山县仅凭这一通知承认谢的党籍，一幕一幕离奇乱套

与此同时，在常德纺机厂，谢中秋擅自出走的余波远未平息。特别是当京山县仅凭着一张通知谢中秋回厂参加整党的电报，就承认了谢中秋的党员资格，并让他参加了京山的组织生活时，常德纺机厂党委感到惊奇和气愤。

“像这样做，不是乱套了吗？谢中秋不作严肃处理，怎么再做别人的工作？”

常德纺机厂的一份处理报告送到了地委组织部。地委组织部部长在上面作了这样的批示：这件事发生在提倡人才流动的大背景下，不要看得过重。应派人做好谢的思想工作，劝其回厂。那位部长还指出：谢中秋的不辞而别是错误的，但用“叛徒”之类的比喻也是不恰当的，不利于团结同志，做好工作。他建议厂党委书记华坚或副书记亲自去京山，直接与谢对话，沟通思想。

8月，常德纺机厂派纪委副书记老伍去京山，遗憾的是，双方谁也不愿见面。

下面是老伍和京山县委书记钱亭章的一段对话：

伍：“他仓皇出逃。”

钱：“他是个人才，要尊重爱护，不要恶语伤人。”

伍：“让他回去整党。”

钱：“我们一起去做他工作，你们舞台大，我们舞台小，只

要你们做通工作，他回去心情舒畅，我们欢送。”

“以前找过他，他态度不好，这次我不愿去找他，也没有必要找他。”

钱不胜惊奇：“既来做工作，为何不愿见他？”

“他不可能回去，我们也不指望他能回去。这次来，就是请京山通知他回去整党。”

谢中秋的态度同样激烈：“我不回去，让我回去无非要整我。”最后的结局，谢中秋竟在京山参加了整党。

这一幕又一幕，如此离奇。

谢中秋被党内除名，行政除名，厂内外引起震动。人才交流章法不全，京山、常德各有苦衷

1986年1月14日，常德纺机厂对谢中秋作出了如下处理：党内除名，行政除名。

它再次在厂内外引起了震动：有叹息声声，有迷惑不解……

今年5月，记者到京山县，看到了京山县委向中央有关部门写的一份报告：“在引进谢中秋的过程中，由于我们认为他来我县是自愿的，流向合理，而且既没有加官，又没有多给钱，加之我们求才心切，只考虑了自己的困难，因此，在引进中没有严格按组织程序办事，我们县委有着不可推卸的责任。”“考虑到当时在人才流动方面的背景以及我们山区人才奇缺的实际情况，希望常

纺能谅解我们的失误。”

而常德纺机厂的领导也正面临着人才“雪崩”的危机。全厂70多位工程师，已经调走了一半。上任不久的新党委书记（原书记华坚两年任期未满，已调往厦门特区）承认：“现在没有一个控制人才的办法。”他还认为，现在乡镇企业吸引人才的一张“王牌”就是高薪，而国营大厂则没有这种“优势”，两者是在不平等的条件下竞争。

5月上旬，京山县一位副县长来到常德纺机厂，希望能求取对方的谅解。而常德纺机厂党委则认为无对话的必要。谢中秋也跟着来了常德，看到如此僵局，这个七尺男子汉竟面对记者哭得稀里哗啦……

这是一道封锁的闸门打开之后，滚滚洪流中激起的一个漩涡。

这是在新旧两种体制交替、摩擦的过程中，燃起的一点火星。

一场深刻的社会变革，难免要出现一点偏差，或者有些疏漏，人们对此无须惊诧。随着改革浪涛的滚滚向前，疏漏会得到填补，偏差会被引上正确的轨道，人们将会学得更加聪明。本文之所以把这件事公之于众，旨在让广大读者都来思考，加以议论，从中悟出道理，总结经验教训，将艰巨而光明的改革事业推向前进！

（原载《光明日报》，1986年6月17日）

光明日报

GUANGMING DAILY 1998年11月3日 星期二 国内统一刊号 CN11—0026
http://www.gmdaily.com.cn 农历戊寅年九月十五 今日8版 第17865号（代号1—16）

江主席会见汤加王国外交和国防大臣

新华社北京11月2日电 国家主席江泽民10月26日在人民大会堂会见了汤加王国外交和国防大臣乌卢卡拉拉·拉瓦卡·阿塔王子一行。

江泽民主席欢迎乌卢卡拉拉王子就任外交和国防大臣后即来华访问并签署中、汤建交联合公报。江泽民对图普四世国王以长远和战略眼光作出与中国建交的政治决断表示高度赞赏并请王子转达他对国王的良好问候。江泽民说，中、汤建交是合乎逻辑的历史发展，是两国人民传统友谊和友好关系发展的必然结果，为两国关系的进一步发展奠定了基础。中国政府愿与汤加王国政府共同努力，把一个长期稳定、真诚友好、全面合作的中、汤关系带入二十一世纪。

乌卢卡拉拉王子对江泽民主席的会见感到十分荣幸，并转达汤加国王图普四世对江泽民主席、中国政府和人民的热烈祝贺和亲切问候。他说，汤加重视发展同中国的友好合作关系。在共同努力下，汤、中两国签署了建交公报，实现了两国关系正常化。双方进一步开展友好互利合作关系有广阔前景。乌卢卡拉拉王子表示王国政府将恪守汤中建交联合公报原则，不与台湾发展任何形式的官方关系。

外交部副部长杨洁篪、中国人民对外友好协会副会长梁提等会见时在座。

王选　科技产业化的尖兵

本报记者　李家杰

……世纪，毕昇发明的印刷术，……华夏文明走向世界前列的过……曾发挥了巨大作用；900年……完成科技革命，开始用先进……技术武装印刷业时，华夏子……留在"铅与火"的阶段。巨大……差距造成中国从印刷品中获……息量，人均只及西方的……西方于是乘虚大举占领中国……场。

……民族印刷工业面临危险的关……，北京大学计算机研究所……位富有市场头脑的科学家王……而出，力挽狂澜。

……后使我另觅新路"

……十年代中期，对于跳过当时日……的第二代光机式照排机，欧美……第三代阴极射线管照排机，超……走过40年的道路，直接研制……激光照排系统，并用轮廓加参……汉字字形的方法，解决汉字字……形信息量大、不便于存储的……理解的人有限，讥为"数字游……方夜谭"的人不少。

……对非议，王选安如泰山。

……年后，王选完成1：500高倍……字形信息压缩方案，攻克汉……照排系统最大一道难关：汉……存储量问题，发明领先西方……的先进技术。这时，他才打……

……如当时国产计算机硬盘容……，我大概不会努力探索新的……正是由于落后才迫使我另觅……"他说："这是一种社会需求……"

……事当前，首先想到国家利益，……他把社会需求作为己任，是江……民德、丁石孙等北京大学老……给青年王选的。经燕园"爱国、进步、民……"传统和"勤奋、严谨、求实、创新"学风……大学3年级，王选即将这个志向变为自……际行动。当时我国计算机科研刚起步，新……计算数学"教材尚不齐备，他即毅然选择……急需新设的这个专业，并在1958年毕业……，立即全身心投入中型计算机研制工……

……吃住都在实验室，每天从早上7点工作……12点。关键时甚至连续加班三四十个……累病回家每月只能领到微薄的劳保工……病榻上仍坚持工作。用90%的时间从事……60编译系统研制，10%的时间探索适……语言的计算机体系结构。软件……）一词尚未问世，他已能从事软、硬件结合研究，探讨软件对未来计算机体系结构的影响。数年积累的知识和经验，足以支撑他登上计算机科学高峰。

1975年春末，周恩来总理批准立项的"汉字信息处理系统工程"即将上马的消息传到北大。王选立即抓住这个机遇，并以科学家的远见卓识对"汉字通信、汉字情报检索、汉字精密照排"3个子项目的前景，做出准确的分析判断："其中，汉字精密照排将给印刷业带来一场革命。这场革命发展下去，将对出版形式和内容产生巨大而深远的影响。"不等不靠开始准备工作。从大量外国文献中吸取营养；同国际一流计算机专家进行交流；在实际工作中进一步夯实软、硬件知识基础；在打通一个又一个"瓶颈"障碍中，终于寻找到创造的源泉。

王选非常清楚，达到这一步，便具备与西方同时甚至更早萌生新思想的可能。凭借这样的信心，对要否直接进入"四代机"研究和进入后将会出现怎样的后果，再次做出超常的准确判断：二代机没有前途；三代机正在走下坡路；四代机将占领市场。

小平同志批示"应加支持"

科技人员和他的研究课题，能荣幸地获得党和国家领导人，及中央部委负责干部多方面的亲切关怀和大力扶持的，为数还不多。

1975年10月，在有关部门主持召开的"汉字精密照排技术方案论证会"上，有四五家研制单位介绍自己的方案。王选提出的四代机方案，获专家好评。但会议最后却决定选落后的二代机作上报方案。接着当时的北京市出版办公室正式发文，规定用二代机方案，并要求北京大学承担二代机排版软件的研制任务。

这对王选不啻是十分沉重的打击。尽管心情十分沉重，他首先想到的却是"决策失误不仅要给国家带来重大经济损失，还将延误我国赶超世界先进水平，建设四化的进程"。坚持据理力争，并更加努力地投入四代机研制工作。用实际效果去争取支持并转变人们的认识。这一招确实灵验。他得到十几个中央部委和新闻机构的帮助。当时的四机部副部长刘寅和计算机局局长郭平欣、国家计算机工业总局局长李瑞、教育部副部长黄辛白、中宣部副部长廖井丹、北京大学校长周培源、国家经委副主任范慕韩、新华社社长曾涛、光明日报总编辑杨西光等的全力支持，避免四代机夭折。但是，随后而来的盲目引进，又把四代机置于困境。而且，这一次形势更严峻。王选不得不越级到国务院主管部门反映情况。

1980年2月22日，当时任国家进出口管理委员会副主任的江泽民同志，在写给国务院领导的一封长信中，说："北大等单位对'中文激光照排设备'的研制，已有显著成效，技术接近成熟，解决了汉字缩小和放大不变形的问题，有几项技术指标已达到国际先进水平"，"对于该项目应予积极支持"，"各有关单位应和北大共同配合，集中力量，将这一项目搞得更加完善，开花结果。"

10月25日，小平同志在方毅副总理的有关报告上，批示"应加支持"。

王选如坐春风。比王选起步早的北京、上海、云南几家重点大学、科研机构，判断失误，选型不当，正骑虎难下。王选却以超过他人几十倍的高速度，领导课题组成员直抵胜利的终点。

（下转第二版）

李鹏会见比利时首相

据新华社北京11月2日电（记者于海生） 全国人大常委会委员长李鹏今天在人民大会堂会见比利时首相让－吕克·德阿纳一行时表示，中国重视欧盟的作用，愿意在和平共处五项原则的基础上进一步发展同欧盟的关系。

李鹏说，近年来中比两国的议会交往不断增加，两国议会领导人、专门委员会以及议员之间的频繁交往加深了彼此的了解和友谊，中方对此感到高兴。他指出，两国议会加强往来有利于促进中比关系更深入地发展。

李鹏说："我赞成和支持中国全国人大同比利时议会开展更加活跃的交流与合作。"

李鹏还向客人们介绍了全国人大在中国政治生活中的地位、职能和作用，以及中国民主与法制的建设情况。

李岚清会见美国客人

据新华社北京11月2日电 国务院副总理李岚清今天上午在中南海会见了美国戴尔计算机公司董事长兼首席执行官迈克尔·戴尔一行。李岚清向客人介绍了中国的经济形势。宾主还就加强双方在高科技领域的合作交换了意见。

中国与汤加王国建立大使级外交关系

新华社北京11月2日电 中华人民共和国外交部长唐家璇与汤加王国外交和国防大臣乌卢卡拉拉·拉瓦卡·阿塔王子于10月26日上午在北京分别代表各自政府在中、汤两国建立外交关系的联合公报上签字，决定两国自1998年11月2日起相互承认并建立大使级外交关系。

中国政府承认汤加王国国家独立、主权和领土完整并支持汤加王国政府发展民族经济的努力。汤加王国政府承认世界上只有一个中国，中华人民共和国政府是代表全中国的唯一合法政府，台湾是中国领土不可分割的一部分。两国政府商定将根据有关规定和国际惯例并在对等基础上在各自首都为对方建立使馆和履行职务提供一切必要的协助。

中华人民共和国外交部发言人朱邦造今天发表谈话，对中、汤建交表示祝贺。他表示，中、汤都是发展中国家，在许多领域有着共同点。中、汤实现关系正常化将为双方在各个领域的互利合作开辟广阔前景，符合两国和两国人民的根本利益，也有利于亚太地区的和平与发展。相信在和平共处五项原则的基础上，中、汤互利友好合作关系必将不断地得到发展。

据新华社北京11月2日电（记者谭国器） 国务院总理朱镕基今天在人民大会堂与来访的比利时首相让－吕克·德阿纳举行会谈时说，中国重视发展同比利时的关系，中比保持良好关系，不断加深相互了解、扩大两国友好合作不仅符合双方利益，也有利于亚欧两大洲的合作，中国希望这种关系不断发展。

朱镕基说，中国非常重视同欧盟的合作关系，今年下半年，欧洲国家与欧盟领导人相继访华，中国希望双方在政治、经济等各个领域的关系继续向前发展。

德阿纳说，中国和欧盟在国际事务中有重要的影响，双方应进一步密切合作，欧盟同中国加强合作，有利于世界的平衡和稳定。

朱镕基说，中比建交27年来，两国在各个领域的友好合作关系不断发展，特别是近年来，两国关系出现了良好的发展势头，两国间的高层往来，政府间各部门和省市间交流加深了双方的了解，推动了双边合作。近年来，中比经贸关系取得了较大进展，比利时是中国在欧盟中的第六大贸易伙伴，比在华投资不断扩大，中比合资企业取得了较好的经济效益，两国进一步拓展经贸合作的余地还很大。中比文化、教育、科技交流与合作也顺利发展，中方希望两国在这些领域的交流在现有基础上不断发展。

德阿纳表示完全同意朱镕基对两国关系的评价。他说，比中合作遍及各个领域，比利时对比中关系不断发展感到高兴。这次访华有许多企业家随行，比方希望两国企业增多接触，增进双方的合作。明年比利时王储将访华，相信访问将进一步推动两国关系的发展。

朱镕基对比利时政府决定援助陕西省综合扶贫开发项目表示赞赏，并祝愿这个项目取得成功。他感谢比利时政府和企业对中国水灾地区提供的援助。

德阿纳高度评价中国军民在同严重的水灾作斗争中表现出来的坚定意志，并宣布将向灾民提供新的援助。他还赞扬中国在亚洲金融危机中的作用，他认为，中国保持人民币不贬值，对遏制亚洲金融危机的蔓延、稳定国际金融形势起到了积极作用。

朱镕基还向客人介绍了中国的国内形势。

会谈之前，朱镕基为德阿纳举行了欢迎仪式。

上海市要求确保光明日报发行稳中有升

本报上海11月2日电（记者谢军） 在今天举行的上海市1999年度报刊发行工作大会上，中共上海市委领导要求采取切实有效措施，确保人民日报、光明日报等党报党刊发行量在原有基础上稳中有升。

市委副书记龚学平在会上强调指出，做好党报党刊的发行工作是党的宣传思想工作和社会主义精神文明建设的重要组成部分，是各级领导干部的重要职责，也是贯彻落实江泽民同志关于"讲政治"重要指示的具体体现。市委常委、市委宣传部长金炳华明确提出，要把《光明日报》列入中央党报的征订范围和重点发行计划，做好组织协调工作，确保明年发行量稳中有升。

市委宣传部副部长贾树枚宣读了本报总编辑王晨致本次大会的贺信。

中兴通讯与巴基斯坦签定近亿美元电信建设合同

本报北京11月2日电 深圳市中兴通讯股份有限公司通过国际竞标，日前与巴基斯坦电信公司签定总价值9500万美元的巴基斯坦27万线交换和传输"交钥匙"工程合同，这标志着我国民族通信企业已具备提供通信网全面解决方案、并与国外著名企业竞争的实力。

按照合同，中兴通讯将向此工程提供其自主开发研制的27万线数字程控交换机和机房设备以及电缆等配套产品，用于伊斯兰堡、卡拉奇、拉哈尔白沙瓦等15个城市、共36个局的电信交换网扩建和改造，预计将在18个月内完成建设任务。

此次巴基斯坦电信工程项目，于1997年底开始招标，中兴通讯在与西门子、爱立信、阿尔卡特等国际知名企业展开的激烈竞争中，凭借技术先进、价格合理等优势脱颖而出。据悉，此前中兴通讯曾中标孟加拉国电信网改扩建项目。

有关专家评价说，中国通信企业经过几年的发展和提高，技术与实力正逐渐赶上世界先进水平，为中国高科技产品走向世界迈出了坚实的一步。

神州跃神龙

诞生在中国改革开放大潮中的神龙汽车有限公司，是1992年由中国东风汽车公司与法国雪铁龙汽车公司合资兴建的轿车生产经营的大型企业。目前神龙公司已形成年产15万辆的生产能力，年底日装车可达310辆以上。

1992年神龙公司成立之初，位于武汉市经济技术开发区内的公司武汉总厂所在地还是黄土一片（下图）。

历经6年建设，昔日的黄土地上已崛起一座现代化的汽车城。上图为神龙公司武汉总厂一辆辆神龙富康轿车走下了生产线。杨林　徐丕烈报道

纪念党的十一届三中全会和改革开放二十周年

聚焦沧桑巨变

摄影比赛

江苏　尽全力保经济增长目标

本报记者　郑晋鸣　通讯员　程博文

……，我国提出经济实现8%的增长目标，江……出要达到11%。但是，今年外有金融危……水侵袭，11%的目标能实现吗？

……疑问，我们走访了一些专家学者、企业家……导，得到的回答是肯定的。他们普遍认……的发展目标不仅是积极的，而且是稳妥……能实现的。

肩担重任　胸怀大局

……省面积仅占全国的1.06%，人口占全国的5.8%，却实……%的国内生产总值。江苏实现了11%的增长率，将在……的发展目标中贡献12%的分量。这无疑需要江苏经济……"运行。

……是经济大省，所以必须对全国经济的发展承担起更大……如果没有较高的增长速度，就不能有效地解决职工下……从全国来看，国内生产总值每增长1%，就将为非农业……125万个就业机会。没有较高的增长速度，也不能稳……提高我国现有人口及未来新增人口的生活需要。江苏……诺将下岗人员再就业比例保持在50%以上，要实现这……就必须以11%的经济发展作为基础。

……的发展速度是江苏继续保持全国经济领先地位的要……平同志曾经说过："江苏发展应该比全国平均速度快。"……苏省广大党员干部的共识。他们说，江苏的负担固然……样应该认识到，对全国经济的贡献越大，在中国经济发……先度才能更大，这种超越和领先，在未来的发展中，会逐步引导地区经济重心的移动，这种移动无疑会为江苏省带来更大的经济利益，而随着改革开放的深入，将大大优化经济结构，提高江苏经济运行的效益和质量，因此，要在未来领先，今天就必须高标准、严要求。

上下齐心　拓宽思路

11%有没有把握实现？围绕这个问题，在江苏展开了一场大讨论。

经济学家认为："11%的目标要实现，还是有把握的，但要加大投资力度。"拉动经济增长的主要因素是投资、消费和净出口。今年，由于居民购买力相对下降，消费的拉动将下降到4%；受世界金融风暴和随之而来的经济危机的影响，净出口的拉动将下降到1%；这样，投资便成拉动经济发展的重要因素。

省市领导分析说："要实现11%的目标，必须进一步采取各种手段启动三大需求，咬住目标不放松。"1998年上半年，江苏省实现国内生产总值3163亿元，比去年同期增长8%，下岗职工再就业率保持在50%以上。虽然这个8%和全年计划的11%有一定差距，但考虑到上、下半年经济增长的不平衡性和逐月经济发展情况的好转，实现全年的经济发展目标还是有相当大的把握。1997年，全省上半年和下半年国内生产总值分别为2928亿元和3766亿元，下半年超过上半年28%。所以，今年下半年完成全年余额的4267亿元必须付出比以往更大的努力。

江苏确定今年固定资产投资增长20%，市场消费增长11%，外贸出口增长15%。省委书记陈焕友说："近期要特别注意扩大投资需求，充分开发国内市场潜力，增强经济发展的拉动力"。

1至8月，江苏省工业增速达到11.3%，高于全国9.4%的速度。特别是8月份增长速度最快，达到12.7%，这表明加大基础设施投入的拉动作用开始见效。

锁定目标　实干兴邦

要想富，先修路，江苏人知道要想使苏北面貌大变，就必须彻底改变交通落后的局面。省里提出"奋战五年，决战苏北，确保全省高速公路联网畅通"。现在，在千里战线上，记者看到一派热火朝天的建设景象。推土机、压路机、平整机等大型筑路机械马达轰鸣，穿梭不息，各路建设大军冒着烈日，挥汗奋战。一座座互通式立交桥正在拔地而起，一段段宽阔的大路不断向前延伸，苏北大交通主骨架的雏形已初步展示在人们眼前。今年苏北的发展速度已经开始超过苏南。

长期的忧患意识和大投入使江苏……江全流域性特大洪水的考验。现在，……需的更大投入和重灾区重建家园所需的……又给江苏企业开启了一个很大的需求市……品、服装、生活用品、药品到水泥、钢材、……物资等，都由于灾区的大量需求而变得紧俏。这种变……格局对江苏企业生产和经济增长已起到了促进作用，……的消费需求正拉动着经济增长。

曾经创造了"苏南模式"的乡镇企业已经越过了……开始摆脱过去那种"村村点火、处处冒烟"的局面。通……合，开始走上集团发展、集约经营的道路。一大批行业……羊开始崭露头角，阳光集团、双良集团、森达集团等企……进军国际市场。二次创业、产品升级、技术更新、质量……切都为全省经济的快速增长和达到11%的目标奠定基……

江苏是全国著名的教育大省，科技大省。现在，省……科院开展了长期、全面的合作，在高新技术研究开发、……产业化、高技术人才合作以及高新技术咨询等方面，正……提高江苏发展的深层动力。一批批高新技术产业开发……团发展势头迅猛。南京江宁开发区，今年1至5月，投……实现利税分别比去年增长了78%和125%。苏州工业……半年新增合同外资6.3亿美元，比去年同期增长113%……界500强的国际著名跨国公司已有23家进入园区。

11%，历史要求江苏人交出满意的答卷，江苏人也……辜负历史的重托。

关键核心技术是国之重器，对推动我国经济高质量发展、保障国家安全都具有十分重要的意义，必须切实提高我国关键核心技术创新能力，把科技发展主动权牢牢掌握在自己手里，为我国发展提供有力科技保障。

——2018年7月13日，习近平总书记在中央财经委员会第二次会议上强调

王选的一次“政治冒险”

◎李家杰

2001年，中国工程院公布“20世纪我国重大工程技术成就”评选结果，“汉字信息处理与印刷革命”仅以一票之差位居“两弹一星”之后，而列次席。这项被称为影响汉字传承乃至中华文明进程的重大科研工程与一个人的名字紧紧联系在一起——被称为“当代毕昇”“汉字激光照排之父”的王选。

1998年10月27日上午，为宣传王选先进事迹召开的新闻发布会，在北京大学勺园七号楼二层多功能厅召开。

王选是北大计算机所所长、两院院士、第三世界科学院院士。会议主讲人是北大党委书记任彦申。他首先介绍王选先进事迹，然后说明宣传王选先进事迹的重大意义，并叫工作人员向记者散发有关王选的先进事迹材料。

会议结束后，我继续留在北大要求采访王选和他率领的科研团队。工作人员说：“您已经领到王选事迹材料，还采访王选干什么。”我说：“记者的报道工作与王选的科研工作程序一样，必须首先掌握足够充分的第一手材料，否则写出的作品难免失真。”“各单位召开的新闻发布会都是这样做的，难道大家都错了。”“这种新闻发布会的好处在于，有利于组织各新闻媒体在同一天集中报道同一个人，以便在社会上产生轰动效应。但是不要忘记，记者从现成的二手材料中寻章摘句拼接人物通讯，是违背新闻职业道德的行为，而且作品好不了。”“那怎么办。”“好办。光明日报保证在会议指定时间刊登王选人物通讯。其他你们一概不加干涉。比如，对用你们提供的材料拼接稿件这个要求，我就不会接受，如果你们坚持这条要求，我将坚决予以抵制，认为你们是在将记者往违背新闻职业道德的坑里推。”

说服工作人员接受我的观点，其实如同我抓住一个烫手的山芋。10月27日开会提出宣传要求，11月3日就要求王选人物通讯见报，是按记者坐在电脑前，照搬照抄现成材料，估算出来的日程安排。若要增加一道采访程序，这个时间安排显然用不上。但又必须遵守，我就倒计算时间安排进度，计划每天拿出14个小时充填日程。要保证稿件质量与光明日报社会地位相称，必须在采访上下足功夫，我就安排大量时间用于前期采访，心想写稿时间不够，大不了熬一个通宵就解决了。

在采访王选前，我请王选专职秘书丛中笑提供帮助。她是北大中文系毕业的青年硕士，对人热情大方，说话不藏着掖着，说王选是一位做事十分严谨的科学家，并不赞成记者用现成材料为他编故事。我想那就有共同语言了，交谈起来可以直接切入主题。

她还向我讲了许多有关王选生动而感人的故事：王选与900年前毕升做的事一脉相承。毕升用胶泥做成活字、排列在铁筐板面上印制各种书刊，为推动华夏文明走向世界前列发挥出巨大作用。后人如能沿着重视科学技术这条道路继续走下去，当代中国将会以另一个面貌出现在国际舞台上。可惜后人将“活字印刷术”作为向世人炫耀的资本，走进了妄自尊大、故步自封的死胡同。900年后清醒过来，世界已经变了样——曾以羡慕的目光仰视华夏文明的西方世界，已经胜利地完成科技革命，成功地实现用电子技术武装印刷业；中国仍旧停留在“铅与火”时代，导致中国从印刷品中获得的信息量，人均只及西方发达国家的1%。

这是一个极限，再往后退就退到零。“当年有多难？”我问王选。他面对着我，坐在一张靠背椅上，面容清癯，神态疲惫，身体只剩下一副骨架，精力仿佛即将为华夏文明再现辉煌燃尽，今天是强打精神在接受我的采访，用极其微弱的声音与我交谈。

进入20世纪70年代中期，国际印刷业进入电子时代。中国要跟上时代发展大趋势，就一定要实现汉字照排。西方发达国家研制的照排系统仅适用于英文；而汉字的数量是英文26个字母的N次方，开展适用于汉字的照排系统研究工作，首先就会遇上如何解决庞大的汉字字模存储量这道绕不过去的难题。在这个大前提面前，计算机界意见是一致的；而在解决汉字字模存储量应当

光明日報

GUANG MING RIBAO 1979年8月11日 星期六 农历己未年闰六月十九 第10867号

汉字信息处理技术的研究和应用获重大突破

我国自行设计的计算机—激光汉字编辑排版系统主体工程研制成功

1979年8月11日，《光明日报》在一版头条位置以《汉字信息处理技术的研究和应用获重大突破》的大标题，报道了王选等人的阶段性成果。这一成果给全社会带来了巨大而深远的影响。在以后很长一段时间内，王选一直将这张报样压在办公桌的玻璃板下，以作为鼓励自己不断前进的动力。

选择怎样的路径上，却存在严重的分歧。

有分歧就会有矛盾，有矛盾就会有好戏，这显然是一条有价值的新线索。我就一面继续采访王选和科研团队，一面顺着新线索挖掘。线索延伸出北大，就翻过校园围墙。我天天深更半夜还拽住人在交谈，最后挖掘出计算机学界桩桩重大历史事件。

当时，国内科研机构和高等院校普遍认为，第二代光机式照排机与第三代阴极射线管照排机，是现代印刷业的两座科学高峰，中国不可能直接攀上高峰，而应该分步攀登，首先攀登“第二代”，取得成果后再攀登“第三代”。

王选则站在对立面，主张超越“第二代”及“第三代”，直接研制“第四代”激光照排系统，并运用轮廓加参数描述汉字字形的方法，解决汉字字数多字形信息量大不便于存储这个难题。反对王选观点的声音几近淹没全国，王选却安如泰山。10年后完成1：500高倍率汉字字形信息压缩方案，攻克汉字字模存储量——这个汉字精密照排系统最大的难关，成功地将7000多个汉字压缩在一张软盘内，为直接冲刺“第四代”奠定基础。但在王选观点以无可辩驳的事实证明是正确的时候，1975年10月9日召开的“汉字精密照排技术”方案论证会，却宣布“将‘第二代’作为上报方案”。

以今天看来，这个决定岂不是表明，我们国家非“落后”不选。更让人感到意外的是，北大必须无条件地接受这个事实，否则北大就是在违背下级服从上级的组织原则；而一旦触犯组织原则，性质就变成政治问题。北大承担不起如此重大的政治责任，千钧压力便全部压在王选一个人头上。

线索还在向前延伸，我越过家家“门户”，继续向前挖掘，进入到“门户”的后盾——政府有关部门。发现当年政府主持召开的论证会会场竟然是一个闹剧舞台，论证过程不过是一场闹剧。而且论证会第二天，北京市出版办公室就把一份要求北大承担“第二代”排版软件研制任务的“红头文件”，急急忙忙下发到北大。

我急于知道，王选如何面对这个愚不可及的“任务”，一条线索分支把我引向一个新的方向：中央宣传部副部长廖井丹、新华社社长曾涛、光明日报总编辑杨西光等，十几位有重大影响力的人物出面“支持王选”。但科研团队中一名教师却否认支持者有杨西光。王选亲自打电话告诉我，说：“那个人不知情，支持者有杨西光。”遗憾的是，实权部门就像铜墙铁壁，把“重大影响力”轻易就挡了回去。为了跟上刮遍全国的引进风，将数百万美元的外汇，批给某中央直属媒体，用于直接进口成套设备。

王选对我说，他感到自己是被“逼上梁山”，不得不做出平生在政治上最大胆的一次选择，直接向国务院反映自主创新面临的实际困难。由此科技教育新闻精英人才与党政领导干部联袂主演的这场剧情波澜曲折、角色个性鲜明的现代剧演出迅速落下帷幕——历史档案馆向我敞开大门，我在严格保密的案卷中查到最重要的一份历史档案原始记录——在主张对外引进与主张自主创新双方形成的两军对垒、互不相让的关键时刻出现一语定乾坤的转机——小平同志10月25日用红铅笔在国务院副总理方毅呈报“中央军委邓主席”的专题报告上写下“应加支持”重要批示。

二手材料中遗漏掉的重大事件被我收入囊中，并捎带收获一网兜鲜活细节。把这些材料放进人物通讯，纯技术性的自主创新故事便被赋予深刻的政治内涵，单薄的主题便丰满起来。尽管前期采访耗时太长，留给写作的时间仅有最后一天，但并未影响稿件如期于1998年11月3日的《光明日报》一版头条见报，并被“评委全票通过评为科技好新闻一等奖”。

数日后，在北京人民大会堂再次见到王选。这位神情严肃的科学家，向我问起10月采访他曾遇到的种种困难，我说那都不算困难。新闻记者居于道德高端，其作品应能体现社会良知，对我个人而言，采访中最大的困难莫过于遵守新闻职业道德碰上障碍。而障碍一旦被清除干净，作品不会被读者批评为“虚假”，便会一身轻松。

链接：

王选（1937—2006），江苏无锡人，出生于上海，计算机文字信息处理专家，当代中国印刷业革命的先行者，计算机汉字激光照排技术创始人，被称为“汉字激光照排系统之父”，被誉为“有市场眼光的科学家”。1958年毕业于北京大学数学力学系，1984年晋升为教授，1991年当选为中国科学院院士，1994年当选为中国工程院院士，1995年加入九三学社，2002年2月1日获得2001年度国家最高科学技术奖，陈嘉庚科学奖获得者。第十届全国政协副主席。

旧报章

一位迎来汉字印刷新时代的科学家

◎李家杰

王选于1958年在北京大学计算数学专业毕业留校后，就全身心投入中型计算机研制工作。每天早晨7点工作到半夜零点。并常常连续工作三四十个小时，不迈出实验室一步。导致身体严重透支，被迫离校回家疗养。已躺在病榻上，他仍在工作——用90%的时间从事ALGOL60编译系统研究；10%的时间探索适合高级语言的计算机体系结构。软件（software）这个词汇尚未问世，他就能“软硬兼施”，探讨software对未来计算机体系结构的影响。在病榻上积累的丰富知识和经验，足以支撑他登上计算机科学一个新的高峰。

1975年春末，“汉字信息处理系统工程”经周恩来总理批准立项并进入实际操作阶段。消息传到北京大学，早已做好充分准备的王选，信手就抓住机遇，并以独到的见解，对这个项目中的“汉字通信、汉字情报检索、汉字精密照排”三个子项目的远大前景，迅速做出精准的判断——“其中‘汉字精密照排’将给印刷业带来一场革命。而这场革命发展下去，将对出版形式和内容产生巨大而深远的影响”。

王选的分析其实是把他个人的命运与“汉字精密照排”紧紧地捆在一起。从此他就不断地从外国文献中吸取营养，在国际一流计算机专家中穿梭交流，在打通一个又一个“瓶颈”障碍中，寻找创造发明的希望之光。

他非常清楚，一旦打通最后一个“瓶颈”，便具备与西方发达国家在同一个时间节点，甚至早一些时间，萌生出新思想的可能。对于是否直接进入“第四代激光照排系统”开展研究，以及“进入”以后，将会出现怎样的后果，他看得非常清楚——“‘第二代’没有前途；‘第三代’正在走下坡路；‘第四代’将占领市场”。

10年后，王选完成1：500高倍率汉字字形信息压缩方案，攻克汉字精密照排系统最大的难关，成功地将7000多个汉字压缩在一张软盘内。这项技术领先于西方发达国家10年，但在政府主持召开的“汉字精密照排技术”方案论证会上，却宣布“将‘第二代’作为上报方案”。并把上报方案变成“红头文件”，下发北京大学，要求北大承担“第二代”排版软件的研制任务。

这是为什么？王选将自己反锁在实验室，拉上窗帘，关闭灯光，在黑暗中苦苦思索。实验室再度大放光明时，王选更加努力地投入“第四代”研制工作。

中宣部副部长廖井丹、新华社社长曾涛、光明日报社总编辑杨西光、国家经委副主任范慕韩、四机部副部长刘寅等，十几位重量级人物原以为他们出面表态，将为王选彻底扫清障碍，不料，国家骤然刮起强劲的引进风；而“第四代”研制工作恰是“顶风作案”。不久，引进成套设备的数百万美元外汇，即批给某中央新闻机构。

王选被迫越过北京大学、教育部，直接到政府最高权威国务院告状。一周后，国家进出口管理委员会副主任江泽民将“支持自主研制”的报告，呈送国务院。国务院副总理方毅将自己对这件事的态度，直接向“中央军委邓主席”报告。小平同志在方毅的报告上，写下“应加支持”四个字。

荆棘丛生的曲折道路，转眼变成阳关大道。王选带领数学、物理、中文、电子等多学科多专业人员组成的团队，以超过竞争对手数十倍的速度跑步前进。比王选起步早的上海、云南等地高等院校和科研机构，由于判断失误，选型不当，研究工作深陷泥潭，叫苦不迭。

1981年7月11日，王选挂帅取得的重大科技成果——“汉字激光照排系统”通过国家技术鉴定，标志汉字印刷新时代已经到来，并迅速引发全球华文报业印刷出版业出现历史性重大变革。包括“中国十大专利发明金奖”、两次“国家科技进步一等奖”、第14届日内瓦“国际发明展览金牌”在内，王选的重大发明在国内和国际共获得20多个大奖。他取得的成就两度被列为“国家十大科技成就”。他为此被授予“全国先进工作者”等7个光荣称号。

（原载《光明日报》，1998年11月3日）

人民日报
RENMIN RIBAO

1984年4月
23
星期一
甲子年三月廿三
北京地区天气预报
白天：多云间晴
风向：北转南
风力：一、二级
转西：四级
夜间：多云
风向：南转北
风力：一、二级
温度：最高 20℃
最低 ℃

各省、自治区、直辖市侨办主任会议结束

清除『左』的影响落实各项侨务政策

侨务干部要认真、努力、顽强地工作，开创侨务工作新局面

胡耀邦听取大会发言并讲话，强调全党都要重视侨务工作

新华社北京4月22日电　各省、自治区、直辖市侨办主任会议今天下午在北京结束。

会议期间，中共中央总书记胡耀邦到会听取了大会发言，并讲了话。他强调，全党都要重视侨务工作，侨务干部要认真、努力、顽强地工作，开创侨务工作的新局面。习仲勋、谷牧、叶飞等同志也到会讲了话。他们在讲话中指出，在当前进一步实行对外开放政策的情况下，做好侨务工作更为重要。要坚决克服"左"的思想影响，抓紧落实各项侨务政策。一切损害侨胞合法权益，挫伤或压制侨胞爱国爱乡的思想和热情的做法，都是违反政策、违反宪法的。

这次会议是4月10日开始举行的。国务院侨务办公室主任廖晖在会上传达了党中央、国务院对侨务工作的指示，并就两年多来的侨务工作的基本情况和新时期侨务工作的基本任务作了报告。

会议认为，要贯彻落实好党的侨务政策，就必须继续清除"左"的思想影响，要抓紧落实华侨私房政策，处理好归侨、侨眷在政治地位、入党入团、工作分配、生活待遇等方面遗留的问题，进一步落实好归侨、侨眷知识分子政策。

会议提出了对华侨回国投资应予以优惠和加快落实侨务政策，保护归侨、侨眷合法权益的建议。要求特别欢迎华侨投资于林场、亚热带作物场、饲养场、中小型电站、公路、桥梁、港口、中小矿床等开发性生产项目。会议提出，要支持归侨、侨眷专业户在国外亲人帮助下积极发展生产，让他们先富起来。

会议认为，为了进一步办好华侨农场，要进一步放宽政策，大胆改革经济管理体制，大力推行家庭承包等多种形式的生产责任制，使华侨农场尽快实现由单纯生产型向生产经营型的转变，由单一经营向农工商综合经营的转变，力争在几年内生产有更大发展，经济效益有更大提高，职工生活有更大改善。

会议讨论了侨务部门自身的建设问题，认为继续破除对有"海外关系"的人不敢使用的错误思想，逐步增加各级侨务干部队伍中归侨干部的比重；各级侨务部门要通过整党，切实加强思想政治工作和业务培训，不断提高干部队伍的素质，树立热心为海外侨胞、归侨、侨眷服务的思想，要改进作风，深入调查研究，发扬积极开创、勇于探索、艰苦实干的精神。

会议期间，与会人员列席了第三次全国归侨代表大会。

4月20日，胡耀邦在全国各省、自治区、直辖市侨办主任会议上讲话。

新华社记者摄

就是要彻底否定"文革"

本报评论员

在我们国家的政治大舞台上，"文化大革命"这出闹剧已经闭幕多年了。但是，在生活的一些角落里，少数人有时还要挑起一点"文革"的余波微澜。

十多年前，杭州大学地理系曾搞过侮辱人格的"活人展览"，七位老教师被打扮成"地主"、"资产阶级大亨"、"反动学术权威"、"'牛鬼蛇神'保护人"，受辱于大庭广众之前。这种践踏斯文、戕害正义的政治恶作剧，令人发指。尤其不能容忍的是，当年进驻杭州大学地理系，参与策划这一事件的个别人，至今仍然认为这种摧残知识分子的做法是正确的，是"严格按照党的方针政策，实事求是做耐心过细的思想工作，以政策开道，严禁逼供信，启发帮助他们讲清自己的问题"的。

这段发着"文革"霉味的话语，不正反映出"文革"在这些人的心目中并没有倒吗？党的十一届六中全会通过的《关于建国以来党的若干历史问题的决议》明确指出："'文化大革命'不是也不可能是任何意义上的革命或社会进步。"这个结论，反映了全党、全国人民的共同认识。对"文革"就是要彻底否定。不彻底否定"文革"的那一套"理论"、做法，就不可能有三中全会以来的路线、方针、政策，就不可能有政治上安经济上欣欣向荣的新局面。这是人所共知

但是，在这次整党中，一接触到"文的某些问题，有人就"剪不断，理还乱"们却有妙法，千方百计，否定当时的所甚至为搞"活人展览"以及比这更恶劣的恶亲自参与这种"表演"的只是极少数人，引起我们的严重注意。

粉碎"四人帮"以后，对参与搞"活之类恶行的人，除了打砸抢分子外，一般责处（有些地方打砸抢分子也未查处），到"文革"的历史背景，不过多地去追究任，也是为了给这些犯错误的人一个认识改正错误的时间。如果他们至今仍然坚持有的甚至身居要职，被当作"接班人"加人们就有理由责问，这还有什么是非呢？人究竟会是谁家的"接班人"？

这次整党，《关于建国以来党的若干的决议》是列为必读文件的。认真阅读这对每个党员都是必要的。尤其是那些在中犯有严重错误，至今尚无正确认识的要认真学习，严肃地对照检查，这一课来不得半点含糊。

彭真会见并宴请加拿大议会代表团

宾主表示要进一步发展两国友好合作关系

新华社北京4月22日电　全国人大常委会委员长彭真今天下午在人民大会堂会见了由参议院议长莫里斯·里尔和众议院议长劳埃德·弗朗西斯率领的加拿大议会代表团。

彭真对代表团来访表示欢迎，并希望加拿大朋友到中国各地多看看，包括先进的、落后的，优点和缺点。他认为，这有助于加深彼此的了解和友谊。彭真表示相信，代表团的这次访问将进一步促进两国友好合作关系的发展。彭真还向加拿大朋友介绍了中国人大的组织情况，并回答了他们提出的问题。

会见时在座的有全国人大常委会副委员长黄华，秘书长王汉斌，委员黄涛、钱敏、胡德伟、王国权等。

加拿大驻中国大使高文会见时也在座。

代表团是应彭真委员长邀请前来进行友好访问，于今天中午到达北京的。

新华社北京4月22日电　全国人大常委会委员长彭真今天在这里说，中国要坚持不渝地同加拿大和全世界一切爱好和平的国家和人民一道，为反对霸权主义，反对超级大国的军备竞赛，维护世界和平而努力。

彭真是在欢迎由参议院议长莫里斯·里尔和众议院议长劳埃德·弗朗西斯率领的加拿大议会代表团的宴会上讲这番话的。

彭真对加拿大总理特鲁多为缓和国际紧张局势所作的努力表示赞赏。

彭真回顾了自1970年中加建交以来两国人民的友谊和两国友好合作关系的发展。他说，不久前特鲁多总理和赵紫阳总理的互访把两国的友好合作关系推进到一个新的发展阶段。彭真在对加拿大客人表示热烈欢迎时提到四十多年前为中国人民的解放事业而牺牲的白求恩大夫。他说，白求恩大夫给中国人民带来了加拿大人民的深厚情谊。

彭真重申了中国的对外开放政策。他说，在平等互利的基础上扩大和发展对外友好合作关系是中国长期的基本政策。他希望进一步发展中加两国在政治、经济、科技、文化等各个领域的友好合作。

莫里斯·里尔议长在祝酒时，高度评价了加中两国人民之间的真诚友谊和友好合作关系。他说，加拿大人民完全赞同赵紫阳总理在今年1月访加时所说的，"中加两国关系的现状说明，不同社会制度的国家应该而且能够友好相处，进行互利合作"。他祝两国的友好合作关系不断巩固和发展。

人大常委会副委员长黄华等出席宴会作陪。

加拿大驻中国大使高文应邀出席了宴会。

彭真会见加拿大议会代表团。

新华社记者摄

李先念会见埃夫伦总统的女儿

对中土两国关系的发展感到满意

新华社北京4月22日电　国家主席李先念和夫人林佳楣今天下午在钓鱼台国宾馆会见了土耳其总统埃夫伦的女儿谢余·居尔维特夫人率领的土耳其妇女代表团。

李先念上月访问土耳其时，居尔维特曾作为土耳其第一夫人，陪同她的父亲协助埃夫伦总统接待了李主席和夫人。今天当他们在北京再次见面时，居尔维特对李先念说，我带来了我父亲的问候。李先念说，我在土耳其访问期间，同埃夫伦总统进行了友好会谈，我们在许多问题上观点一致。我们对中土两国关系的发展感到满意，他祝愿这种关系进一步发展。

李先念请居尔维特夫人转达对埃夫伦总统的问候，并对他在土耳其期间受到的热情友好接待感谢埃夫伦总统、土耳其政府和人民。居尔维特夫人说，我国以后，深感到我们两国各个方面都得到了发展。她北京之后，将去上海访问，那里见到曾应邀前往土耳其总统家中作客的上海小学

会见后，李先念举行宴会招待居尔维特夫人一行。

参加会见和宴会的有全国政协副主席主席康克清、外交部副部长宫达非、中国使周觉以及土耳其驻中国大使馆临时代办

李先念会见居尔维特夫人。　新

绛县七户农民各购万元国库券

山西省绛县有七户农民各认购国库券一万元。他们是戈怀郎、乔志中、王凤英、任端中、李步青、王小琏、李成文。他们都是全县有名的勤劳致富万元户。

（孔庆华、张桂竹）

大连国际机场扩建

大连国际机场扩建工程四月二十二日上午正式破土动工，预计今年底这个机场即可起降波音七四七等大型客机，并可开辟直飞日本和东南亚及世界各国的国际航线。（据新华社）

粉碎“四人帮”后，党报对“文革”以及极左路线的批判就开始了。这类批评报道促使人们对极左对“文革”对“四人帮”行为的批判和反思，从而推动了拨乱反正、平反冤假错案以及落实知识分子政策的进程。

吹进六安农校的春风

◎叶　辉

1984年4月11日，《光明日报》一版刊登通讯《安徽六安农校发生一起打击迫害知识分子严重事件》。安徽农校校医彭学斌是一位在该校工作了20多年的老校医，曾两度被评为校先进工作者。但因为他敢于与损公肥私的现象作斗争，爱管闲事，爱给领导提意见，校领导对他非常反感，一直想找机会“修理”他。

终于，这样的机会来了。一次，副校长杨善如经过彭学斌借住的木工工房时发现他家堆了一些木工的下脚料，这一发现使该校领导认为找到了整彭学斌的证据。次日，杨副校长和另外两位副校长王家楼、王子传一起到彭家进行突击搜查。搜查结果却没有发现一根公家的木料，搜出来的木工下脚料也都是从学校分给他家的柴火中拣出来的。面对这样的事实，该校领导仍不罢休，采取莫须有的手段，无限上纲、无情打击，决定以“偷窃、毁坏、侵占公物”的罪名对彭学斌停职处分。这一决定首先祸及他的家人，他在学校做合同工的妻子被辞退，同样在学校做合同工的儿子被停职。为了整垮彭学斌，学校接连开了几十次会议，包括多次职工大会，命令所有职工不得与彭学斌接触，将他彻底孤立起来；后来又通过六安行署公安处一位负责人的关系将彭学斌多次传唤到公安处。随着迫害的不断升级，在巨大的压力下，彭学斌崩溃了，最后自杀身亡，以死明志。此事惊动了六安地委，地委纪律检查部门介入调查，查清了事实，认为这是一件迫害知识分子的恶性事件。

4月12日，光明日报在报纸一版发表两篇连续报道:《从彭学斌被迫害致死事件中汲取教训》《六安地委决定解散六安农校党总支》。本来，事情已经得到处理，报道可以结束了。但是，光明日报没有，而是从这件事情上挖掘造成这起迫害知识分子致死的案件中的深层次问题，那就是极左思想的危害。

光明日报驾驭连续报道驾轻就熟，经验丰富。先是用事实将问题揭露出来，然后通过报道引导舆论，当舆论在社会上产生影响之后，再请当地党委政府的领导人出面就事件表态，一旦当地相关领导人对事件表态，就意味着问题能够得到解决。4月16日，《光明日报》一版发表安徽省委副书记杨海波就六安事件发表的讲话《不允许坚持“左”的路线的人再当领导》。省委副书记的表态当然更有利于问题的解决。

然而，这还不够。4月22日，报纸又在一版头条刊登中国政法大学副教授何秉松从法律上分析六安事件的文章《王家楼王子传非法搜查非法管制彭学斌已造成严重后果追究其刑事责任完全正确》，把读者的视角引向法律，让读者从法律角度来思考六安事件。

4月24日，报纸又在一版头条再次推出《六安农校“左”的思想流毒仍然很深》一文，揭示了事件发生后该校仍沿袭“文革”做法，继续压制知识分子，学校管理秩序混乱的现状。同一天在一版转载人民日报评论员文章《就是要彻底否定“文革”》(原载《人民日报》4月23日一版)，将六安事件与否定“文革”挂起钩来，从更深的层次揭示六安事件的实质就是“文革”余毒未能肃清的结果，进一步提出彻底否定“文革”的重要性和必要性。

《就是要彻底否定“文革”》一文获当年全国好新闻一等奖，其缘起却与《光明日报》的一篇报道密切相关。就在这一年的4月3日，《光明日报》刊出笔者和当时的光明日报浙江站站长卢良合作撰写的一则记者来信《“文革”中在杭州大学搞“活人展览”的个别人至今仍然坚持极“左”的错误观点不改》:

编辑部：

三月下旬，记者在杭州大学采访时，获悉了这样一件事：杭大党委在进一步检查落实党的知识分子政策时，调查“文革”中在地理系搞“活人展览”摧残知识分子的事件。当学校向当年参与策划这一事件的驻地理系的人员调查了解时，他们竟仍然坚持极左的错误观点，认为当年的做法是“严格按照党的方针政策，实事求是做耐心过细的思想工作，以政策开道，严禁逼供信，启发帮助他们讲清自己的问题”的。尤其使人吃惊的是，那位持极左观点的原进驻地理系的负责人至今还在杭州一家二千多人的工厂担任工会主席。对此，杭大的教师极为气愤，纷纷向领导部门提出意见。

…………

就是这样一件曾引起轰动的、性质极端恶劣的陈年旧案，在1984年全国整党时，“文革”中搞“活人展览”的工宣队员受到追查。但是这些制造了“活人展览”的工宣队员却死不认错，他们坚持认为，当年在杭州大学地理系搞“活人展览”的做法只是执行了党当时的政策，作为党员，作为党的路线方针政策的执行者，自己并没有错，要错也是上级错了，而这样的错误作为小小的工宣队员无法承担，这样的错也不应该算到执行者头上。这样的观点在当时非常有代表性，当时全国整党中涉及许多党员在“文革”中的错误，许多党员不承认自己的错误，因为他们只是执行者。

正如有人说的：“雪崩时，没有一朵雪花觉得自己应该对此负责。”然而不正是一朵朵雪花才形成积雪，不正是层层叠叠的积雪最终才形成雪崩的吗？“文革”是中华民族的大劫难，对这场民族的灾难，每个参与者都有责任，每个人都需要自省，都需要承担责任。一个不懂得反思、不能正视错误的民族是没有前途的！

当然，让一朵雪花对雪崩负责，让每一滴雨珠对泛滥的洪灾负责，让一个人对整个疯狂的“文革”负责，这不公平，因为任何个体都是渺小的，任何个体的力量都是微弱的，只有当个体汇入到整体中才会显示出力量来，那“压死骆驼的最后一根稻草”也只是一根稻草。这一道理说明，“文革”的劫难是一个个个体汇集而成的，每个个体都必须对这场民族大劫难负责，每个人都需要反思自己在这场灾难中的所作所为，需要检讨自己的行为是如何助长了这场灾难，需要正视自己的错误对国家民族造成的伤害，只有这样，中华民族才能从“文革”的劫难中走出来，才能理性地对待这场全民族的大浩劫。

虽然党的若干历史问题的决议已经通过，但当时对“文革”的罪责还没能全部追究。正因为“文革”还没有被彻底否定，许多参加“文革”的党员坚持认为自己在“文革”中的做法是执行党的政策，“文革”错误的历史责任不应该由个人承担。

人民日报评论员文章从杭州大学搞“活人展览”的人不承认自己错误这一现象出发，提出了彻底否定“文革”的重要性和必要性。这篇评论员文章的发表马上在国际上引起关注，国外媒体评论认为，人民日报评论员文章透露出一个强烈的信号：中国将彻底否定“文革”。

人民日报评论员文章缘起于《光明日报》的报道，而六安事件又是对人民日报评论员文章的一种呼应，一种佐证，两家党中央主管主办的党报互相佐证，目的是共同的：必须彻底否定“文革”，“文革”的阴魂不散，类似六安的事件将会层出不穷。

5月8日，光明日报再次在报纸一版头条就彭学斌事件发表评论《必须彻底否定“文化大革命”——从六安农校原领导人迫害校医彭学斌事件谈起》，这既是对六安事件的深化，也是对人民日报评论员文章的呼应。评论进一步将彭学斌受迫害致死这一事件推向纵深，对造成冤案的原因穷追不舍，一直追到“文革”的极左影响。同一天还刊登安徽省委组织部就六安事件召开座谈会的报道《吸取教训进一步肃清“左”的流毒》，报纸还刊登两封读者来信:《六安农校事件为我们敲响了警钟》《六安农校事件表明——极“左”余毒未除“文革”遗风尚在》。

这个连续报道一直持续到一年之后，1985年5月4日，《光明日报》一版头条刊登处理六安农校事件的最后结果的报道《安徽省、六安地区重视本报批评解散六安农校领导班子，新领导班子切切实实为教师办了七件好事》，报道说，迫害彭学斌致死的有关人员分别被逮捕和受到留党察看两年处分，教师们心情舒畅笑逐颜开对进一步办好六安农校充满了信心。报纸还配发短评:《春风吹进六安农校》。

然而，彻底否定“文革”绝非是一朝一夕的事情，要根除一种错误思想和观念需要漫长的时间，也正因于此光明日报才抓住这个典型事例深挖其根源。

20世纪80年代初，光明日报对表扬报道和批评报道曾经给出过一个大致的8：2比例。这源自中央领导同志的一个意见，即报纸上大体应当是八分讲成绩、讲光明、搞表扬，二分讲缺点、讲阴暗面、搞批评。尽管实践中达不到这个比例，但是20世纪80年代的批评报道已经在数量上达到一个新高度。

批评报道难，这是一个老问题，很难解决，只是不同时期表现的程度不同而已。只准报喜不准报忧，这是大多数被批评者对待批评报道的真实态度，一些人口头表示赞同批评报道，允许报喜也报忧，实际上往往是叶公好龙，口惠而实不至，当真正批评到他或他治下的工作时，便会以家丑不可外扬等理由予以制止，而当批评涉及其本人时，更不会同意，往往会调动一切资源和力量予以制止。在这样的现状下，记者写批评报道之难便可想而知。

光明日报20世纪80年代的批评报道的指向是根据中央每阶段的中心工作进行的，如拨乱反正、揭批“四人帮”、清除“文革”余毒、批判极左思想、涤荡歪风邪气等。

粉碎“四人帮”后，党报对“文革”以及极左路线的批判就开始了，此类报道多以林彪“四人帮”以及其推行的极左做法、极左路线、极左政策措施为批评对象进行声讨。以某个具体的案例作为靶子，譬如通过报道张志新、遇罗克等人在“文革”中遭受到的劫难来批判和控诉极左路线对知识精英的残酷迫害，揭露“四人帮”的残忍荒谬，这在十一届三中全会前后几年的媒体上表现得尤为突出。这类报道促使人们对极左对“文革”对“四人帮”错误行为的批判和反思，从而推动了拨乱反正、平反冤假错案以及落实知识分子政策的进程。

对林彪“四人帮”以及极左路线的批判，常常是通过对他们罪行的控诉来达到的。《人民日报》《光明日报》等党报大量披露遭受迫害的典型案例，反映这些人物遭际和命运变迁，既是拨乱反正，也是对逝去的极左政治的控诉。

这种控诉都是积极向上的，这些报道的基调对党充满感情，对祖国怀抱希望，对未来充满信心，在向读者传达了对极左路线的控诉外，也传递出知识分子对党对祖国对人民的赤子情怀。

就是要彻底否定“文革”

◎人民日报评论员

在我们国家的政治大舞台上，“文化大革命”这出闹剧已经落幕多年了。但是在生活的一些旮旮旯旯里，少数人有时还要掀起一点“文革”的余波微澜。

十多年前，杭州大学地理系曾搞过侮辱人格的“活人展览”。七位老教师被打扮成“地主”“资产阶级太太”“反动学术权威”“‘牛鬼蛇神’保护人”，受辱于大庭广众之前。这种践踏斯文、戏弄正义的政治恶作剧，令人发指。尤其不能容忍的是，当年进驻杭州大学地理系，参与策划这一事件的个别人，至今仍然认为这种摧残知识分子的做法是正确的，是“严格按照党的方针政策，实事求是做耐心过细的思想工作，以政策开道，严禁逼供信，启发帮助他们讲清自己的问题”的。

这散发着“文革”霉味的语言，不正反映出“文革”在这些人的心目中并没有推倒吗？党的十一届六中全会通过的《关于建国以来党的若干历史问题的决议》明确指出：“‘文化大革命’不是也不可能是任何意义上的革命或社会进步。”这个结论，反映了全党、全国人民的共同认识。对“文革”就是要彻底否定。不彻底否定“文革”的那一套“理论”、做法，就不可能有三中全会以来的路线、方针、政策，就不可能有政治上安定团结、经济上欣欣向荣的新局面。这是人所共知的。

但是，在这次整党中，一接触到“文革”中的某些问题，有人就“剪不断，理还乱”了。他们拐弯抹角，千方百计，肯定当时的所作所为，甚至为搞“活人展览”以及比这更丑的恶行辩护。尽管作这种“表演”的只是极少数人，仍然值得引起我们的高度注意。

粉碎“四人帮”以后，对参与搞“活人展览”之类恶行的人，除了打砸抢分子外，一般都未予查处（有些地方打砸抢分子也未查处）。这是考虑到“文革”的历史背景，不过多地去追究个人责任，也是为了给这些犯错误的人一个认识错误、改正错误的时间。如果他们至今仍然坚持错误，有的甚至身居要职，被当作“接班人”加以培养，人们就有理由责问，这还有什么是非呢？这样的人究竟会是谁家的“接班人”？

这次整党，《关于建国以来党的若干历史问题的决议》是列为必读文件的。认真阅读这个文件，对每个党员都是必要的。尤其是那些在“文革”中犯有严重错误，至今尚无正确认识的同志，更要认真学习，严肃地对照检查，这一课必须补，来不得半点含糊。

（原载《人民日报》，1984年4月23日）

吸收符合条件的知识分子入党

银川市在中、老年教师中发展新党员

本报讯 宁夏回族自治区银川市各中小学党支部，两年来在中、老年教师中发展了一批党员。

这批新党员，多数是中小学教师中的骨干。银川市二十一小学特级教师周毓济，从事小学语文教学工作三十多年，刻苦钻研教学业务，积累了丰富的经验。早在五十年代，她就提出了入党要求，只因出身于剥削阶级家庭，长期入不了党，现在，该校党支部大会已经一致通过她入党。银川二中一位数学教师，在大学时就写了入党申请书，工作一贯表现好，只因爱人的父亲被判过刑，过去他一直不能入党，这次党支部在讨论他的入党问题时，一致认为他爱人的父亲的问题不应成为影响他入党的理由，一致通过吸收他入党。

银川市二十一小学和银川市二中发展党员的工作，在全市中小学教师中引起了强烈反响，对全市在中小学教师中发展党员的工作起了推动作用。过去由于在吸收知识分子入党的问题上存在着关门主义的倾向，很多想要求入党的教师，不敢提出申请。现在不少人向党组织交了入党申请书，并积极搞好教学工作，接受党组织的考验。一九七八年以来，全市各中小学已从教师中发展党员六十五名，其中中、老年教师占绝大多数。他们入党后严格要求自己，发挥模范带头作用，团结教师努力搞好教学工作。不少人担任了教研组组长，有的担任了教务处的领导工作，增强了党领导教学工作的力量。例如银川九中外语教研组组长施慧萍，入党后对教研组工作更加认真负责。为搞好全校的外语教学，她除完成自己的教课任务外，还经常同青年教师一起研究教学方法，改进课堂教学。（王广华）

贵阳地球化研所老科学家刘东生入党

本报讯 中国科学院贵阳地球化学研究所七室主任、中国环境科学学会副理事长刘东生，不久前光荣地加入了中国共产党。这位六十二岁的老科学家，终于实现了他一生中最大的愿望。

刘东生教授，从事数十年地质科学研究事业，兢兢业业，一丝不苟，为我国地质科研作出了不少贡献。他从四十年代中后期到五十年代初期，对泥盆纪鱼化石进行了大量的研究工作。一九五四年以来，他和青年同志们一起，开始了对我国独特的黄土进行全面调查。刘东生花了整整三年的时间，对山西、陕西、甘肃三省的地貌和黄土状况作了周密观察，获得了大量的第一手资料。后在他的组织领导下，写出了《中国的黄土》专著，其中包括《黄河中游第四纪地质调查报告》、《黄河中游的黄土》、《中国的黄土堆积》、《黄土的物质成份和结构》等四大部分，共八十多万字。这一专著对我国的黄土作了全面系统的论述，反映了我国黄土研究工作的不断深入，达到了国内先进水平，也为世界有关科学工作者所瞩目。此外，刘东生对我国第四纪地质、环境保护、地方病等方面的研究，也取得了成就。（布 青）

电力部水电四局在技术业务干部中发展党员

本报讯 战斗在黄河上游龙羊峡水电站建设工地上的四百三十一名技术业务干部，目前已有一百五十七人光荣地加入了中国共产党。

一对夫妻光荣入党

中国人民解放军白求恩国际和平医院的军医钟景三（右）和蔡锦先，是一对夫妻。她们学习白求恩对技术精益求精的精神，努力为病人服务，今年分别提升为内科副主任，并光荣地加入了中国共产党。

新华社记者 王建民摄

这些技术业务干部的入党，是承担这项建设工程的电力工业部第四水电工程局党委认真执行周恩来同志生前对他们所作的有关批示的结果。在文化大革命中，第四水电工程局的技术业务干部普遍被迫靠边站。一九七一年，该局在刘家峡施工中发生了严重的技术事故。对此，周恩来同志及时作了"研讨事故内因所在"的重要批示。新成立的党委通过总结经验教训，认识到打击迫害技术业务干部，是造成事故的重要内因之一。从此，他们积极排除"四人帮"极左路线的干扰，大胆使用技术业务干部，并在他们当中开展建党工作。粉碎"四人帮"以后，局党委在建党工作中旗帜鲜明地强调，对技术业务干部的考察要重在表现，要敢于突破那种所谓"社会关系复杂"、"家庭出身不好"等禁区，只要本人的家庭或历史问题已经查清，本人对这些问题已有正确认识，他在政治上一贯表现比较好，已经具备了党员条件，就可以吸收入党。由于党内思想统一，建党工作进展顺利。现在，水电四局的党员中，技术人员所占的比重显著增大，各级领导成员中技术人员所占比重也有了很大的增长。九年来，这个局先后选拔了十六名党员技术业务干部担任局、分局的领导职务。局一级和总工程师一级的领导骨干中，大专毕业的技术业务干部所占的比例，已由一九七一年的百分之十四提高到百分之五十。（李蔚）

黑龙江省教育部门为进一步提高教育质量

对各级重点中小学进行调整和整顿

江宁县上峰公社从实际出发合理调整学校布局

本报讯 黑龙江省教育部门为进一步提高全省中小学教育质量，

前，省教育局已向所属十一所重点中学下拨了二百零九种教学仪器，

过于分散，学额严重不足，但仍要按正常教学班安排教师和各项经

重在表现政策的胜利

——地主家庭出身的教师龚福永入党记

龚福永一九五七年高中毕业后，回到家乡重庆市巴县曾家公社，先后在好几个乡的学校教书。他带领学生开荒种地，实行勤工俭学、半农半读。到一九七一年，先锋大队的所有儿童都免费入学，在山村普及了初中教育。龚福永一心扑到办学上，四十岁了，还没有结婚。社员们都称赞他。一九七七年推选他出席了县里召开的教师代表大会。可是，由于龚福永出身于地主家庭，长期入不了党。有一年，重庆第二师范学校的教师带着学生到先锋大队学校参观，在学校住了一个星期。欢送会上，第二师范学校的一个学生代表讲话，表示要象龚老师那样，忠诚于党的教育事业。这话，触动了龚福永的心事，眼泪不禁夺眶而出。坐在旁边的一位教师悄悄问他："龚老师，你怎么啦？""没有，"没有什么。"龚福永摇摇头，强作笑颜。那位同学讲完，他和大家一起鼓掌，但心里却很不平静。他回乡近二十年了，吃在学校，睡在学校，忙在学校。他有入党的愿望，但一想到自己的出身不好，就犹豫起来。粉碎"四人帮"后，他才鼓起勇气，提出了入党申请。

一天，市委书记丁长河同志一行人从公社出发，沿着十多里蜿蜒崎岖的山路，步行来到学校参观，只见教室整洁清爽，地里种的黄栀子、一见喜、杜仲等中药材碧绿茂盛。丁长河同志详细地询问了学校的发展情况和今后的打算，并对如何进一步办好学校提了一些建议。丁长河同志象一个老朋友那样，亲切地对龚福永说："听说你还有些顾虑，怕有人看不起你，现在这些顾虑还有没有呀？党的政策是重在表现嘛，我看大队和社员们都支持你。"这些话使龚福永受到很大鼓舞，激动得热泪盈眶。

在返回公社的路上，丁长河同志问公社党委负责同志："先锋大队学校有几个党员？"回答是一个也没有，学校由龚福永负责，校长由大队党支部书记兼管。丁长河同志说："龚福永这样好的教师，可以抓紧培养嘛。"

市委书记丁长河尽管工作千头万绪，都常常惦记着龚福永的入党问题。他多次询问，得到的回答总是：本人已经提出书面申请，发展入党，还得经过"长期考验"。

去年七月，在成都召开的全省教育工作会议上，丁长河找到巴县文教局局长，又一次问起龚福永的入党问题。

文教局长说：曾
小学党支部已经讨论
永入党，让他填了入
书，可是材料报到公
"卡壳"了。公社党
永的先进事迹并无异
有的同志坚持认为，
福永这样的地主家庭
在本乡本土工作的教
建国以来，还没有"
需要"看一看"再说

丁长河同志笑
说："什么事都要等
才办，社会怎能发展
福永这样的同志人
了先例，就会有第
例。"

这次会后不久，
志在听取市委组织部
全市知识分子中发展
况汇报时又插话说：
分子中发展党员，要
重在表现的政策不能
上谈说，一定要有行
永的入党问题，我问
了，听说还没有解
究竟在哪里？可以
下。"

根据市委的指示
织部会同巴县县委
文教局、虎溪区委
曾家公社，对龚福永入党的问
查。调查组来到龚福永住家
大队，大队党支部书记称赞
"我们好些党员同志不如他
够党员条件呢？这样好的同
二十年了，还要考验到啥时
查组回到公社，公社党委对
入党仍然有意见分歧，有的
龚福永是地主家庭出身，不
调查工作结束，一份题为《
样的教师可不可以入党》的
到了已经担任了市委第一书
同志的案头。丁长河同志在
批示："要重在政治表现"。
次来到曾家公社，同公社的
换意见。有人说："公社那么
农子女，为啥不发展入党，偏
龚福永那样的地主子女？"
月还拿五元钱给他的地主母
级界限不清"。调查组针对
心地讲政策，讲四个现代化
求，说得有些同志思想开了
一了思想认识，同意发展龚
去年十月，龚福永被批准为
员，出席了重庆市的教育工
会上被命名为模范教育工作
担任了先锋大队学校的副校
队学校也被评为全市教育战
位之一。

本报记者

在20世纪80年代，由于“左”的思想影响尚未彻底消除，知识分子入党难，依然是一个时代的问题，困扰着那些长期追随党、要求加入党而不能的优秀知识分子。

今天，知识分子作为工人阶级的一部分的政治定位早已深入人心。秉持“党的初心即我心”信念，新时代的中国知识分子积极投身到实现中华民族伟大复兴的中国梦的宏伟事业中。2016年4月26日，习近平总书记在知识分子、劳动模范、青年代表座谈会上的讲话中强调：“知识分子工作是党的一项十分重要的工作。各级党委和政府要切实尊重知识、尊重人才，充分信任知识分子，努力为广大知识分子工作学习生活创造更好条件。”

让知识分子入党，告别一个时代之痛

◎叶　辉

1979年11月8日，《光明日报》二版刊发报道《地主家庭出身的教师龚福永入党记》。

报道中的主人翁龚福永，1957年高中毕业，回到家乡重庆市巴县曾家公社的学校教书。

他带领学生开荒种地，实行勤工俭学、半农半读。在他的努力下，到1971年，先锋大队的所有儿童都免费入学，普及了初中教育。龚福永一心扑到办学上，社员们都称赞他，1977年推选他出席了县里召开的教师代表大会。他有入党的愿望，但一想到自己的出身不好，就犹豫起来。粉碎“四人帮”后，他才鼓起勇气，提出了入党申请。

但是，当地公社党委一直拒绝其入党。此事引起了市委书记丁长河的关注，他多次指示有关部门关心龚福永的入党问题，但最后都被公社党委卡住。丁长河找到巴县文教局局长敦促此事，局长也感到无奈，虽然公社党委对龚福永的先进事迹并无异议，但部分党委成员坚持认为，发展像龚福永这样地主家庭出身、又在本乡本土工作的教师入党，建国以来还没有“先例”，需要“看一看”再说。经过反复做工作，曾家公社党委才勉强同意批准龚福永为中共预备党员。

龚福永的经历，是当时知识分子入党难的一个缩影。

不要说像龚福永这样的基层普通教师，即使是著名核物理学家、“两弹一星”功臣王淦昌，追求入党的历程，也长达半个世纪，直到72岁才得以解决。

著名作家从维熙，从年轻时就追求党，但他的入党之路也是漫长而曲折。《光明日报》1983年7月5日一版头条刊发他入党的报道时，配发的评论题目是《堂堂正气》。

知识分子入党难，曾是一个时代之痛。作为“团结、帮助、改造”的对象，建国后每次政治运动中，知识分子总是首当其冲受打击排挤。到了“文革”期间，知识分子更是成为整个社会歧视的“臭老九”。在这样的背景下，知识分子要想入党十分不易。

十一届三中全会后，中国知识分子的命运发生了根本的转变。据统计，从1978年至1988年的十年间，党和政府出台了有关知识分子的文件600多个，党中央在政治上明确了“知识分子是工人阶级的一部分”，提出“科学技术是第一生产力”，“尊重知识，尊重人才”成为新时期知识分子政策的核心。尊重知识，尊重人才的一个最有力的表现就是：让知识分子入党。

解决知识分子入党难问题，首先要突破出身问题的障碍。1979年1月11日，中共中央下发《关于地主富农分子摘帽问题和地富子女成分问题的决定》，为所有地富分子摘帽，使他们在入学、招工、参军、入党和分配工作等方面不再受到歧视。由此，党的大门开始向出身于剥削阶级家庭的知识分子敞开。正是在这样的背景下，《光明日报》敏锐地推出了“龚福永入党记”报道。

但是，对知识分子的歧视与偏见并非短期内能得到彻底纠正。很多追求进步的优秀的知识分子继续被拒在党的大门之外。

栾茀，一个追求党达30多年的优秀知识分子。1981年3月26日，《光明日报》刊发的人物通讯《追求》在写到栾茀卧病住院期间，太原工学院化工系党总支书记王玲去探望他时，有这样一段动人的描写：

突然，王玲吃惊地住了嘴，因为栾茀冰凉而颤抖的手抓住了王玲的手腕，同时，他的两片嘴唇抖得像孩子一样，只有伤心欲绝的人才会有这种表情。

“老王，来不及了。”他呜咽着。

“什么来不及了？”

“我活着，来不及做一个党员了。我要求过多次，党说要接受长期考验。来不及了，再考验也只有两个月了。”

“是党，给了我们这一代知识分子以理想和信仰，我多么希望能在党旗下宣誓。我死后，请求组织上审查我的历史和全部工作，我总算追随共产党三十年……”

这个虔诚的“遗愿”，像一团烈火，烘烤着大家的胸膛。化工系的教师们怎能忘记，在“牛棚”里关了四年的栾茀，上午刚宣布“解脱”，晚上，就给党支部送来了第六份入党申请书！

山西省委书记王大任得知栾茀的事迹后，激动地说：“如果我们每个党员，都像栾茀同志那样……”在他看来，栾茀不但够得上党员的要求，并且还可以成为党员中的佼佼者。

令人欣慰的是，在上级党组织的关怀下，栾茀临终前被突击批准入党。

栾茀还算是幸运的。还有很多追求进步的知识分子毕生未能如愿进入党的怀抱！

为什么不能让优秀的知识分子尽早加入党组织？一个重要症结在于“左”的思想作祟。这些知识分子就因为出身于剥削阶级家庭，接受的是旧社会的教育，便被拒绝于工人阶级队伍之外，不能成为真正的“同志”。

在十一届三中全会后尊重知识尊重人才的时代氛围下，党内一大批领导干部已经意识到吸收知识分子加入党组织的重要作用，他们主动了解长期追随党、要求加入党而不能的优秀知识分子的情况，并为解决他们的入党问题上下奔走，左右协调。除了重庆市委书记丁长河对普通教师龚福永入党问题的关注、山西省委书记王大任对栾茀的赞赏，鸟类专家赵正阶的入党问题也在吉林省委书记刘敬之的过问下得以圆满解决。

即便如此，解决知识分子入党难问题仍不是一蹴而就的。一个重要原因，是一些单位领导班子仍被一些“左”的思想根深蒂固、顽固抗拒党的十一届三中全会以来中央路线的人所把持，导致在这些单位，像赵正阶这样的知识分子在政治上受歧视，工作上受刁难，入党更是“难于上青天”。

《光明日报》的报道锋芒直指阻碍知识分子入党的一些领导干部。1984年7月13日，《光明日报》一版头条刊出关于河北邯郸市峰峰矿区党支部书记陈庆坤违规阻挠知识分子入党被上级处理的消息：《违背党的组织原则 进行非组织活动 陈庆坤阻挠知识分子入党被撤销党内职务》，并针对陈庆坤现象配发评论《来自“小国之君”的阻力必须排除》。

1984年3月27日，《光明日报》一版刊登《全国优秀班主任毛蓓蕾为何入不了党？》一文，报道了上海市虹口区58岁的全国优秀教师毛蓓蕾的遭遇。毛蓓蕾十多次书面提出入党申请，学校党支部全体通过了她的入党申请，但区委组织部却以毛蓓蕾邻居的毫无根据的流言为由，一直不批准。光明日报抓住这一典型案例曝光，3月30日在一版头条刊发社论《切实解决知识分子入党难问题》，社论一针见血地指出：知识分子入党难问题的症结在于“左”的思想作祟。在舆论监督的强大作用下，毛蓓蕾的入党问题终获解决。6月17日，《光明日报》一版刊出报道《毛蓓蕾被批准入党了》。

1984年6月8日，《光明日报》一版刊发消息《北京邮电学院副教授彭道儒发明奖被压事件得到解决》，并配发短评，报道详细介绍了彭道儒长期受压制，三十多年要求入党而不得的经历。6月24日，报纸又在一版开辟“从彭道儒被压制事件中吸取什么教训？”专栏，进行连续报道。不久，邮电部举行授奖大会，彭道儒被晋升两级工资，获奖金1万元，他的入党问题也得到了解决。

从《光明日报》的上述报道可以看出，解决知识分子入党难问题不是一朝一夕的事，只有尊重知识尊重人才的观念深入人心，形成氛围，只有把对知识分子的偏见彻底地从人们头脑中祛除出去，知识分子入党难问题才能真正解决。作为党中央团结和联系知识分子的纽带和桥梁，光明日报为解决知识分子入党难鼓与呼的报道贯穿整个20世纪80年代。

旧报章

重在表现政策的胜利

——地主家庭出身的教师龚福永入党记

◎李维中

龚福永一九五七年高中毕业后，回到家乡重庆市巴县曾家公社，先后在好几个乡的学校教书。他带领学生开荒种地，实行勤工俭学、半农半读。到一九七一年，先锋大队的所有儿童都免费入学，在山村普及了初中教育。龚福永一心扑到办学上，四十岁了，还没有结婚。社员们都称赞他，一九七七年推选他出席了县里召开的教师代表大会。可是，由于龚福永出身于地主家庭，长期入不了党。有一年，重庆第二师范学校的教师带着学生到先锋大队学校参观，在学校住了一个星期。欢送会上，第二师范学校的一个学生代表讲话，表示要像龚老师那样，忠诚于党的教育事业。这话，触动了龚福永的心事，眼泪不禁夺眶而出。坐在旁边的一位教师悄悄问他："龚老师，你怎么啦？""没有，没有什么。"龚福永摇摇头，强作笑颜。那位同学讲完，他和大家一起鼓掌，但心里却很不平静。他回乡近二十年了，吃在学校，睡在学校，忙在学校。他有入党的愿望，但一想到自己的出身不好，就犹豫起来。粉碎“四人帮”后，他才鼓起勇气，提出了入党申请。

一天，市委书记丁长河同志一行人从公社出发，沿着十多里蜿蜒崎岖的山路，步行来到学校参观，只见教室整洁清爽，地里种的黄栀子、一见喜、杜仲等中药材碧绿茂盛。丁长河同志详细地询问了学校的发展情况和今后的打算，并对如何进一步办好学校提了一些建议。丁长河同志像一个老朋友那样，亲切地对龚福永说：“听说你还有些顾虑，怕有人看不起你，现在这些顾虑还有没有呀？党的政策是重在表现嘛，我看大队和社员们都支持你。”这些话使龚福永受到很大鼓舞，激动得热泪盈眶。

在返回公社的路上，丁长河同志问公社党委负责同志：“先锋大队学校有几个党员？”回答是一个也没有，学校由龚福永负责，校长由大队党支部书记兼着。丁长河同志说：“龚福永这样好的教师，可以抓紧培养嘛。”

市委书记丁长河尽管工作千头万绪，都常常惦记着龚福永的入党问题。他多次询问，得到的回答总是：本人已经提出书面申请，发展入党，还得经过“长期考验”。

去年七月，在成都召开的全省教育工作会议上，丁长河找到巴县文教局局长，又一次问起龚福永的入党问题。

文教局长说：曾家公社中小学党支部已经讨论通过龚福永入党，让他填了入党志愿书，可是材料报到公社党委却“卡壳”了。公社党委对龚福永的先进事迹并无异议，只是有的同志坚持认为，发展像龚福永这样的地主家庭出身、又在本乡本土工作的教师入党，建国以来，还没有“先例”，需要“看一看”再说。

丁长河同志笑了起来，说：“什么事都要等有了先例才办，社会怎能发展？发展龚福永这样的同志入了党，创了先例，就会有第二、第三例。”

这次会后不久，丁长河同志在听取市委组织部门关于在全市知识分子中发展党员的情况汇报时又插话说：“在知识分子中发展党员，要抓典型，重在表现的政策不能只是在嘴上说说，一定要有行动。龚福永的入党问题，我问过好几次了，听说还没有解决，原因究竟在哪里？可以去调查一下。”

根据市委的指示，市委组织部会同巴县县委组织部、县文教局、虎溪区委的同志来到曾家公社，对龚福永入党的问题进行调查。调查组来到龚福永住家所在的竹林大队，大队党支部书记称赞龚福永说：“我们好些党员同志不如他呢，咋个不够党员条件呢？这样好的同志已经考验二十年了，还要考验到啥时候呵！”调查组回到公社，公社党委对发展龚福永入党仍然有意见分歧，有的同志死抠住龚福永是地主家庭出身，不同意发展。调查工作结束，一份题为《像龚福永这样的教师可不可以入党》的调查报告送到了已经担任了市委第一书记的丁长河同志的案头。丁长河同志在报告上作了批示：“要重在政治表现”。调查组再次来到曾家公社，同公社的党委成员交换意见。有人说：“公社那么多贫下中农子女，为啥不发展入党，偏偏要发展龚福永那样的地主子女？”“龚福永每月还拿五元钱给他的地主母亲，这是阶级界限不清”。调查组针对这种思想耐心地讲政策，讲四个现代化对教育的要求，说得有些同志思想开了窍，终于统一了思想认识，同意发展龚福永入党。去年十月，龚福永被批准为中共预备党员，出席了重庆市的教育工作会议，在会上被命名为模范教育工作者，后来又担任了先锋大队学校的副校长。先锋大队学校也被评为全市教育战线的先进单位之一。

（原载《光明日报》，1979年11月8日）

马寅初就任北京大学名誉校长

新华社北京九月十五日讯 马寅初已被任命为北京大学名誉校长。

马寅初家的会客室里今天喜气洋洋。教育部副部长周林，专程到马寅初寓所当面向他宣布了教育部对他的这项任职通知，并向马老表示祝贺。一位女学生代表北京大学八千多学生向马老献了一束鲜花。

马寅初满脸笑容，愉快地接受了任职通知。他说，具有光荣传统的北京大学，今后要在党的领导下，为实现四化做出新贡献。

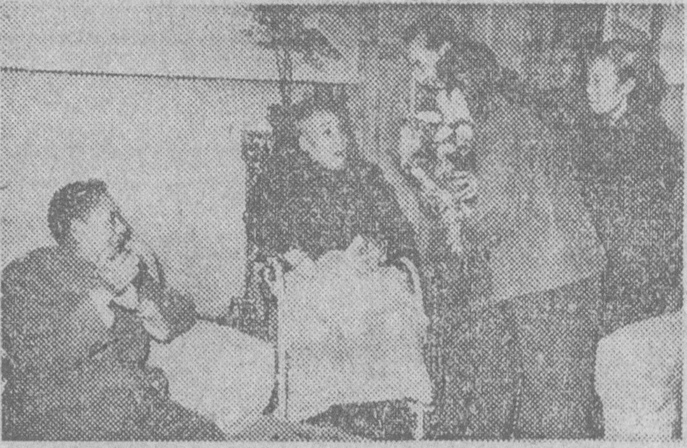

图为教育部副部长周林在马寅初先生家里当面宣布教育部任命他为北大名誉校长。北京大学学生代表向马寅初先生献了鲜花，对他表示祝贺和欢迎。

新华社记者　杨武敏摄

勇于自我革命，是我们党最鲜明的品格，也是我们党最大的优势。我们党之所以有自我革命的勇气，是因为我们党除了国家、民族、人民的利益，没有任何自己的特殊利益。不谋私利才能谋根本、谋大利，才能从党的性质和根本宗旨出发，从人民根本利益出发，检视自己；才能不掩饰缺点、不回避问题、不文过饰非，有缺点克服缺点，有问题解决问题，有错误承认并纠正错误。要兴党强党，就必须以勇于自我革命精神打造和锤炼自己。只有努力在革故鼎新、守正出新中实现自身跨越，才能不断给党和人民事业注入生机活力。

——习近平

马寅初：党有这么大的勇气很了不起

◎叶　辉

1979年7月10日，《光明日报》发表龚明的文章《应该为马寅初先生恢复名誉》。这是全国第一篇公开要求为马寅初平反的文章，在知识界引起强烈反响，读者纷纷来信发表看法，为马寅初的遭遇鸣不平，要求为他平反。

龚明的文章发表后的一天，光明日报总编辑杨西光从中央开会回来，一进办公室就打电话把记者邓加荣叫来，给他下达了一个紧急任务：《光明日报》呼吁为马寅初平反的文章引起了中央的高度重视，中央正在研究准备为马寅初平反。杨西光认为，《光明日报》必须率先刊发为马寅初平反的报道，一则《光明日报》是中国最权威的面向知识界的报纸，是党团结和联系知识分子的纽带和桥梁，报纸的定位赋予了《光明日报》这样的职责；再则，《光明日报》与马寅初有很深的渊源。因此，他让邓加荣尽快去采访马寅初。

急切的背后，是《光明日报》历史上的一段隐痛。

1956年和1957年，马寅初两次在报纸上发表文章，提出了我国人口必须进行有计划控制的观点。1957年4月，他在北京大学大饭厅作了一篇名为《控制人口与科学研究》的演讲。7月5日，他又在《人民日报》发表《新人口论》一文，文章从科学技术、人民的物资水平、人民的文化水平等方面，提出了控制人口的必要性和迫切性，指出："人多固然是一个极大的资源，但也是一个极大的负担"，"人多拖住了技术进展和科学前进的后腿"。

"新人口论"是马寅初根据自己在浙江、上海等地进行的人口调查和中国的国情总结出来的科学预见。在当时的历史条件下，他的观点是正确的，但是很快遭到了来自各方面的严厉批评。1958年和1960年，媒体两度发动对新人口论的批判，先后发表了200多篇批判文章，而这两次批判，《光明日报》都是"先锋"。当时正在广州出差的马寅初，看到报纸上的批判文章时，气愤地一甩袖子说："光明日报不光明！"

马寅初是一个骨头很硬的学者。国民党时期，他曾在南京抬着棺材去总统府谏诤，准备杀身成仁，此举曾声震朝野，誉满学界。新中国成立后，他的政治和学术事业都迎来了新生。作为一个有很大影响力的经济学家，他从经济视角提出的新人口论，体现了知识分子的理性和担当。在《新经济学》中，他用简单明了的话语道破了新人口论的奥秘："物质增长是按算术级数增加，而人口增长是按几何级数增加。"他的"边际效用论"是这样阐发的：一个人吃三碗饭能吃饱，若只吃了两碗，就不算饱，只有吃完第三碗饭才算饱，而第三碗饭的效用就叫边际效用。他就是这样用最直白的语言把深奥的道理讲述得一清二楚，让学术为大众服务。

面对媒体的批判，他公开发出《接受〈光明日报〉的挑战书》："我虽年近八十，明知寡不敌众，自当单枪匹马，出来应战，直至战死为止，决不向专以力压服不以理说服的那种批判者们投降。"

1960年，他不再担任北京大学校长职务。

党的十一届三中全会以后，中央开始了平反冤假错案的工作。从《光明日报》自身来说，推动为马寅初平反，是一个将功补过的机会。这也是杨西光强调《光明日报》"必须"率先刊发为马寅初平反的报道的理由。

此时的《光明日报》，正处于历史上大放光明的时期。一年前的5月11日，《实践是检验真理的唯一标准》一文的发表，就像一支巨大的火炬，点燃了全国上下关于真理标准大讨论的导火索。正是这场波澜壮阔的大讨论，深入批判了"两个凡是"，清算了长期以来横行肆虐的极左路线，击碎了禁锢中国人的精神枷锁，解放了十亿中国人的思想，推动了改革开放的历史进程。

假如说这个时期《光明日报》对张志新、遇罗克的报道，写出了普通知识分子对极左路线的抗争，那么，为马寅初平反的报道，展示的是这张报纸知耻而后勇、坚持真理、修正错误、播撒光明的果敢与担当。光明日报作为中共中央主办主管的一张党报，作为面向知识分子的第一大报，总是在历史最关键的节点上，呼喊出中国知识分子最强烈、最迫切的心声。

接受了总编辑亲自交代的任务，邓加荣和光明日报摄影记者成静平冒着酷暑，走进了北京东总布胡同32号的四合院。邓加荣说，他曾来过这里，就在马寅初家旁边的34号院住着哈工大校长李昌，他曾采访过李昌，李昌夫人也是一个经济学家。

据邓加荣的回顾，上世纪50年代，马老对《光明日报》是非常友善的。担任北大校长时，他曾为《光明日报》写了很多很有分量的文章，特别是他作为北大校长，应光明日报聘任社外编辑的要求，批准了北大的翦伯赞、邓广铭、金岳霖、陈岱孙等著名教授担任光明日报的“史学”“哲学”“经济学”等专刊的社外编辑；凡光明日报记者来访，他必放下手头工作优先接待。

此时，在蒙冤近20年后，面对光明日报记者的来访，老人表现了一个大家的宽阔心胸，也许岁月的流逝早已将老人心中的积怨涤荡殆尽。而且，他想不到的是《光明日报》率先发出要为他及“新人口论”平反的呼吁，这使他很是感动。

时年98岁的马老是在病榻上接受光明日报记者的采访的。此时的他下肢瘫痪，听力微弱，讲话已非常费力。他躺在一张很大的双人床上，床上堆放了许多报纸。由于耳背，邓加荣的采访只能由马老的儿子充当翻译。当邓加荣告诉他中央将为他平反时，老人显得非常激动。他说：“一件东西平反过来是很不容易的事情，无论学术问题还是政治问题，都是这样，这需要宽阔的胸怀和巨大的力量。只有共产党有这样伟大的气魄，这样大的力量。”“党有这么大的勇气很了不起！”

采访是在和谐的气氛中进行的。当听说邓加荣是学经济的，马老很高兴，说：“学经济的一定要研究人口问题，过去的经济学只研究生产，不研究人口问题，吃了大亏。人口过多，拖住了机械化的后腿，也给四化建设带来很大困难，再不解决人口问题不行了！”

邓加荣告诉马老，许多人近来在报上看到登载人口问题的文章，便不约而同地想起首先指出控制人口的重要性的马寅初先生来。有一个原在北大学习的同志给光明日报社来信说：“北大校友相聚一处时，常谈起马老来。大家都钦佩他，同时也为他遭受的冤屈感叹不已。实践已作了有力的回答，马老的人口学说，是马克思主义的，如果二十多年前就按照他的意见办，我们的日子要好过得多了！”还有人写信说，听到这位年近百岁的老人还活着，“我们都很高兴，我们衷心希望这位老人健康长寿，在实现四个现代化的新长征中，多为我们出些好主意！”更多的人来信，要求在报纸上介绍马寅初先生的近况，宣传他关于人口问题的非常有远见的理论，为他恢复名誉。

听到这些情况时，马老脸上露出亲切的笑容，让记者向广大读者转达他的谢意。

采访顺利完成，当成静平要求为马老拍照时，马老主动要求坐到轮椅上，让家人把他推到院子里照相，留下了一张满园生辉的全家人合影。这张照片被新华社发了通稿，后成为马寅初各种画册中必选的一幅。

采访回来后，邓加荣很快写出了报道。原标题有一个很长的修饰定语，当时的总编室负责人认为，什么样的修饰定语都显得不够分量，仅仅是“马寅初”三个字，就已经是沉甸甸的了！最后商定，用了最朴实、最亲切，同时也是最有分量的标题《马寅初老先生访问记》。

7月20日,《马寅初老先生访问记》在《光明日报》刊出。

文章开头写道：

再过两年，马寅初先生就满一百岁了。现在，他长卧病榻之上，但神志还清楚，与人谈话兴奋有力。当讲到报上最近发表的一些为他“新人口论”平反的文章时，他向记者连声说:“人口多，问题多，这个问题早一天解决，困难就少一些!”

文章中披露了很多细节：

马寅初先生坚持科学的态度，始终没有放弃自己的正确观点。他对报刊上二百多篇批判他的文章逐篇细读，有些合理的因素他虚心采纳，以便进一步完善自己的观点；对于那些与真理和现实悖谬的错误观点，进行了针锋相对的学术性的论战，连续在《北京大学学报》等刊物上发表了十余篇说理性文章。

受批判期间，有几位老朋友找到马老，劝他不要再坚持了，站出来认个错就完了。他对劝告他的朋友们说："学术问题贵乎争辩，真理愈辩愈明，不能一遇到袭击，就抱'明哲保身，退避三舍'的念头。应当知难而进，决不应当向困难低头!"为了能够更好地弄通马列主义，他以偌大的高龄还继续坚持学习俄语，以便能直接看列宁原著。

1972年，马老得了直肠癌。手术之后，周恩来总理派专人到医院探望他，后又详细地听取了探望人员的汇报。手术后，马老的身体比从前衰弱了许多，大部分时间不得不躺在病床上，但是，他的一颗赤子之心却一直与国家和民族的脉搏紧紧相连。1976年1月，他打开报纸，看到周总理去世的消息时，只看了标题，就把报纸放下，沉痛地合上了眼睛，止不住眼泪簌簌地滚落下来。他不顾亲友的劝阻，坚持要到医院与总理的遗体告别。在现场，他要家属将他的手推车绕总理遗体再转一圈，他说他要鞠躬。最后在他一再坚持之下，由家属搀扶向总理遗体鞠了三次躬。后来，朱德委员长和毛主席逝世时，他都怀着沉痛的心情，亲自去向遗体告别。

1976年党中央一举粉碎了"四人帮"，马寅初也同全国人民一样，满怀喜悦迎接了祖国灿烂的曙光。那些天里，老人非常兴奋，听到外面游行队伍锣鼓喧天，他也要出外与广大人民群众一道呼吸充满着欢乐的新鲜空气。最后，他坐了一辆小汽车随着游行人群在天安门前转了一圈。

马寅初

马老对于北京大学有着极其深厚的感情。在他受批判的时候，还想到北大的师生，他在一篇文章中写道："我平日不教书，与学生没有直接的接触，但总想以行动教育学生，我总希望北大的一万零四百名学生在他们求学的时候和将来在实际工作中要知难而进，不要一遇困难便低头。"后来在病床上，老人也一直怀念着北京大学，他常对来看他的人说，他要到北大去走一走，看看校园里的湖光塔影，看看旧日的老熟人老同事，特别是想看看新成长起来的一代青年学生。

《马寅初老先生访问记》发表后，引起巨大反响，要求为马寅初平反的读者来信雪片似的飞来，多得必须用麻袋来装。

7月25日，新华社也播发了有关马寅初的消息。

8月5日，《光明日报》再次刊登读者、人口学家田雪原的文章《为马寅初先生的新人口论翻案》。同时刊登时为北京市饲料研究所工作人员、后任民建北京市主委朱湘远的文章，文章很短，却用了一个精彩的高度凝练的标题："错批一个人，误增3个亿"。这一表述后来被人们经常引用。

1979年9月14日，中央宣布为马寅初平反。两天后的9月16日，《光明日报》二版头条刊出消息《马寅初就任北京大学名誉校长》，教育部副部长周林到马老家宣布了这个消息，马老欣然接受。

此后不久，光明日报又开始了为经济学家孙冶方平反的报道。

旧报章

马寅初就任北京大学名誉校长

新华社北京九月十五日讯 马寅初已被任命为北京大学名誉校长。

马寅初家的会客室里今天喜气洋洋。教育部副部长周林，专程到马寅初寓所当面向他宣布了教育部对他的这项任职通知，并向马老表示祝贺。一位女学生代表北京大学八千多学生向马老献了一束鲜花。

马寅初满脸笑容，愉快地接受了任职通知。他说，具有光荣传统的北京大学，今后要在党的领导下，为实现四化做出新贡献。

（原载《光明日报》，1979年9月16日）

光明日報
GUANGMING RIBAO
1982年6月24日 星期四
农历壬戌年五月初四 第11896号

应邀出席南共联盟十二次代表大

彭真率中共代表团离开

新华社北京六月二十三日讯 应南共联盟中央主席团邀请，以中共中央政治局委员彭真为团长的中国共产党代表团今天上午乘专机离开北京前往贝尔格莱德。出席南斯拉夫共产主义者联盟第十二次代表大会。

代表团团员有：中共中央政治局委员倪志福，中共中央委员伍修权，中联部顾问张香山。

前往机场送行的有
局委员王震，中共中央
里、习仲勋，中共中央
立，中联部部长乔石、
中国人民解放军总参谋
华全国总工会副主席
南斯拉夫驻中国大
里西奇也到机场送行。

怀柔县黄坎公社王兴宽等人

无理取闹辱骂殴打三名女教师

读者投书本报揭露这一严重事件，要求对肇事者严肃处理

四月二十六日晚，北京
柔县黄坎公社吉寺小
年女教师范秋兰、于
、刘凤珍在去看电影
上，遭到本村社员王
的女儿王桂义等人的
谩骂。三名女教师见
人多势众，争辩几句
续赶路。不料王桂义
俩紧随不舍，到了电
映场地仍骂不绝口。
宽和他的两个女儿、
等人趁天黑，对女教
攻、推拽冲撞、恶语
，有几个不三不四的
唆说："每人打两下
，不要让她们认出
"这时，有的围观者
意拥挤、起哄，将三
教师围在中间。大队
和学校领导干部闻讯
，也被挡在人群外。
持续了二十多分钟，
两名男教师和一些社
人群中分出一条路，
女教师才被救了出

当夜十二点左右，吉
学又遭到砖头、石块
击，六、七块玻璃被
，教师们都惶恐不
不敢到校上课，学校
停课。

据当地教师和群众反
吉寺大队的少数中学
少数青年社员经常到学校滋扰，夜间敲打女教师宿舍的门窗，在女教师回家或返校的路上，拦截，起外号，说下流话等。

自一九七七年以来，吉寺大队已发生过几起围打辱骂青年女教师事件，有的草草做了处理，有的一直未做处理。这次事件的主要肇事者王兴宽是怀柔县委一位负责干部的弟弟，他在村里一贯蛮不讲理，干部、社员都怕他。

三名女教师被围攻后，四、五天昏迷不醒，至今仍伤势严重，住在医院里。刘凤珍整日昏睡，不时抽搐、哭叫，于学荣行动不便，生活不能自理。三名女教师的父母含着眼泪向前去看望的市、县有关部门的干部说："孩子到山区教书，被打成这个样子，上级党委和政府得给我们做主啊！"吉寺大队的社员们也十分愤慨："这么严重的问题如不很好地解决，今后谁还敢来当老师！"他们强烈呼吁有关部门严肃处理这一事件。

我们认为这一事件是严重的，那些人如此对待人民教师，严重地损害了人民教师的身心健康，损害了他们的尊严与社会地位。我们要求对肇事者进行严肃惩处，并以此对广大社员和干部进行法制教育和政策教育，造成一个人人尊师爱校，确保教师人身安全，维护学校正常教学秩序的新局面。

焦文驹

读者来信

调查附记

怀柔县黄坎公社吉寺小学三名女教师被辱骂殴打的事件，经记者调查基本属实。这三名女教师都是二十二、三岁的农村女青年。我们在医院见她们面容憔悴，充满恐惧感，在生人面前手脚抽搐，哭笑失常。医生诊断她们的病症是惊吓性植物神经功能紊乱。于学荣双下肢不能站立，为癔症性瘫痪。这件事发生后，该村小学校其他教师也感到人人自危，学校被迫停课四十余天，损失很大。大队群众十分同情老师，不少学生家长给她们送来鸡蛋，表示慰问。小学生们背着书包围着学校转，该考中学的学生上不了课，家长们很着急，对王兴宽一家人的恶劣行为更为愤慨。

我们通过调查发现，吉寺大队发生这种严重事件决非偶然。这个大队很少开会研究小学校工作，大队干部不关心学校和教师工作、生活中存在的困难。例如教师吃菜困难，缺菜时教师只好就着酱油下饭。学校为此曾多次向队里交涉，但问题始终得不到解决。队里卖给社员一、二分钱一斤的菜，卖给学校却要一角钱。学校不得不远途到县里购买。

这个大队的社会风气也不好，队干部吃请成风，一些青年经常到学校捣乱，学校教室有三分之二的玻璃窗被砸坏。教师在回家或返校的路上多次被拦截、辱骂，在放映电影的场地，女教师们常常遭到冲撞、唾骂。大队干部对这些凌辱教师的事，从未认真作过处理，以致歪风邪气越来越严重。

这次事件的主要肇事者王兴宽在村里是个特殊人物。他仗恃哥哥在县里工作，横行无忌，张口闭口用"到县公安局，到县委大院去"吓唬人。事件发生后，村里议论纷纷，许多社员说："王兴宽上面有根儿，要是别人，队里早管了，兴许当天就给抓起来了！"他们对大队迟迟不处理这一事件，意见很大。

中共怀柔县委对此事很重视，曾多次召开常委会研究，并组织联合调查组进行调查。北京市委几位负责同志对这一事件作了批示，要求有关部门抓紧调查，严肃处理。目前，主要肇事者王兴宽已被拘留。吉寺小学复课后制定了校规，恢复了正常的教学秩序。

本报记者 赵学礼 张爱平

美国哈佛大学授予吴富恒荣誉法学博士证书

本报讯 山东大学校长、我国著名教育家和美国文学研究家吴富恒教授六月十日在美国波士顿，接受了哈佛大学授予的荣誉法学博士证书，成为我国第一个获得哈佛大学荣誉博士学位的学者。（黄景钧）

辽宁省锦州市实验小学六年级一班班主任、共产党员景从贤忠诚党的教育事业，二十年出满勤。她不但认真教书，而且重视培养孩子的道德情操，带领学生开展红花少年活动，收到良好效果。景从贤连年被评为省、市先进工作者和模范班主任。　李铁成摄（新华社稿）

北京日报报道怀柔县发生围打女教师事件

本报讯 昨日北京日报在第一版发
息，报道了北京市怀柔县发生的一
打女教师的事件。这条消息在报道
件的过程和县委、县政府派人调查
的情况以后说，县公安局已对这一
的行政拘留审查。县负责同志表示，待彻底查清事实真相之后，再作进一步处理。

北京日报还为此发表了题为《要尊重人民教师》的评论员文章。

础，
鸣
共同
的。
的

20世纪80年代初，中小学教师被殴打欺凌事件频发。《光明日报》抓住北京怀柔事件进行连续报道，在全国形成了巨大影响，对遏制这种现象起到了很好的作用。此后，随着教师节的设立，尊师重教在全社会蔚然成风。

2016年9月9日，习近平总书记在北京市八一学校考察时强调："各级党委和政府要满腔热情关心教师，让广大教师安心从教、热心从教、舒心从教、静心从教，让广大教师在岗位上有幸福感、事业上有成就感、社会上有荣誉感，让教师成为让人羡慕的职业。"新时代的中国教师更有信心做好学生锤炼品格的引路人、学习知识的引路人、创新思维的引路人、奉献祖国的引路人。

怀柔事件与教师节的诞生

◎叶　辉

以1977年恢复高考为标志，中国迎来了“教育的春天”。但是，教师特别是中小学教师地位低，仍是一个普遍性的社会问题。“文革”中，他们因为是“臭老九”而倍受歧视。到了80年代初，大学生毕业分配时，流传着这样的顺口溜：“先工商，后财贸，去哪也不去学校。”光明日报编辑部经常收到中小学教师来信，他们倾诉自己工作条件艰苦，待遇低下，还受人歧视和辱骂殴打的情形。许多信令人心情难平。当时粗略统计，仅湖南省1981年就发生此类事件700多起。欺凌殴打老师问题已经成为社会关注的焦点之一。

正是在这样的背景下，怀柔事件进入媒体的视野。

怀柔事件

1982年6月，光明日报学校教育部记者赵学礼参加北京市教育局的一个活动时，该局转托他带回一封读者来信，作者是焦文驷。这实际上是一封投诉信，焦在来信中说，4月26日晚，北京市怀柔县黄坎公社吉寺小学范秋兰、于学荣、刘凤珍三位女教师在去看电影的途中遭到该村王兴宽及其子女的殴打和辱骂，原因竟是他们看不惯三位女教师比较时髦的穿着打扮，这件由谩骂发展到殴打的恶性事件持续了20多分钟，现场200多人围观，当学校领导和大队干部闻讯赶来救助时，围观者竟然挡住去路，最后是两位男教师奋力从人群中挤进去才把她们救出来。当晚12点，一些人还赶到学校用砖头、石块袭击女教师的房间，全校教师惶恐万状。因教师被打住院无人教书，吉寺小学不得不停课40多天。

面对这样一个恶性事件，北京市教育局竟感到无能为力，因为当时此类事太多，而教育局没有处置肇事者的权力，于是寄希望于通过媒体造舆论引起社会关注，以达到解决问题的目的。

赵学礼将这封读者来信交由群工部处理。群工部认为，在众多的殴打教师事件中，此案非常典型，在首善之区北京发生如此事件，性质极端恶劣，影响极坏，于是将这一事件作为报道选题直接向总编辑汇报。总编辑表示：马上派人去采访，立即予以曝光！赵学礼和群工部张爱平接受任务，奔赴怀柔采访。

记者了解到的事实比读者来信反映的要严重得多。当地一些不良青年经常到学校骚扰滋事，在路上拦截女教师，用下流的语言挑逗侮辱，还经常半夜去敲女教师的门窗，女教师不开门窗就用石头砸，几年中已砸破200多块玻璃，女教师为此担惊受怕。

舆论风暴

1982年6月24日，《光明日报》在一版头条刊发了这封读者来信，并配发记者调查附记。

报道见报后，当地迟迟未做进一步处理。实在是因为殴打教师事件在当时太普遍，普遍到殴打教师成为一种司空见惯的现象而被漠视。

光明日报编辑部抓住这个典型案例，派记者七下怀柔，召开座谈会，追踪事态发展。

接下来，《光明日报》对怀柔事件的报道，规模之大，力量之强，持续时间之长，版面之突出，报社调动优势力量穷追猛打的坚决果敢，在当时的媒体中都是罕见的。用消息、通讯、读者来信、座谈会纪要、评论甚至社论等方式，从6月24日开始，到7月27日，一个多月共刊发报道73篇，计5万多字。

报道在社会上产生强烈反响，最关键的是，报道惊动了党中央，引起了邓小平的重视。邓小平指示其办公室的工作人员："转告北京市委，这个事件性质恶劣，要抓紧处理，把打人凶手抓起来!"

北京市委接到邓小平的指示后，多次召开会议，通报情况，并责成怀柔县处理殴打教师的犯罪分子。北京市还就此发出通报，要求在全市掀起尊师重教的热潮。

教育部部长何东昌接受《光明日报》的独家采访，就怀柔事件发表谈话。何东昌表示，殴打教师现象全国各地不同程度存在，希望借怀柔这个事件掀起一个尊师重教的热潮。各地应根据本地区的具体情况，对凌辱教师、侵占校产事件进行一次检查，采取相应措施，促进问题解决。

接着，全国妇联、民进北京市委等机构相继发表文章，严厉谴责殴打教师的恶劣行径。

《光明日报》的报道得到了同行的呼应。《人民日报》7月9日发表消息，并配发短评《保护教师崇高的社会地位》；新华社发了通稿；中央电台、北京电台、《工人日报》发了报道；《中国青年报》刊发报道并配发评论。

面对排山倒海般的舆论，以及领导机关的层层压力，当地政府及执法部门终于挡不住了，最后罪犯被依法逮捕并判刑。

在《光明日报》怀柔事件报道的影响下，仅当年8月上旬，河北、河南、湖北、湖南等省都就当地殴打教师、抢占校产等事件做出处理，一些久拖不决的老大难问题由此得以解决。全国各地殴打教师事件大幅度减少。

发表“三个面向”

在为改善教师境遇，营造尊师重教氛围鼓与呼的同时，与教育有着不解之缘的《光明日报》，率先报道了邓小平关于教育要“三个面向”的题词。

1983年9月7日，北京景山学校以全体师生的名义给邓小平写信，信中写道：“提出一个恳求，就是希望您老人家能为我们题词，或向我们说几句话，指引我们继续前进的方向。”9月8日信送出，9月10日邓小平就题词：“教育要面向现代化，面向世界，面向未来。”

光明日报编辑部得到邓小平为北京景山学校题词的消息后，马上意识到这是一个具有历史意义的事情，《光明日报》应该予以报道。

经请示中宣部领导同意，《光明日报》9月11日刊发了对中国教育发展影响巨大的“三个面向”重要题词。1985年5月27日《中共中央关于教育体制改革的决定》再一次明确教育必须“面向现代化，面向世界，面向未来”。从此，“三个面向”成为新时期中国教育的发展方向和目标。

教师节的诞生

邓小平给景山学校的题词是1983年9月10日送到学校的。纯属巧合的是，这与后来中国设立教师节的时间不谋而合。

百年大计，教育为本。教育大计，教师为本。为设立教师节进行舆论造势，是《光明日报》很长一段时间的宣传重点。

1981年8月30日，《光明日报》在头版刊登《建议建立教师节》的“读者来信”，北京读者章连峰建议：“定每年九月一日为教师节，全国学校在这一天举行庆祝活动。”

1981年11月，在全国政协五届四次会议上，包括叶圣陶、雷洁琼在内的民进17位政协委员联名提交了《建议确定全国教师节日期及活动内容案》。

借怀柔事件的契机，《光明日报》大张旗鼓地宣传尊师重教这个主题，还请来知名专家学者开座谈会，论证中国应当设立教师节，他们的观点刊登在报纸上，又收到很多读者来信。1982年7月20日，《光明日报》再次以“读者来信”的形式刊登《建议每年开展一次“尊师周”活动》，作者为天津南开中学语文教师田家骅。田家骅建议：“教师应有自己的节日。日期最好在暑假后开学的第十天为宜。”这恰好与后来教师节的日子一致。

1983年6月，包括葛志成、霍懋征在内的民进19位政协委员再次在全国政协六届一次会议上联名提出《为提高教师的社会地位，造成尊师重教的社会风尚，建议恢复教师节案》。

众人拾柴火焰高。1984年12月，教育部党组和全国教育工会分党组将“关于建立‘教师节’的报告”送中央书记处并报国务院。1985年1月，国务院总理在第六届全国人大常委会第九次会议上提出建立教师节的议案，21日，会议通过决议，确定每年的9月10日为“教师节”。

教师节的设立，标志着教师受到全社会的尊重。每年的教师节，全国各地的教师都以不同方式庆祝自己的节日。各级政府也通过解决教师实际困难，改善教学条件等，大大提高了广大教师从事教育事业的积极性。教师，也逐渐成为让人羡慕的职业。

旧报章

怀柔县黄坎公社王兴宽等人

无理取闹辱骂殴打三名女教师

读者投书本报揭露这一严重事件，要求对肇事者严肃处理

◎焦文驷　赵学礼　张爱平

四月二十六日晚，北京市怀柔县黄坎公社吉寺小学青年女教师范秋兰、于学荣、刘凤珍在去看电影的路上，遭到本村社员王兴宽的女儿王桂义等人的无理谩骂。三名女教师见她们人多势众，争辩几句后继续赶路。不料王桂义姐妹俩紧随不舍，到了电影放映场地仍骂不绝口。王兴宽和他的两个女儿、儿子等人趁天黑，对女教师围攻、推拽冲撞、恶语辱骂。有几个不三不四的人挑唆说："每人打两下就走，不要让她们认出来！"这时，有的围观者也故意拥挤、起哄，将三名女教师围在中间。大队干部和学校领导干部闻讯赶来，也被挡在人群外。事件持续了二十多分钟，直到两名男教师和一些社员从人群中分出一条路，三名女教师才被救了出来。

当夜十二点左右，吉寺小学又遭到砖头、石块的袭击，六七块玻璃被砸碎。教师们都惶恐不安，不敢到校上课，学校被迫停课。

据当地教师和群众反映，吉寺大队的少数中学生和少数青年社员经常到学校滋扰，夜间敲打女教师宿舍的门窗，在女教师回家或返校的路上，拦截，起外号，说下流话等。

自一九七七年以来，吉寺大队已发生过几起围打辱骂青年女教师事件，有的草草做了处理，有的一直未做处理。这次事件的主要肇事者王兴宽是怀柔县委一位负责干部的弟弟，他在村里一贯蛮不讲理，干部、社员都怕他。

三名女教师被围攻后，四五天昏迷不醒，至今仍伤势严重，住在医院里。刘凤珍整日昏睡，不时抽搐、哭叫，于学荣行动不便，生活不能自理。三名女教师的父母含着眼泪向前去看望的市、县有关部门的干部说：“孩子到山区教书，被打成这个样子，上级党委和政府得给我们做主啊！”吉寺大队的社员们也十分愤慨：“这么严重的问题如不很好地解决，今后谁还敢来当老师！”他们强烈呼吁有关部门严肃处理这一事件。

我们认为这一事件是严重的，那些人如此对待人民教师，严重地损害了人民教师的身心健康，损害了他们的尊严与社会地位。我们要求对肇事者进行严肃惩处，并以此对广大社员和干部进行法制教育和政策教育，造成一个人人尊师爱校，确保教师人身安全，维护学校正常教学秩序的新局面。

调查附记：

怀柔县黄坎公社吉寺小学三名女教师被辱骂殴打的事件，经记者调查基本属实。这三名女教师都是二十二三岁的农村女青年。我们在医院见她们面容憔悴，充满恐惧感，在生人面前手脚抽搐，哭笑失常。医生诊断她们的病症是惊吓性植物神经功能紊乱。于学荣双下肢不能站立，为癔症性瘫痪。这件事发生后，该村小学校其他教师也感到人人自危，学校被迫停课四十余天，损失很大。大队群众十分同情老师，不少学生家长给她们送来鸡蛋，表示慰问。小学生们背着书包围着学校转，该考中学的学生上不了课，家长们很着急，对王兴宽一家人的恶劣行为更为愤慨。

我们通过调查发现，吉寺大队发生这种严重事件绝非偶然。这个大队很少开会研究学校工作，大队干部不关心学校和教师工作、生活中存在的困难。例如教师吃菜困难，缺菜时教师只好就着酱油下饭。学校为此曾多次向队里交涉，但问题始终得不到解决。队里卖给社员一两分钱一斤的菜，卖给学校却要一角钱。学校不得不远途到县里购买。

这个大队的社会风气也不好，队干部吃请成风，一些青年经常到学校捣乱，学校教室有三分之二的玻璃窗被砸坏。教师在回家或返校的路上多次被拦截、辱骂，在放映电影的场地，女教师们常常遭到冲撞、唾骂。大队干部对这些凌辱教师的事，从未认真作过处理，以致歪风邪气越来越严重。

这次事件的主要肇事者王兴宽在村里是个特殊人物。他仗恃哥哥在县里工作，横行无忌，张口闭口用“到县公安局，到县委大院去”吓唬人。事件发生后，村里议论纷纷，许多社员说：“王兴宽上面有根儿，要是别人，队里早管了，兴许当天就给抓起来了！”他们对大队迟迟不处理这一事件，意见很大。

中共怀柔县委对此事很重视，曾多次召开常委会研究，并组织联合调查组进行调查。北京市委几位负责同志对这一事件作了批示，要求有关部门抓紧调查，严肃处理。目前，主要肇事者王兴宽已被拘留。吉寺小学复课后制定了校规，恢复了正常的教学秩序。

（原载《光明日报》，1982年6月24日）

机密

情况反映

特刊

第8期

光明日报总编室编　　1984年6月9日

青海省委副秘书长杨国英之子杨小民

故意杀人重罪轻判群众强烈不满

青海省委副秘书长兼办公厅主任杨国英之子杨小民，故意杀人，又被重罪轻判，干部、群众反映强烈，现已成为当地整党中一个需要解决的突出问题。

杨小民是青海铝制品厂工人。一九七九年二月二十七日，他与同院待业青年王强因挑水小事发生口角，彼此瞪了一眼。平时横行霸道、仗势欺人的杨小民，顿起杀人之心，转身回家，拿了一把五寸长的藏刀，戴上眼镜、口罩、卫生帽，在光天化日之下，闯入王强住室，乘其躺在床上毫无精神准备之机，持刀在王的腰部、背部等处狠戳刀。年纪不到十七岁、身单力薄的王强大叫“哥哥饶

1979年，青海省发生了一起震惊全国的高干子弟杀人案，即杨小民故意杀人案。此案因官官相护，徇私枉法而导致死罪轻判，在当地激起公愤，群众反映强烈。最高人民法院曾多次干预此案，要求复查，但因官官相护织成的关系网太厉害，此案拖了五年未能纠正。

光明日报记者陈宗立、李蔚冒着受打击报复的巨大风险，三次写内参揭开此案背后的恶幕，引起中央领导的高度重视，促成此案的最终解决，使凶手得以伏法，包庇罪犯的有关领导受到严肃处理。

杨小民杀人案始末

◎李　蔚

1979年2月27日，在中共青海省委家属大院，省委办公厅副主任杨国英之子、青海铝制品厂工人杨小民与同院待业青年王强因口角产生矛盾，后持五寸长的藏刀闯入王强住室，乘其躺在床上休息、毫无精神准备之机，持刀在他的腰部、背部等处狠戳。王强被连刺十四刀，刀伤深抵内脏，最终丧命。1979年9月杨小民被判处死刑，立即执行。但是在青海省委领导的干预下，1979年12月7日，杨小民被改判死缓。法院宣判后，舆论大哗。

受害者的姐姐王欢茹带着弟弟的血衣上访，决心为弟弟讨回公道。但是，先后担任青海省委第一书记的三位领导明知群众反应强烈，都坚持错误不改。杨案发生两年后的1982年1月，凶手的父亲杨国英由省委办公厅副主任升为省委副秘书长，1983年又进而兼任省委办公厅主任。在此错判案中因渎职枉法而“立功者”，为维护省委错误决定不遗余力者，也纷纷升官。群众大为不满。

陈宗立

杨案发生时，我在光明日报青海记者站担任站长。受害者王强的父亲王水曾长期担任青海日报群工部主任，为人厚道，工作尽责，我们彼此相识。他遭此不幸，我深为同情。他的女儿，作为坚持告状、为弟鸣冤的“新杨三姐”的顽强斗争精神，也使我感动不已。但要干涉此事，等于直接与青海省委主要领导作对，后果无法预料。兹事体大，我迟迟下不了决心。

同站记者陈宗立同志正直热情，嫉恶如仇。每次谈及此事，他都非常激愤。我俩酝酿多次，最后在1984年，决定借全国整党之机，写一份内参。为了显示舆论的合力，以期引起领导重视，我们商量，由他出面，与其他中央新闻单位的驻青海记者私下交换意见，看有没有愿意联手采访的。遗憾的是，当时我们没有找到合作者。于是只好两人单枪匹马来干。

慑于杨国英的权力，调查非常艰难，经过深入细致地调查，反复核对事实，我们写出了第一份内参稿:《青海省委副秘书长杨国英之子杨小民故意杀人重罪轻判群众反应强烈》。为了自己的人身安全，这份内参寄出时，我俩对外没有向任何人提起过。

1984年6月9日，《光明日报情况反映特刊》第8期发表了我们的内参稿。作风正派、坚持原则、勇于斗争的光明日报总编辑杜导正同志看了内参，非常气愤，批示："卢云同志：能否公开报道呢？我倾向于（将内参稿）改改，公开报。实在可恶！"卢云同志当时是记者部主任，立即打长途电话征求我的意见。如此大事，我是第一次经历。为求稳妥，我回答："事实，我与宗立同志反复核对过，完全可靠。是否公开报，我意等一等，看看反应再说。"这样一来，当时就没有公开报道。

我们的内参惊动了中央领导，邓小平、胡耀邦、习仲勋等八位中央领导作出批示。中共中央总书记胡耀邦同志在批示中指出，这是"徇私枉法，官官相护，封建家族关系"，应当坚决纠正。

迫于压力，青海省委常委会于1984年10月12日举行会议，对杨案重新进行了研究。青海省委一方面承认了原来的判决不对，但又认为现在不宜改判死刑立即执行。理由是：如果改判，其他犯人也会人心惶惶，影响劳动改造。

得知此情后，我们又找到富于正义感且负责报道全省整党工作的青海日报记者田庆华同志合作，开展了新一轮采访。

杨小民杀了比他小九岁的少年后，毫无悔改之心，一进看守所即向在押人犯们吹嘘自己杀人如何"英雄"，还大言不惭地说："我不怕，我爸爸是办公厅主任（当时杨国英任副主任），他管保卫，有办法。"在场犯人听了十分气愤。一名相貌粗黑、绰号"铁匠"的普通打架斗殴犯辛某，忍无可忍，上去扇了他两个耳光。辛某系青海省第三建筑公司工人，从监所出来后，主动找到王家，支持他们告状，向不正之风作斗争。

凶手杨小民入狱两年，即被改为无期徒刑，接受了一年培训，穿上了白大褂，当上了“医生”，管起了监狱药房。犯人们平常在狱中不敢说什么，可是一旦出狱，情况就不同了。同狱犯人孙亨利、周国骙、周雷君等曾私下商量，将来无论谁先出狱，都要找到受害者王强的家属，沟通情况，帮助他们告状。孙亨利被宽大释放后，果然去找了王家，揭发了杨犯在狱中的恶迹。杨小民在狱中得知这一情况，因孙亨利已经出狱，无法报复，就抓住周国骙不放，将周殴打一顿。周后来刑满出狱，曾向《人民日报》、最高人民检察院等揭发检举了杨小民在狱中的真实表现。

以上情况说明，即使在狱中服刑的犯人对杨案的是非，也是清楚的。采访完成后，我们针对省委“改判会影响犯人改造”的错误判断，三人联名（为求安全，田庆华署了一个笔名：古华）写了第二份内参，明确地指出：“杨小民重罪轻判，是党风不正的产物，情况非常特殊，与一般案件在处理时的偏轻偏重，在性质上是不同的。这一点，不仅青海地区广大干部群众人人心里都有一本账，就是正在服刑中的犯人也都是清楚的。改判死刑立即执行，不仅不会影响，而且有利于犯人的改造。”这份内参，以《杨小民杀人案值得深究，建议中纪委直接派工作组查处此案》为题，发表于1984年11月5日的《光明日报情况反映特刊》第15期上。

1985年1月，中央整党指导委员会、中央纪律检查委员会、中共中央组织部、最高人民法院、最高人民检察院等部门，根据中央指示，联合组成调查组，由原中央组织部副部长、中顾委委员乔明甫等带队，深入青海，进行调查。调查期间，我回北京报社工作。宗立同志在青海全力以赴，为调查组提供了力所能及的帮助。调查组也很注意听取中央其他新闻单位驻青海省记者的看法。在充分调查研究、掌握大量证据的基础上，1985年5月，中央调查组完成了《关于杨小民故意杀人案的调查报告》。6月13日，中共中央书记处第212次会议对此进行了讨论，决定：立即处决杨小民，并对徇情枉法的有关人员进行追究，做出处理，为此下达了中办〔1985〕228号文件。

为了贯彻执行中央此项决定，中央派原文化部部长黄镇等到青海，向省委进行传达，并监督执行。青海省委在7月中旬召开了两天常委扩大会议，当时的省委书记赵海峰等在会上作了检查，不久尹克升担任青海省委书记。根据中央决定，上述五个部门再次组成工作组，前往青海，协助省委做好纠正杨小民错判案及其有关责任者的查处工作。

经过这场斗争，杨小民于1985年7月30日被执行死刑。枪决杨犯的那一天，西宁万人空巷，人山人海。囚车过处，市民燃放鞭炮，以示庆祝。被害人家属向光明日报记者站送了一面锦旗，上书“不畏权势，仗义执言”八个大字；群众也给记者站送来了一面锦旗，上写“人民的喉舌，法制的卫士”。

中央工作组在青海期间，除督促省委按司法程序坚决处决杨犯外，进一步调查了有关人员的责任问题。经过三个月的工作，调查了243人次，取得了351份材料，弄清了基本事实，于1985年12月1日向中央提交了《关于杨小民错判案有关责任者的错误事实、性质及处理意见的报告》。

《邓小平文选》

受中共中央总书记、全国整党指导委员会主任胡耀邦同志的委托，由全国整党指导委员会常务副主任薄一波主持，从1985年12月6日开始，连续举行办公会议，研究对杨案有关责任者的处理问题。会议在中南海举行。前后共召开了五次会议。中共中央书记处书记、中央办公厅主任王兆国出席了每次会议。通知到会的记者，仅我一人。王兆国问我是哪个单位的，我回答：我是光明日报记者。薄一波插话说，光明日报记者是我请来的，因为他们最早向中央反映了情况。

杨案明显是“官官相护，徇私枉法”，错误性质不容模糊，但在调查组汇报后的讨论中，青海省委主要负责人竟一再强词夺理，歪曲事实，坚持杨案只是“官僚主义，工作失误”，包庇违法乱纪分子免受应有的追究。我在旁边实在看不下去，不由得站起来，摆出确凿的事实，据理批驳。讲着讲着，因为心情激动，气得泪流满面，声音哽咽，讲不下去。这时，参加会议的原青海省委书记、省长黄静波离开座位，走到我的面前，温和地安慰并鼓励我说：“冷静一下，继续讲下去。”

会场气氛始终十分严肃认真。中央领导同志在会上多次讲话，联系讲党的优良传统，启发青海省委主要负责人正确认识错误。经过充分的讨论，会议正式向中央提出报告。不久，青海省包庇罪犯的责任者受到严肃的处理。

1986年1月17日，中共中央召开常委扩大会议，讨论抓党风问题，邓小平同志对中央关于杨案的处理予以肯定。他说：“青海杨小民那个案子，拖了多年，几任省委书记没有解决，现在处理了，处理得好。就是要查处这样的案子，才会有震动。”（《邓小平文选》第3卷152页）

旧报章

故意杀人重罪轻判群众强烈不满

◎李　蔚　陈宗立

青海省委副秘书长兼办公厅主任杨国英之子杨小民，故意杀人，又被重罪轻判，干部、群众反映强烈，现已成为当地整党中一个需要解决的突出问题。

杨小民是青海铝制品厂工人。一九七九年二月二十七日，他与同院待业青年王强因挑水小事发生口角，彼此瞪了一眼。平时横行霸道、仗势欺人的杨小民，顿起杀人之心，转身回家，拿了一把五寸长的藏刀，戴上眼镜、口罩、卫生帽，在光天化日之下，闯入王强住室，乘其躺在床上毫无精神准备之机，持刀在王的腰部、背部等处狠戳数刀。年纪不到十七岁、身单力薄的王强 大叫“哥哥饶命”，同时扑向门口，想开门逃走。杨小民堵门拦住，继续猛刺王强。王强被刺十四处，刀伤深抵内脏，抢救无效，于次日凌晨死亡。

由于此案发生在省委家属大院，杀人凶手又是省委机关领导干部之子，顿时传遍西宁全城，男女老少几乎无人不知。一九七九年九月，西宁市中级人民法院秉公执法，报经市委讨论同意，决定判处罪犯死刑，立即执行。同时报青海省法院和中共青海省委审批。由于当时任省委副秘书长兼省委办公厅副主任的杨国英和省委主要领导成员关系密切，以致省委常委会讨论研究结果决定改判杨小民死缓。根据省委的意见，西宁市中级人民法院遂于一九七九年十二月十二日作了正式宣判。

此案从发生到判决，前后拖了十个月之久。据反映，在此期间，杀人犯杨小民在狱中气焰嚣张，公然扬言他父亲是办公厅主任，专管保卫，有办法，他不怕。与此同时，被害人家属也不断地遭到各种压力。

在杨案宣判以前，省、市机关及厂矿、企业等二十二个单位曾就处理此问题作过讨论，参加讨论的一千二百零九人，有八百五十七人认为杨犯公然闯入民宅行凶，将一少年活活刺死，手段凶狠残忍，罪大恶极，不杀不足以平民愤，因而一致要求判处死刑，立即执行。青海省委决定改判死缓后，社会舆论哗然，普遍感到失望，并认为这一判决表现了党风的严重不正。

由于判决不公，民愤无法平息，死者家属不断上告，一九八〇年十月，青海省法院派人去最高人民法院汇报此案。最高人民法院认为，对此案从轻处理，改判杀人犯杨小民死缓“理由不能成立”，责成省法院重新研究，然后报青海省委决定。此后拖了一年多时间，青海省委领导才作出批示，对此案采取上推下卸的办法，回避这一问题。直至一九八三年九月，青海省法院重新讨论了此案，内定改判死刑，剥夺政治权利终身；同时报告了青海省委，并电话请示最高法院。最高法院电话答复：请青海省法院自行决定，如果决定不了，请写出报告。今年二月，青海省法院又讨论了此案，出现了“改判死刑”和“不宜改判死刑”两种意见，并将倾向于“不宜改判死刑”的意见报告了最高法院。最高人民法院根据青海省法院的报告，于今年四月二十七日，电话通知青海省法院同意对杀人犯杨小民不再改判死刑。但此决定至今未通知被害人家属，亦未向群众公布。

四年来，此案一直是当地干部、群众私下谈论的中心话题之一，使党的威信受到严重损害。被害人家属更是不服，从杨案宣判之日起，从未停止上诉；并曾拿着死者的血衣，在街头展览，控诉数日；一九八〇年省人民代表大会期间，还向代表们下跪哭诉，得到大家的同情、支持，许多代表在会上发言，提出质询。今年二月杨犯死缓二年期满时，政法机关征求群众意见。这时整党已经开始，群众反应更为强烈。据八十四个单位的统计，参加此案讨论的八千七百八十九人中，要求改判死刑立即执行从政治上挽回影响的占参加讨论人数的百分之七十六点五二。不少群众要求将这一问题列为青海整党打开局面的突破口，表彰一审、二审中作了正确判决的有功人员，追查留杨犯性命达四年之久的有关人员的责任。据记者在这里观察，此案已拖延数年，如不秉公执法，伸张正义，挽回影响，问题将会更大。

（原载《光明日报情况反映特刊》，1984年第8期）

编者的话

我们在研究青年，青年在研究社会、人生。

青年们常有这样的体验：当他认为他所坚信和追求的东西突然失去的时候，当光阴的流逝使他痛感自己碌碌无为的时候，当因某种情景的触发而使他回首往事的时候，一个严肃的问题就会象逼视着自己的法官那样出现在面前：人生的意义究竟是什么？

这个老问题又被提出来了吗？对，又被提出来了！但它却带有八十年代的特定的内容，了解这十几年沉浮变迁的人们，都不难理解青年们探索人生所走过的艰难历程。

象潘晓一样，他们原来也真诚地相信世间一切都是美好的，真诚地愿意为革命、为信仰献身。然而，十年动乱冲毁了这一切；理想与现实竟有着这样惊人的距离，人生的旅程竟是这样的艰辛，人生的目的竟又是这样模糊、把握不住？！他们彷徨，苦闷……

但他们不愿意走向虚无，而是在探索，艰苦地探索！“路漫漫其修远兮，吾将上下而求索。”

他们是带着过去的创伤来探索人生的。

他们是带着受到现代科学发展的吸引的眼光来重新审视人生的。

他们是带着自己对祖国命运和人类前途的关注来思考人生的。

象以往多次发生过的情形一样，在人类历史上每一次较大的社会进步的前夕，差不多都发生过一场人生观的大讨论。欧洲文艺复兴时期关于人性论、人道主义的讨论，俄国革命前夕关于人本主义和新人生活的讨论，我国五四时期关于科学与人生观的讨论，等等，都曾经对社会的前进作出过贡献。

今天，在我们的民族经历了如此巨大的灾难之后，在我们的国家急待振兴的重要关头，在科学文明已经如此发展的当代，人生意义的课题，必然地、不可免地在青年当中又重新被提出来了。

应该说，彷徨、苦闷对于麻木、僵化是一种历史的进步。我们无须讳言我们的社会弊病。它并不因为一些人的忌讳，或另一些人的愤世厌生就自行消失。但是，在十年血与火的洗礼中，在经历了种种挫折、危难的锻造之后，我们共和国的年轻一代，没有时代的责任，作为他们的主流是更坚强了。他们背负着民族的希望，脚踏着祖国的大地举起新长征的火把，又顽强地挺进了！对于人生意义的思索和寻求，将成为年轻一代求索中的新起点。

应该怎样看待社会？怎样对待人生？当理想和现实发生矛盾的时候怎样才能生活？一个人生命的价值何在？——让青年们自己来讨论这些严肃的问题吧！

这里，我们把潘晓同志给编辑部的一封坦率、诚恳的来信发表出来。潘晓同志说“我们的心是相通的。”我们相信，在一场对人生意义的广泛的、平等的、科学的探讨之中，我们会有所收益。潘晓同志和更多的青年，会在各自不同的人生道路上，找到指引自己的路标！

* * *

人生的路呵，怎么越走越窄……

编辑同志：

我今年二十三岁，应该说才刚刚走向生活，可人生的一切奥秘和吸引力对我已经不复存在，我似乎已经走到了它的尽头。反顾我走过的路，是一段由紫红到灰白的历程；一段由希望到失望、绝望的历程；一段思想的长河起于无私的源头而最终以自我为归宿的历程。

过去，我对人生充满了美好的憧憬和幻想。小学的时候，我就看过《钢铁是怎样炼成的》和《雷锋日记》。虽然还不能完全领会，但英雄的事迹也激动得我一夜一夜睡不着觉。我还曾把保尔关于人生意义的那段著名的话：“人的一生应当这样度过：当回忆往事的时候，他不会因为虚度年华而悔恨，也不会因为碌碌无为而羞愧；……”工工整整地抄在日记本的第一页。日记本记完了，我又把它抄在第二个本上。这段话曾给了我多少鼓励呀。我想，我爸爸、妈妈、外祖父都是共产党员，我当然也要信仰共产主义，我将来也要入党，这是毫无疑义的。

后来，我偶然看到了一本过去出的小册子《为谁活着，怎样做人》。我看了又看，完全被迷住了。我开始形成了自己最初的、也是最美好的对人生的看法：人活着，就是为了使别人生活得更美好；人活着，就应该有一个崇高的信念，在党和人民需要的时候就毫不犹豫地献出自己的一切。我陶醉在一种献身的激情之中，在日记里大段大段地写着光芒四射的语言，甚至一言一行都模仿着英雄的样子。

可是，我也常隐隐感到一种痛苦，这就是，我眼睛所看到的事实总是和头脑里所接受的教育形成尖锐的矛盾。在我进入小学不久，文化大革命的浪潮就开始了，尔后愈演愈烈。我目睹了这样的现象：抄家、打人、草菅人命；家里人整日不苟言笑；外祖父小心翼翼地准备检查；比我大一些的年轻人整日污言秽语，打扑克、抽烟；小姨下乡时我去送行，人们掩面哭泣，捶胸顿足……。我有些迷茫，我开始感到周围世界并不像我看过的书里所描绘的那样诱人。我问自己，是相信书本还是相信

1980年5月，一封署名“潘晓”的读者来信《人生的路呵，怎么越走越窄……》发表在《中国青年》杂志上。甫一发表，即在全国范围内，特别是广大青年中引发一场关于人生观的大讨论，这场讨论成为改革开放之初思想解放大潮中的一个标志性事件。

“每一代青年都有自己的际遇和机缘。”习近平总书记2018年5月2日在北京大学师生座谈会上指出：“广大青年既是追梦者，也是圆梦人。追梦需要激情和理想，圆梦需要奋斗和奉献。广大青年应该在奋斗中释放青春激情。追逐青春理想，以青春之我、奋斗之我，为民族复兴铺路架桥，为祖国建设添砖加瓦。”重读《北京日报》十年前的这篇旧文，回望三十多年前的那场讨论，更加觉得习近平总书记的讲话振聋发聩，耐人寻味。

潘晓讨论：对人生意义的思索和寻求

◎李砚洪

五月的惊雷

在北京市西城官园育强胡同《中国青年》杂志社办公室，工作人员从靠墙的一排大文件柜里找到了一个牛皮纸文件袋，打开尘封，是厚厚的一摞1980年第5期《中国青年》发稿原件，用方格稿纸、蓝黑钢笔字工工整整誊抄的《人生的路呵，怎么越走越窄……》在最上面：

编辑同志：

我今年二十三岁，应该说才刚刚走向生活，可人生的一切奥秘和吸引力对我已不复存在，我似乎已走到了它的尽头。反顾我走过来的路，是一段由紫到红到灰白的历程；一段由希望到失望、绝望的历程；一段思想的长河起于无私的源头而最终以自我为归宿的历程。

在讲述了自己在工作、爱情、家庭生活中所经历的种种不幸后，潘晓最后这样写道：

我体会到这样一个道理：任何人，不管是生存还是创造，都是主观为自我，客观为别人，就像太阳发光，首先是自己生存运动的必然现象，照耀万物，不过是它派生的一种客观意义而已。所以我想，只要每一个人都尽量去提高自我存在的价值，那么整个人类社会的向前发展也就成为必然了。这大概是人的规律，也是生物进化的某种规律——是任何专横的说教都不能淹没、不能哄骗的规律！

今天，信中关于人生的困惑相对于价值多元的现在也已不再振聋发聩，而舆论环境的大为宽松也已使得信中大胆直言毫无忌讳的表达方式不再显得离经叛道。但是，时光倒回当年的那个五月，当时的人们在不经意间读到这封信的时候，毫无心理准备，他们的第一反应令今天的人们不可思议。“触电”“感觉有一颗炸弹在心里爆炸”“浑身战栗”“激动得流泪”“恐惧”……在已经泛黄的杂志和内部材料刊登的一封封来信中，充满大量类似的字眼。这些词汇是当年读者们来描述他们最初读到这封信时的直接感受。

“这是一颗真实的、不加任何粉饰的信号弹，赤裸裸地打入生活，引起反响。”在所有对这封信的比喻里，太原读者贺海毅的这句话最为独特而贴切。

盛夏的炽热

当年“潘晓讨论”如火如荼的时候，《中国青年》原编辑部主任彭明榜还在中学读书，到《中国青年》工作后，他一直在追寻当年那场讨论所牵涉的人、发生的事、深层的理。

彭明榜说，和季节出奇的吻合，“潘晓讨论”整整“热”了一个夏天。最初的读者来信在就人生的意义发言的同时，几乎都对这场讨论本身表示了强烈的感激和敬佩：“全国多少青年和潘晓一样，希冀着心灵的甘露，在渴望着点燃青春的火炬。”

除了感佩，许多读者还怀有种种疑惧。他们有的怀疑发表这封信是为了引诱青年谈出真实思想，是个“圈套”；有的替“潘晓”表示担忧；甚至还有为《中国青年》担心的，他们说《中国青年》弄不好要挨批评，这场讨论说不定会被“围剿”……

不过，就当时的形势而言，担心显得有些多余，进入六月中旬后，“潘晓讨论”得到广泛支持。《人民日报》首先报道了《中国青年》开展人生意义讨论的消息，并在评论员文章中称赞这一场讨论：“把青年思想深处的东西端了出来，进行真正同志式的讨论，是感人至深的。”新华社在报道中也肯定：“只有了解青年，才能帮助青年；只有实事求是，才能解决问题。”《中国青年报》

将“潘晓”的信摘要发表，之后也开展了“人生的意义究竟是什么?”的讨论专栏。

6月18日下午，中共中央书记处书记胡乔木在团中央书记处负责人的陪同下来到编辑部。第8期《中国青年》以《胡乔木同志关心人生意义的讨论》为题发表了他的讲话摘要：这个讨论引起了千百万人的关心和兴趣，我也是这千百万中的一个。这是一场很有意义的讨论，凡是关心青年一代的成长的人都应该有兴趣。

编辑部按照这个讲话的精神，从第7期开始，将原来每期8页的版面扩大到20页，而且发表了许多讲述自己和潘晓类似或者更悲惨经历的来稿；第8期让潘晓在杂志上出了场，刊登了一封对讨论表示感动和感谢的《潘晓同志来信》：

我万没想到，《人生的路呵，怎么越走越窄……》发表之后，孤寂、痛苦和绝望中的我，一下子获得了全国数以万计同代人的关注和声援。……是你们，一反以往社会上那些“君主”“神父”“长官”惯于板起的教训人的面孔，带着朋友、姐妹、兄长的热忱向我这将被淹没在尘埃之下的无名角落走来。……这种珍于一切、最真诚的心灵的交流，用任何最动人的感激之词加以报答，都只能是对它本身格调的贬低。

为了使讨论“有点波澜”，第8期还发表了武汉大学历史系三年级学生赵林写的《只有自我才是绝对的》一文：

自私首先是一种自我发现：个人意识到自己的价值，意识到“我”的重要意义。……历史是由人的活动组成的，而人首先是个人，所以每个自觉到自我价值的人都可以问心无愧地说：“我就是历史。”

发表于《中国青年》1980年第10期、署名为桂钢的读者来信肯定了赵林的观点，而更多的声音是对赵林观点的驳斥，第10期上署名为何乐为的读者来信最有代表性：赵文武断地宣布“说谎、欺诈、恭维、奉承是人生的真谛”，“自私是人的本质”，这就把人类经过漫长岁月艰难成长起来的一切良知、美德统统踩在脚下，把全人类（除去作者自己）推到道德的被告席上……

谁是潘晓？

谁是潘晓？中国青年杂志社前社长兼总编辑关志豪说：“潘晓只是一个符号，是特殊历史时期的产物，是一代青年对爱与激情，人生的痛苦与迷惘思索与讨论的一个象征性符号。”

当年《中国青年》的编辑马丽珍讲述了事情的缘起。

1979年，《中国青年》开展过一场“可不可以在青年中提倡学习陈景润？”的讨论，社会反响不错。所以，讨论一结束，编辑部就着手组织下一场讨论，当时选定的题目是“讲实惠”，因为当时青年中流行着一句很有名的口号“一切向钱看”，“讲实惠”

成了一种时尚。1980年年初，马丽珍刚从群工部调到思想教育部一年，编委会就安排她准备这个选题。

一天下午，她到群工部看了两小时的读者来信，许多信说的都是关于人生苦恼、看透了社会、找不到出路等，她挑出其中35封，隐约中觉得或许可以提炼出一个选题。一天，马丽珍向关志豪讲了开展人生观讨论的想法，关志豪让马丽珍把那35封信给他看看。第二天，看过信后的关志豪就同意了这个选题。

定下了选题后，思想教育部主任郭楠柠让马丽珍和另一个编辑马笑冬做进一步的调研。接下来的两三个月时间，“二马”每天早出晚归，奔走于北京的机关、学校、商店、工厂，召开各种层次的座谈会。

在一次座谈会上，马笑冬认识了北京第五羊毛衫厂的青年女工黄晓菊。通过几次交谈，她觉得黄晓菊的经历和思想很有代表性，就问她愿不愿意毫无隐瞒地写出来供青年讨论。黄表示同意，马笑冬便向她约稿。

也是在这前后，“二马”到北京经济学院开一次座谈会。学院团委书记李庆堃向她们推荐了二年级学生潘祎。李庆堃说，这个学生很灰，不久前刚自杀过，你们可以和他单独谈谈。“二马”于是分开行动：马笑冬去参加座谈会，马丽珍去和潘祎单独交谈。

1980年4月7日，马丽珍与潘祎从下午两点多谈到六点多。马丽珍问他愿不愿意把自己的经历和思想写出来供青年讨论，他表示愿意。

不久，黄、潘的稿子分别交到编辑部。潘祎的不能用，但其中一些语言和观点可供参考，而黄晓菊的原稿有8000多字，分为“灵魂的鏖战”“个性的要求”“眼睛的辨认”和“心灵的惆怅”四部分，基本可用。编辑部将这两篇稿子交给马笑冬，由她执笔作最后的修改。

最后见刊的那封信，人生经历和主要观点都基本取自黄晓菊的稿子，很多话甚至是原文，潘祎的一些话也糅了进去，还吸收了一些在座谈会上听来的语言。最后，马笑冬从黄晓菊和潘祎的名字里各取一个字合成了“潘晓”这个笔名。

秋天的萧落

8月20日，在《中国青年》杂志编辑部安排下，中央电视台在《新闻联播》后播发了采访黄晓菊的专题报道。本来是作为一个思想典型人物的潘晓被具体化为实实在在的黄晓菊了。虽然黄晓菊在亿万观众面前对那封信作了说明，最后的表态很“正面”也很富于哲理：“我们不能因为社会上存在着垃圾就像苍蝇那样活着!”但是，黄晓菊的这一次“出场”还是无可挽回地使“潘晓讨论”发生了急转直下的变化。

9月23日，工人日报社的内刊《情况参考》第212期刊登了两封关于潘晓的群众来信。

第一封信题为《此种做法弊多利少——有感于潘晓上电视》，

写信人署名为“山西娘子关电厂宁翠荣”。这封信写道：各类刊物以大幅大幅的版面对她的这篇“天才成名之作”大加评论、吹捧，使她从一个“无名小卒”一下子成了全国人人瞩目的“风云人物”。……恳切希望快刹住这股风，这种做法只不过是弊多利少，得不偿失！

第二封信题为《邻居眼里的潘晓》，署名为“北京石月”。这封信先说“街坊邻居原来不知道潘晓是谁，一看电视才知道潘晓就在自己身边，先知其人，后闻其名，有反胃似的不舒服”，然后列举了黄晓菊的种种缺点，说她“打姥姥”“不给姥姥吃饭”“‘主观为己’是做到了，‘客观为人’则还差得远”……

几天后，中宣部《宣传要闻》第74期转发了这两封信。10月，新华社编印的《国内动态清样》第3028期刊登了记者徐光耀写的《北京羊毛衫五厂负责人谈‘潘晓’和她的信的问世的情况》，实际上把潘晓的信说成了“完全出于《中国青年》杂志编辑之手”。

总政治部把新华社《国内动态清样》第3028期作为《政治工作参阅件》转发了全军；在11月26日召开的全国思想工作座谈会上，胡耀邦对潘晓问题有此一说：“潘晓不是真潘晓，是塑造的潘晓，是两个人的信合起来的。”一些地方便据此将“潘晓讨论”简单地理解为“《中国青年》制造的一场大骗局”，从而已滋长出全盘否定这场讨论的趋向。

在如此被动的情况下，上级指示编辑部要尽快收场，以免招致更多更严重的批评。12月11日，第12期《中国青年》出版。

关于人生观讨论的版面缩减到8页，并且宣布发完本期后，群众性的笔谈讨论结束。

从第5期到第12期，《中国青年》关于潘晓讨论一共编发了110多位读者的110多篇稿件，共十七八万字；在讨论开展的七个月时间里，编辑部共收到来信来稿六万多件，其中不少信稿是几十、上百青年联名写的；关注和参与这场讨论的青年以千万计……

宣布群众的笔谈讨论结束容易，但要宣布整个讨论结束却很难。这个难就是编辑部如何做总结。

1981年第6期《中国青年》姗姗来迟地发表了编辑部的总结文章《献给人生意义的思考者》。这篇文章分“重新探索人生意义是历史的需要”“正确认识‘人的价值’”“科学地看待‘公’与‘私’”“在振兴祖国的奋斗中开拓人生之路”四部分。文章发表后，《中国青年报》全文转载，《人民日报》也以整版篇幅刊登了摘要。至此，搅动了全国青年人心的“潘晓讨论”总算有了一个正式结束。

窄与宽的辩证

2005年1月，《中国青年》组织了一次潘晓讨论的回顾，黄晓菊、潘祎等聚在了一起，赵林专门写来一篇回顾文章。“不仅仅是聚会，那次25年后的回顾，更像是一次研讨，会上大家普遍认同这样一个观点：没有当年‘人生路为什么越走越窄’的讨论，就没有生活路越走越宽的今天。潘晓那声令整个社会为之一震的提问，仿佛开启了一个时代，从某种意义上说，这是一场真正的思想启蒙。”彭明榜是那次聚会的组织者之一。

2008年8月4日，《北京日报·理论周刊》刊发人民出版社原总编辑薛德震的文章《人的主体性觉醒是一种极大的社会进步》，在文章中，薛德震写道：

改革开放初期，有一位化名为“潘晓”的青年提出人生价值问题，引起了一场大讨论。开始曾经有一种舆论认为，人的价值、人权问题，是一种资产阶级的概念和理论，我们无产阶级、共产党人怎么能提出这样的问题呢？“文革”前后，在我国曾经出现过“谈人色变”的现代愚昧，人们在人性、人道、人权、人的价值、人的自由、人的平等等等问题上噤若寒蝉，不敢谈论。现在人人都在谈论“以人为本”，谁还敢在人的问题上拿大棒子打人？改革开放30年，在这方面发生了何等大的变化，真如隔世！这是人的主体性的觉醒，是一种极大的社会进步！

“今天，已不仅仅是宽窄的问题了，在人生这个大舞台上，应该考虑的是，我们怎样表演才更出色，更经典！”黄晓菊搅动着面前那杯苦咖啡，笑着跟记者说。这也许是当下“潘晓”的现实理想主义。

（原载《北京日报》，2008年12月15日）

人生的路呵，怎么越走越窄……

◎潘　晓

应该说，彷徨、苦闷对于麻木、僵化是一种历史的进步。我们无须讳言我们的社会还有弊病。它并不因为一些人的忌讳，或另一些人的愤世厌生就自行消失。但是，在十年动乱的血与火的洗礼中，在经历了种种挫折、危难的锻造之后，我们共和国的年轻一代，没有背弃时代的责任，作为他们的主流是更坚强了。他们背负着民族的希望，脚踏着祖国的大地，高举起新长征的火把，又顽强地挺进了！对于人生意义的思索和寻求，将成为年轻一代人在人生旅途中的新起点。应该怎样看待社会？怎样看待人生？当理想和现实发生矛盾的时候，怎样才能生活得有意义？一个人生命的价值如何？让青年们自己来讨论这些严肃的问题吧！

这里，我们把潘晓同志给编辑部的一封坦率、诚恳的来信发表出来。潘晓同志说：“青年们的心是相通的。”我们相信，在一场对人生意义的广泛的、平等的、科学的探讨之中，青年们会有所收益。潘晓同志和更多的青年，会在各自不同的人生路上，找到指引自己前进的路标！

编辑同志：

我今年二十三岁，应该说才刚刚走向生活，可人生的一切奥秘和吸引力对我已经不复存在，我似乎已经走到了它的尽头。反顾我走过来的路，是一段由紫红到灰白的历程；一段由希望到失望、绝望的历程；一段思想的长河起于无私的源头而最终以自我为归宿的历程。

过去，我对人生充满了美好的憧憬和幻想。小学的时候，我就听人讲过《钢铁是怎样炼成的》和《雷锋日记》。虽然还不能完全领会，但英雄的事迹也激动得我一夜一夜睡不着觉。我还曾把保尔关于人生意义那段著名的话："人的一生应当这样度过：当回忆往事的时候，他不会因为虚度年华而悔恨，也不会因为碌碌无为而羞愧；……"工工整整地抄在日记本的第一页。日记本记完了，我又把它抄在第二个本子上。这段话曾给我多少鼓励呀。我想，我爸爸、妈妈、外祖父都是共产党员，我当然也相信共产主义，我将来也要入党，这是毫无疑义的。

后来，我偶然看到了一本过去出的小册子《为谁活着，怎样做人》。我看了又看，完全被迷住了。我开始形成了自己最初的、也是最美好的对人生的看法：

人活着，就是为了使别人生活得更美好，人活着，就应该有一个崇高的信念，在党和人民需要的时候就毫不犹豫地献出自己的一切。我陶醉在一种献身的激情之中，在日记里大段大段地写着光芒四射的语言，甚至一言一行都模仿着英雄的样子。

可是，我也常隐隐感到一种痛苦，这就是，我眼睛所看到的事实总是和头脑里所接受的教育形成尖锐的矛盾。在我进入小学不久，“文化大革命”的浪潮就开始了，尔后愈演愈烈。我目睹了这样的现象：抄家、武斗、草菅人命；家里人整日不苟言笑；外祖父小心翼翼地准备检查；比我大一些的年轻人整日污言秽语，打扑克、抽烟；小姨下乡时我去送行，人们一个个掩面哭泣，捶胸顿足……我有些迷茫，我开始感到周围世界并不像以前看过的书里所描绘的那样诱人。我问自己，是相信书本还是相信眼睛，是相信师长还是相信自己呢？我很矛盾。但当时我还小，我还不能对这些社会现象进行分析。况且过去的教育赋予了我一种奇怪的能力，这就是学会把眼睛闭上，学会说服自己，学会牢记语录，躲进自己高尚的心灵世界里。

可是，后来就不行了，生活的打击向我扑来。那年我初中毕业，外祖父去世了。一个和睦友爱的家庭突然变得冷酷起来，为了钱的问题吵翻了天。我在外地的母亲竟因此拒绝给我寄抚养费，使我不能继续上学而沦为社会青年。我真是当头挨了一棒，天呵，亲人之间的关系都是这样，那么社会上人与人的关系将会怎样呢？我得了一场重病。病好后，借助几个好同学的力量，给街道办事处写信，得到了同情，被分配在一家集体所有制的小厂里，开始了自食其力的生活。那时候，我仍然存着对真善美的向往，也许家庭的不幸只是一个特殊的情况，我现在已经踏上了生活，生活还是充满诱惑力的，她在向我招手。

但是，我又一次地失望了。

我相信组织。可我给领导提了一条意见，竟成了我多年不能入团的原因……

我求助友谊。可当有一次我犯了一点过失时，我的一个好朋友，竟把我跟她说的知心话全部悄悄写成材料上报了领导……

我寻找爱情。我认识了一个干部子弟。他父亲受“四人帮”迫害，处境一直很惨。我把最真挚的爱和最深切的同情都扑在他身上，用我自己受伤的心去抚摸他的创伤。有人说，女性是把全部的追求都投入爱情，只有在爱情里才能获得生命的支持力。这话不能说没有道理。尽管我在外面受到了打击，但我有爱情，爱情给了我安慰和幸福。可没想到，“四人帮”粉碎之后，他翻了身，从此就不再理我……

我躺倒了，两天两夜不吃不睡。我愤怒，我烦躁，我心里堵塞得像要爆炸一样。人生呵，你真正露出了丑恶、狰狞的面目，你向我所展示的奥秘难道就是这样？！

为了寻求人生意义的答案，我观察着人们。我请教了白发苍苍的老人，初出茅庐的青年，兢兢业业的师傅，起早摸黑的社员……可没有一个答案使我满意。如说为革命，显得太空，不着边际，况且我对那些说教再也不想听了；如说为名吧，未免离一般人太远，“流芳百世”“遗臭万年”者并不多，如说为人类吧，却又和现实联系不起来，为了几个工分打破了头，为了一点小事骂碎了街，何能奢谈为人类？如说为吃喝玩乐，可生出来光着身子，死去带着一副皮囊，不过到世上来走一遭，也没什么意思。有许多人劝我何必苦思冥想，说：活着就是为了活着，很多人不明白它，不照样活得挺好吗？可我不行，人生、意义，这些字眼，不时在我脑海翻滚，仿佛脖子上套着绞索，逼我立刻选择。

我求助于人类智慧的宝库——拼命看书，希望从那里得到安慰和解答。我读了黑格尔、达尔文、欧文的有关社会科学方面的著述；读了巴尔扎克、雨果、屠格涅夫、托尔斯泰、鲁迅、曹禺、巴金等人的作品。可是，看书并没有使我从苦恼中得到解脱。大师们像刀子一样犀利的笔把人的本性一层层地揭开，让我更深刻地洞见了人世间的一切丑恶。我惊叹现实中的人与事竟和大师们所写的如此相像，不管我沉陷在书本里还是回到现实中来，看到的都是一个个葛朗台、聂赫留道夫式的人物。我躺在床上辗转反侧，想呀，使劲地想，苦苦地想。慢慢地，我平静了，冷漠了。社会达尔文主义给了我深刻的启示：人毕竟都是人哪！谁也逃不脱它本身的规律。在利害攸关的时刻，谁都是按照人的本能进行选择，没有一个真正虔诚地服从那平日挂在嘴头上的崇高的道德和信念。人都是自私的，不可能有什么忘我高尚的人。过去那些宣传，要么就是虚构，要么就是大大夸大了事实本身。如若不然，请问所有堂皇的圣人、博识的学者、尊贵的教师、可敬的宣传家们，要是他们敢于正视自己，我敢说又有几个能逃脱为私欲而斗争这个规律呢？过去，我曾那么狂热地相信过“人活着是为了使别人生活得更美好”，“为了人民献出生命也在所不惜”。现在想起来又是多么可笑！

对人生的看透，使我成了一个双重性格的人。一方面我谴责这个庸俗的现实；另一方面我又随波逐流。黑格尔说过：“凡是现实的都是合理的，凡是合理的都是现实的。”这几乎成了我安慰自己，平复创伤的名言。我也是人。我不是一个高尚的人，但我是一个合理的人，就像所有的人都是合理的一样。我也争工资，我也计较奖金，我也学会了奉承，学会了说假话……做着这些时，我内心很痛苦，但一想起黑格尔的话，内心又平静了。

当然，我不甘心浑浑噩噩、吃喝玩乐了此一生。我有我的事业。我从小喜欢文学，尤其在历尽人生艰辛之后，我更想用文学的笔把这一切都写出来。可以说，我活着，我现在所做的一切，都是为了它——文学。

然而，似乎没有人能理解我。我在的那个厂的工人大部分是家庭妇女，年轻姑娘除了谈论烫发就是穿戴。我和她们很难有共同语言。她们说我清高，怪僻，问我是不是想独身。我不睬，我嫌她们俗气。与周围人的格格不入，常使我有一种悲凉、孤独的感觉。当我感到孤独得可怕时，我就想马上加入到人们的谈笑中去，可一接近那些粗俗的谈笑，又觉得还不如躲进自己的孤独中。

我自己知道，我想写东西不是为了什么给人民做贡献，什么为了四化。我是为了自我，为了自我个性的需要。我不甘心社会把我看成一个无足轻重的人，我要用我的作品来表明我的存在。我拼命地抓住这唯一的精神支柱，就像在要把我吞没的大海里死死抓住一叶小舟。

我体会到这样一个道理：任何人，不管是生存还是创造，都是主观为自我，客观为别人。就像太阳发光，首先是自己生存运动的必然现象，照耀万物，不过是它派生的一种客观意义而已。所以我想，只要每一个人都尽量去提高自我存在的价值，那么整个人类社会的向前发展也就成为必然的了。这大概是人的规律，也是生物进化的某种规律——是任何专横的说教都不能淹没、不能哄骗的规律！

按说，一个人有了事业，就会感到充实、快乐、有力量。可我却不是这样，好像我在受苦，在挣扎，在自己折磨自己。我处处想表现出自己是强者，可自知内里是脆弱的，我工资很低，还要买大量的书和稿纸，这使我不得不几角钱几分钱地去算计……我有时会突然想到，我干吗非要搞什么事业，苦熬自己呢？我也是一个人，我也应该有一个温暖幸福的小家庭，去做一个贤惠的妻子、慈爱的母亲。再说，我真能写出什么来吗？就算是写出来了，几张纸片就能搅动生活，影响社会？我根本不相信。有人说，时代在前进，可我触不到它有力的臂膀；也有人说，世上有一种宽广的、伟大的事业，可我不知道它在哪里。人生的路呵，怎么越走越窄，可我一个人已经很累了呀，仿佛只要松出一口气，就意味着彻底灭亡。真的，我偷偷地去看过天主教堂的礼拜，我曾冒出过削发为尼的念头，甚至，我想到过去死……心里真乱极了，矛盾极了。

编辑同志，我在非常苦恼的情况下给你们写了这封信。我把这些都披露出来，并不是打算从你们那里得到什么良方妙药。如果你们敢于发表它，我倒愿意让全国的青年看看。我相信青年们的心是相通的，也许我能从他们那里得到帮助。

1980年4月

精心发现人才 破格选拔人才

中国科学院把一批通过自学掌握了一定文化科学知识，有培养前途的青少年选拔为研究生和被批准进入中国科技大学深造

新华社北京一九七八年二月六日讯 本社记者长年报道：为了快出人才、早出人才、多出人才中国科学院正采取措施，不拘一格地选拔人才。最有一批通过自学掌握了一定文化科学知识，有培养途的青少年，正被破格地选拔为研究生和被批准进中国科技大学深造。

在向科学技术现代化进军的高潮中，中国科学十分注意选拔人才的问题。从科学院党组到科学院教育、干部等部门以及各学科，都把选拔人才的工抓得很紧。他们通过研究生报考、人民来信来访、众推荐和外出调查，精心地发现人才；一旦发现才，就打破常规，在各地招生办公室和教育、科技门支持下，及时选拔上来，加以培养。例如一九六年的高中毕业生、共青团员肖刚，在农村插队八后，一九七六年进江苏师范学院外语系学习。去年月他给中国科学院写信说，他经过多年自学数学，掌握了一般高等数学的知识外，还初步掌握了微分、方程论、函数论、抽象代数学、概率论、图论方面的基本内容，并且具备了解决不十分复杂的数问题的能力，要求改学数学，随信还寄来了一篇题《有理数的K进制数表示》的数学研究习作。中国学院看了肖刚的信件和习作，觉得他自学有素，可深造，随即由中国科技大学派专人前往调查。在江师范学院的支持下，中国科技大学对肖刚进行了政审查和文化考试，认为他的数学已经达到大学优秀业生的水平，英语也学得不错，于去年十月将他选为中国科技大学数学系的研究生。

在发现的人才中，不少是在某一方面有特殊专的业余科学爱好者。例如江西省宁都县农村民办教段元星，高中毕业后十三年来，坚持利用业余时间研天文学，自制了一架土望远镜，每夜定时观测星象，果发现了一颗新星，成为世界上目测发现新星的少几个人之一。福建省建宁县农械厂的共青团员、铸造李振宇，从小酷爱植物学，通过业余自学，对植物类学很有钻研，能辨认很多种植物。中国科学院已定分别把他们选拔为北京天文台和植物研究所的研生。

中国科学院还在群众推荐和外出调查中，发现了批理解力、记忆力强，好学肯钻，比同龄孩子知识得多的少年。江西省赣州市第八中学十四岁的高

“少年强则国强。”这铿锵有力的呼声响彻了一个多世纪。40年前，改革开放的春风拂过，一个国家的梦想重新启航。仿佛中华民族科教兴国战略引擎发动时的一声鸣笛，中国科技大学少年班诞生了。从此，这群少年的理想和命运，牵动着国人无数的目光。

2017年五四青年节前夕，习近平总书记在中国政法大学考察时，勉励当代青年要树立与这个时代主题同心同向的理想信念，勇于担当这个时代赋予的历史责任，励志勤学、刻苦磨炼，在激情奋斗中绽放青春光芒、健康成长进步。

踩着时代脚印成长的中国科大少年班，如同改革开放以来中国教育发展的一面镜子。

少年班：个人理想和国家梦想

◎于园媛

1977年冬天，中断了十年的高考制度得以恢复，五百多万人涌入考场。中国尊重知识、尊重人才的春天正在到来。

此前不久，另一件后来影响了中国教育几十年的事情也在悄然发生。1977年10月，时任国务院副总理方毅收到一封举荐信，信的作者是江西冶金学院教师倪霖，被举荐人是江西赣州13岁的天才少年宁铂。11月3日，方毅副总理批示当时为中科院下属单位的中国科技大学："如属实，应破格收入大学学习。"1978年3月8日，中国科大少年班正式创办，21名少年被录取，宁铂便是其中之一。

改革开放，百废待兴。荒芜了十年的教育亟待恢复，对人才的饥渴弥漫在各行各业。1978年2月7日刊登于《光明日报》的新华社稿《精心发现人才 破格选拔人才》一文中，讲述了中国科大少年班创立的缘由、意义，一言以蔽之，即是"快出人才、早出人才、多出人才”。文章中用刻不容缓的语气说道：“向科学技术现代化进军，基本任务是出成果，出人才。最重要的是出人才，有了人才，才能出成果。人才问题，是一个关键性的问题，在近几年内更是一个突出的问题。”

文化科学知识重要吗？读书有用吗？站在20世纪70年代末的中国，这样的提问仍旧有些小心翼翼。

而在《精心发现人才 破格选拔人才》这篇新闻中，细细列举了许多在数学、天文学、植物学等科学领域有独特造诣的民间人才，其中特意提到了“一批理解力、记忆力强，好学肯钻，比同龄孩子知识丰富得多的少年”，比如，“江西省赣州市第八中学十四岁的高中二年级学生宁铂，通过自学掌握了丰富的数理化以及医学、天文、文学等方面的知识，很有培养基础”。

可以说，是“宁铂神话”催生了中国科大少年班，也催生了一代人越来越蓬勃的读书热情。

1978年初，14岁的宁铂与方毅副总理对弈的照片登上了各大报纸。在两场围棋比赛中，宁铂全胜。

与宁铂一样的“神童”们一个一个被发现，编入中国科大少年班。首届少年班21名学生中，年龄最大的16岁、最小的只有11岁。谢彦波（11岁）、梁中杰（12岁）、宁铂（13岁——当时宁铂未年满14岁，编者注）和董瑞涛（14岁）在钻研微积分习题的照片、11岁的谢彦波踩着凳子在黑板上演算数学习题的照片等等，纷纷登上各大报纸。

少年班创办的消息引发了海内外广泛的关注，随着中科大少年班的创办，各地高等院校也掀起了少年班创办热潮。1985年1月，教育部决定，继中国科技大学之后，在北大、清华、北师大、吉林大学、西安交大等12所全国重点高校开办少年班，扩大试点。

重视教育、培养人才的火苗重新燃起，少年大学生如同一批知识荒原上的突击队，一种新颖的教育模式诞生了。

现在已经是哈佛教授的庄小威在一篇报道中说，自己依然会怀念当时在少年班的生活，“最大好处是很自由，想学什么课就学什么课，完全凭自己的兴趣学，这种自由的选课方式养成了我没有太多局限性的思维方式”。

在中国科大少年班毕业生的名单中，不难发现一些“闪光”的名字。当年以11岁低龄入校的1978级学生张亚勤，曾是美国IEEE（电气与电子工程师协会）百年历史上最年轻的会士，曾任微软全球副总裁、微软中国董事长，现任百度公司总裁。1987级学生庄小威在34岁时成为美国哈佛大学化学与化学生物系、物理系双聘正教授，也是获得美国“天才奖”的第一位华人女科学家。此外，还有许多毕业生已经获得国际一流大学的终身教职。

但是，关于少年班的培养方式，40年后，人们开始深度反思。

2008年，在中国科大少年班创办30周年之际，《人民日报》在一篇报道《少年班30年，成败如何看》中发问：“30年回望，质疑声此起彼伏：少年班的人才培养模式，是否真的符合科学规律？对智商超常少年应该如何教育？我们又该用一种什么样的心态，来看待这些俗称为‘神童’的孩子?”

当年的“全民偶像”中，宁铂在2003年出家为僧，谢彦波、干政等一些人也被媒体报道有心理问题，许多少年班毕业生被认为成绩平平、无所建树。人们发出“伤仲永”的感叹，也对少年班产生越来越多的质疑。

宁铂后来在媒体采访中曾说，如果能够重来，绝对不会选择少年班。

“那个年代需要一个宁铂去唤醒人们对于教育和科学的重视，这种需要形成巨大的压力，最终却压垮了宁铂。”宁铂的同学秦禄昌曾在接受采访时这样说。

回顾来路，在当时科技兴国、人才兴国的迫切愿望下，少年班的“神童”们被赋予了许多不能承受的重担。例如，后来媒体报道中指出，宁铂当时被安排攻读理论物理——中国科学界最热门的领域，而他在赣州八中时就不喜欢物理，他曾请求按照本人兴趣转到南京大学去学天文，但也没有被允许。此外，由于年龄小，自理能力相对较差，并且过早、过量曝光于媒体之下，宁铂、谢彦波等一些人对自我认知和社会认知都发生偏差，与人相处能力较差，导致后来进入社会中遇到重重阻碍。

在2007年1月10日《光明日报》记者李陈续采写的《科大少年班探秘》一文中，时任校长朱清时院士认为，谈论少年班的成败为时尚早。“少年班的宽口径通才教育培养模式是全国首创，直至今天也是办得最好的。它探索出一个通才教育和因材施教相结合，专业教育与全面素质教育协调发展的培养模式。”朱清时说，“少年班无论是招生模式、培养模式还是管理模式都为中国高等教育提供了借鉴。宽口径通才培养模式先在科大推广，后为全国重点高校效仿。在浙大的竺可桢学院、北大的元培班等身上都能找到少年班办学模式的影子。”

李陈续在报道中采访一位少年班老校友，得到的看法是，如果按照现在的一般标准，拿社会上和企业里的地位来说，1978级少年班的同学绝大多数都能算是成功者，那么这个班级也就算成功；可是如果按照少年班成立时的标准，以培养科学家为目的，那么这个班就不能说成功了，这些人里继续从事科学的人不是很多，不少人都放弃了原来的专业。

40年光阴飞逝，少年班作为新中国教育探索的一个缩影，每在节点时刻都会成为盘点对象，当年中国科大少年班那些少年们的命运，也成为众人或钦慕、或唏嘘的话题。新京报公号在近期发布的《中科大“少年班”40年，那些神童后来都怎么样了？》一文中，以新的时代视角，道出了当时那个历史背景下少年班的宿命之源：“我们不由自主地对神童寄予厚望，可能也是因为在潜意识里会觉得，他们的天赋并不仅仅属于他们自己，似乎还是‘公共’的。”“他们身上承载的不仅是个人的理想，甚至还有国家的梦想。”

40年之后，轰动一时的少年班仅剩下中国科大、西安交大、东南大学三所仍在招生。无论被称为“中国高等教育的先锋”，还是被反思“拔苗助长”“跨越式发展”，少年班都因为试验了中国高等教育的一种可能性而被记入史册。在那个知识饥荒的年代，被时代挑选出的少年，他们的个人命运和时代命题交织缠绕，时代的重任成就了一些人，也可能压垮了一些人。不管成功与失败，他们见证了中国教育从整体匮乏到逐步完善的过程，为新中国的教育提供了一面镜子。随着教育资源越来越丰富，中国的大学教育从精英教育转向普及教育，大学生不再是稀有罕见的“天之骄子”，神童崇拜也逐渐回归理性。今天，教育专家依然在探讨关于早慧儿童的超常教育问题，不过关注的更多是孩子的全面发展、身心健康。

正在热映的电影《厉害了，我的国》中有一点令许多观众印象深刻，我们国家很多高精尖科研领域的团队平均年龄都是30多岁，青年人成为社会各个领域的中坚力量、中流砥柱。科教兴国，这个几代人胼手胝足为之耕耘的目标，终于结出累累硕果。当国家越来越强盛，社会越来越发达，个人理想乘着国家梦想的翅膀腾飞，重读40年前的报道，我们还是十分感念那个播种梦想的时代。在改革的春天中，少年班如同一股劲风，吹来书声琅琅，也吹开了一个读书改变命运、蓬勃向上的时代。

旧报章

精心发现人才 破格选拔人才

中国科学院把一批通过自学掌握了一定文化科学知识，有培养前途的青少年选拔为研究生和被批准进入中国科技大学深造

◎周长年

为了快出人才、早出人才、多出人才，中国科学院正采取措施，不拘一格地选拔人才。最近有一批通过自学掌握了一定文化科学知识，有培养前途的青少年，正被破格地选拔为研究生和被批准进入中国科技大学深造。

在向科学技术现代化进军的高潮中，中国科学院十分注意选拔人才的问题。从科学院党组到科学院的教育、干部等部门以及各学科，都把选拔人才的工作抓得很紧。他们通过研究生报考、人民来信来访、群众推荐和外出调查，精心地发现人才；一旦发现人才，就打破常规，在各地招生办公室和教育、科技部门支持下，及时选拔上来，加以培养。例如一九六八年的高中毕业生、共青团员肖刚，在农村插队八年后，一九七六年进江苏师范学院

外语系学习。去年七月他给中国科学院写信说，他经过多年自学数学，除掌握了一般高等数学的知识外，还初步掌握了微积分、方程论、函数论、抽象代数学、概率论、图论等方面的基本内容，并且具备了解决不十分复杂的数学问题的能力，要求改学数学，随信还寄来了一篇题为《有理数的 K 进制数表示》的数学研究习作。中国科学院看了肖刚的信件和习作，觉得他自学有素，可以深造，随即由中国科技大学派专人前往调查。在江苏师范学院的支持下，中国科技大学对肖刚进行了政治审查和文化考试，认为他的数学已经达到大学优秀毕业生的水平，英语也学得不错，于去年十月将他选拔为中国科技大学数学系的研究生。

在发现的人才中，不少是在某一方面有特殊专长的业余科学爱好者。例如江西省宁都县农村民办教师段元星，高中毕业后十三年来，坚持利用业余时间研究天文学，自制了一架土望远镜，每夜定时观测星象，结果发现了一颗新星，成为世界上目测发现新星的少数几个人之一。福建省建宁县农械厂的共青团员、铸造工李振宇，从小酷爱植物学，通过业余自学，对植物分类学很有钻研，能辨认很多种植物。中国科学院已决定分别把他们选拔为北京天文台和植物研究所的研究生。

中国科学院还在群众推荐和外出调查中，发现了一批理解力、记忆力强，好学肯钻，比同龄孩子知识丰富得多的少年。江西省赣州市第八中学十四岁的高中二年级学生宁铂，通过自学掌握了丰富的数理化以及医学、天文、文学等方面的知识，很有培养基础。像他这样的少年，已经发现十多个。中国科学院决定在中国科技大学为他们开办预科班，先让他们着重基础课的学习和基本功的训练，然后根据各人情况和专长让他们再学习专业知识，进行定向培养。

中国科学院的同志认识到：向科学技术现代化进军，基本任务是出成果，出人才。最重要的是出人才，有了人才，才能出成果。人才问题，是一个关键性的问题，在近几年内更是一个突出的问题。由于“四人帮”的干扰、破坏，现在我国科技队伍青黄不接，后继乏人，这是困难的一面。但是我们还要看到光明的一面。我国有八亿人口，人多，人才也多。关键在于我们怎样去发现，怎样去精心地爱护、不拘一格地大胆地加以选拔。要广开才路，采取多种措施培养人才。要大抓特抓，尽快尽早尽多地造就工人阶级又红又专的第一流的科学家和工程技术专家。

目前，在广大青年中，刻苦自学已逐步形成风气。这是一种很好的现象。但是，也还有一些同志对刻苦自学的青年看不惯，总是挑他们的毛病。这些同志看不到大多数青年之所以刻苦自学，是为了更好地建设社会主义祖国。他们渴望祖国强盛，渴望社会主义事业兴旺发达，渴望中华民族的科学文化水平在不远的将来跃居于世界前列。有的青年来信说，一颗发愤图强、立誓献身祖国科学事业的种子深深埋在我的心中，支持我连续多年刻苦自学，哪怕是在“四人帮”最疯狂的时候也没有动摇。中国科学院的负责同志为有这样有志的青年而感到高兴，从他们身上看到了我国科学事业大有希望。并且认为，爱护他们，培养他们，让他们在又红又专的道路上继续前进，为四个现代化贡献力量，这就是我们的光荣责任。

（原载《光明日报》，1978年2月7日）

李谷一与《乡恋》

本报记者 理 由 郑加荣

，录音室里灯火辉煌。电视
编剧兼导演马靖华焦躁地踱
是歌唱离别故乡的感情吗？
的是轻柔的、自然的……就
片子情愿不播出，我也决不

一副毫不妥协的神情：
也决不修改！”
的争吵，互不相让，火气冲
如果没人来打破僵局，看样
双方把求援的目光一齐投向李谷一

完这首歌，单就个人的情趣来说，
容纳了丰富的声乐技巧，感情庄
演唱者展开广阔的音域，适合她的
经完成，交差了帐，心安理得，又
麻烦呢？需知，这些天来她实在太
感到，这首歌很难在群众当中流
除去她和某些专业演员，别人谁也
算做一点遗憾，导演的意见也不无
曲家说：“老张，再写一个吧。这
我保证给你唱好。”
达成协议：由编导改写歌词，作曲

央乐团住处。马靖华留在办公室赶
家休息时已是凌晨两点多钟。辛苦
静，这就是后来音乐界、评论界、
波的序幕。
一不唱《乡恋》是不是更好？或
一稿不作修改，原样播出，是不是
的“社会效果”，并躲过一场灾祸？

新星中，很少有人象她那样引起众
有人象她那样曲折的艺术经历。她
麓山下一个知识分子的家庭，十五
院学习舞蹈，接受严格的身体训
肉仍很发达，还能拿大顶。她在舞
鼓花鼓戏剧团招为演员，打下民族
适逢中南地区会演，剧团报上去的
开演前一个多星期团内发生人事变
来顶替主要角色，虽然是临阵
维肖，一鸣惊人。她还唱过民歌，
六七年开始学习西洋发声技巧，十
形成自己的艺术风格。中央乐团
她很会唱歌，很会表演，行腔咬字
实，台风很可爱，一举一动都恰到
学习戏曲、舞蹈有关系。她的声域
来，真声假声连接自然，流畅贯
串，音乐感很强。真是难得的人

了名，她所得到的赞扬和非议历来
当她在首都舞台上初露头角时并没
用浓郁的民歌情调演唱的《夫妻识
闻到了陕北高原的气息，唤起温暖
十年禁锢而不知世上还有音乐艺术
也觉耳目一新。人们从各自的角度
她，注视着她的发展，有人希望她
小妞那样，有人盼望她冲破一切羁
走严肃音乐的传统之路。而她就是
迈出一步，就失掉一部分听众，也
她唱到《边疆的泉水清又纯》时，
信号——“到此为止”。当她唱到
曲时，有人几乎不能容忍了。总
能地卷入了一场艺术的、政治的、
唱《乡恋》之前，围绕她的“倾
论，已成一触即发之势……
，作曲家张丕基还在酣沉的梦中，
眼一看，小女儿把一张纸放在床
边，这是《乡恋》歌词的修改稿，
床头轻声地哼吟。这位作曲家本是
十年代在哈尔滨上学期间接受苏联
育，后来又读过两次大学，毕业于
央音乐学院，二十年来致力于严肃
神气质到艺术个性都趋于高雅、凝
文化大革命”中无一例外地被划为
而这次，他也变得身不由己，好象
一反常态，从心中流淌出来松弛
的旋律。八点钟，他准时来到办公
谱好《乡恋》的第二稿。

编剧惊异地说：“呵，这么快！”

作曲家说：“词顺就谱得快。”

两人相视而笑，昨夜的一场争论已经释然。这天大雪纷飞，他们当即派人前往中央乐团，把词谱送到李谷一的手里。

晚上，中央广播电台的录音室里，米黄色的天花板和深褐色的墙壁散射着柔和的灯光。李谷一站在房间的一角，穿一件绛红色的毛衣，身段轻盈，举止从容，而脸色显得很疲惫。当弦乐器和电吉它奏出过门的一刻，人们都屏住呼吸。这支歌将引起什么样的“社会效果”？谁也没有去预测。人们担心的是，李谷一接到词谱只有一天多的时间，毕竟太仓促了。她能够表达导演和作曲家所期待的要求吗？

她唱了。编剧和导演所规定的情景，作曲家所描绘的意境，唱得比想象中的更好：

你的身影，
你的歌声，
永远印在我的心中。
昨天虽已消逝，
分别难重逢，
怎能忘记你的一片深情……

这是一首面对着绮丽的三峡风光倾诉乡思离愁的抒情歌曲。姑且不去评价它在艺术上的高低、演唱方法的优劣，只说说录音室里的气氛。这是一首表达个人情绪的小品，如同悲欢离合构成了唐诗宋词中百读不厌的题材，最容易牵动人之常情，这首歌也触发了埋藏在李谷一心中的感受。她唱得真挚、凄婉、平白如话，如泣如诉，忧悒中怀有美好的憧憬。唱到动情之处，两颗晶莹的泪花夺眶而出。在场的导演、编辑、作曲家和技术人员傻傻地听着，如醉如痴，陶然忘机，在每个人的心中勾起一段往事的回忆。乐曲结束时，导演竟然忘记发出指令，去关掉录音机的按钮。

“刚才你哭了！”作曲家对李谷一说。

她揩去了泪痕：“我想起了我的家乡岳麓山……”

时值新年前夕，李谷一回到中央乐团后一片忙碌。联欢会、茶话会、演唱会……累得喘不过气来。《乡恋》一事，早忘在了脑后。在她的节目单上，《乡恋》只是即兴小品，唱过去就算了，并没有打算把它保留下来。如果不是一点火星引爆了一场争论，也许，命中注定它将是无声无息的。

今年二月，《北京音乐报》率先对《乡恋》发起讨论。随后，读者的信件如雪片般飞来，展开热烈的争论，众说纷纭，莫衷一是。有人认为这首歌是“灰暗、颓废的”，“低沉缠绵的靡靡之音”；有人认为是“明朗、健康的”，“优美动人的佳作”。有人认为它是“毫无价值地模仿外来的流行歌曲和香港歌星的唱法”，有人认为“要允许模仿，学习的法则就是从模仿别人开始进而创新”。有人认为西方和港澳的流行音乐甚至包括轻音乐在内，“多数是同那里的咖啡馆、酒吧间、跳舞厅、夜总会等资本主义社会的娱乐生活密切相连的”，有人认为流行歌曲也有最为可贵的一点——“易记易唱，未必没有存在的价值”。还有人对演唱时离麦克风的远近，喘气次数的多少，打击乐器的伴奏——提出商榷……翻阅这些争论文章，令人惊异的是，对于同一首歌曲在听众当中有着截然不同的感受、理解和反映，甚至对歌词含义的理解都相去甚远。有人认为歌词中的“你”指的是情人，因此断定这是消极的情歌，有人认为作者把家乡比做爱人，感情真挚而朴实。有人认为歌词中的“我”系指王昭君，让古代的王昭君唱今日的流行歌曲，与人物的身份不符；也有人认为“我”就是“我”，作者与演唱者的第一人称，跟王昭君毫无关系……

叽叽喳喳的、七嘴八舌的、甚至立论和命题都缺乏同一性的争执，展现了文艺界清新的气象——搞“一言堂”的岁月已一去不复返了。

这时的李谷一在做什么？她忙得焦头烂额，疲于奔命。自从中央乐团部分地实行经济核算制度以后，浩繁的、沉重的演出任务加在她的身上，加在全体演员、职员的身上。而她所在的综合乐队更是负重如山。她已经累得两次声带出血了。第一次是在前年的一场内部演出之后。但在去年整整一年的时间里，并没有得到休息和恢复。她的负担是一般人难以想象的。拿《小花》来说，为这部影片演唱插曲的前夜，她还站在秦皇岛的舞台上为观众演出，她的节目安排提前两个小时，以便及时脱身。深夜十二时赶到火车站，清晨六时抵达北京，八时出现在北京电影制片厂的录音棚里，上午录制《妹妹找哥泪花流》，下午录制《绒花》。第二天又登上火车，前往北戴河，六时下火车，剧场七时开演，这当中还包括在后台化妆的时间。她把轻松的歌声送到听众的耳中，而她的身心又是多么劳累呵！她是三月杜鹃，声声啼血。声带出血，肾脏尿血，心脏也出现早搏的症状。去年她为十部电影片、电视片配制插曲，仅这一项就为乐团挣得好几千元的收人，她付出的代价是声带再一次受伤。难道她不能减少一点演出任务吗？指标完不成，领导有难处，观众不答应。她在北戴河少演了一场，失望的观众就向台上丢桃子，众怒难犯。她处在一场灼热的旋风之中，艺术需要探索，经济需要改革，“四人帮”摧残音坛所造成的青黄不接需要有人来填补，听众的饥渴需要得到满足……成堆的问题落在一个年轻的女演员的双肩，这副沉重的担子够她挑的。

三月，李谷一在报纸上发表文章：《在实践中探索》，是答谢，也是答辩，说清了一些问题，另一些问题则说不清。她对演唱中运用轻声和气声的处理而引起的不同看法，发表了自己的见解。她认为轻声和气声的运用是表现歌曲内容和情绪的手段之一。这种手段在西洋唱法和我国戏曲、民歌的演唱中都是存在的，不能与外来的和港台的流行歌曲相提并论。

至此，围绕《乡恋》问题的争论基本上是限于艺术范畴。但在善良平和的争论声中，有人奏起尖锐的音符，对艺术家进行难堪的人身攻击，把李谷一比做“酒吧歌女”，说她“格调低下”，“对观众的庸俗趣味曲意奉迎”，这些同志是以维护民族风化、抵御西方侵蚀为己任的，但是他们针对一个女歌唱家使用的挖苦性语言，在西方的文艺评论中也不多见。还有的同志把当今社会上出现的喇叭裤、港式头与音乐牵连在一起，甚至把艺术问题和青少年犯罪现象也混为一谈。进而有人疾呼：“亡国之音唱不得！”于是，艺术问题化为政治问题，过分夸大音乐的社会功能，而我们的社会主义江山在批评家的笔下被描绘得多么脆弱！

四月，李谷一正在南方巡回演出的途中，接到召开音乐座谈会的通知，从上海坐飞机赶回北京。会上，音乐界一位负责人点名提到《乡恋》，其他从事轻音乐创作的同志也人人自危。李谷一的性格是泼辣的，她象诉说委屈的孩子，情绪激动：“说我拚命地学港台歌星，我怎么学呢？我的工资只有四十九块五，连一台录音机都没有，忙得又没有时间，拿什么去学！我在《乡恋》中主要用的是轻声，不是气声，能不能搞清楚了再批！我在《绒花》中用了轻声和气声，为什么用？我想到革命先烈为了解放全中国付出鲜血的代价，他们的精神感动了我，这是表达感情的需要。我唱的歌有歌颂党的领导的，有赞美军民关系的，有表现兄妹之情的，有歌唱祖国山河的……说我是黄色歌女，我的歌黄在哪里？我的有些歌是带有忧伤色彩的，因为我是经过‘文化大革命’的人，我同情惨遭迫害的革命的老前辈和那些无辜的人们，我有人的正直的良心。表达人民的爱憎，这就是我歌唱的灵魂！我今后倒要好好研究外来的音乐，我要买一台录音机，搞声乐的人能不研究吗？提起来都脸红……”

李谷一是坚强的。音乐座谈会散了，与《乡恋》有关的人员仍然背着卸不掉的包袱，李谷一匆匆离开北京，继续去南方演出。今年上半年她总共演出二百多场次了，返回北京的第二天，她拿起扫帚清扫宿舍，忽然打了一个喷嚏，试了试嗓子，竟然沙哑失声，一个音也说不出来了。经过医生诊断，血管破裂，鲜血外溢，染红了整个声带。

这是她第三次出血。

养病期间她的心情是焦急的、烦闷的。她是为声乐艺术、为广大群众、也为她所在的乐团而效力泣血的。有人曾开玩笑地说她是团里的“摇钱树”，她的

顾，投人演出任务。人是需要得到一
的，起码是精神的安慰。而她得到什
的手里保存着一封信，那是中央乐团
导同志在几个月前写的，《乡恋》受
判以后，经过别人交到她的手中。这
的艺术倾向给予否定，指出她没有第
走，否则只有到她适合的土壤去发展
行政手段进行干涉，象是最后通牒，
令！

这封信，与多次要她投入繁重演出
出自同一位领导同志之手，未免不近情理。
演员的心灵，同时要求她发出优美动听的歌
多么难以忍受的辛酸和刑罚呵！

和这封信形成对照的，是来自全国各地
信。就《乡恋》一事，她收到上千封来信，
九十几封都对她表示热切的同情和支持。也
说，这些信多出自异端青年的手笔吧。实际
是这样。写信的有工人、农民、解放军战
生、教师、上了年纪的老人、严肃的工程师
的同行……自从李谷一被点了名，一时成为
流传的新闻人物。在当今生活中人们普遍奉
则——从道义上同情弱者。人们在剧场里，
旁，关切地注视着她的举手投足、微末细节
得极为敏感。人们关注的是她在压力面前是
畏缩？请看这样一封来信：“你好！不久前
曲之友》电视节目之后，很多人便议论开了
是怎么啦，唱得都不敢动情了’‘……跟中
文一样，放不开了！’我也有同感，觉得很
决意写这封信给你……多么令人费解！当我
轻的作曲家、歌唱家，刚刚试图探索和吸取
的长处时（当然，开始时总不免幼稚，甚至摹
造），就有同志说东道西起来，甚至对新近
的听众喜爱的十五首歌曲也横加指责，我认
一定妥当。为了四化建设，我们当然需要响
好进行曲，但也不应排斥带有中国民歌风味
益的流行抒情曲。从某种意义说，车尔尼雪
话是对的：一代人有一代人的美！从这种意
你的探索是可贵的，有前途的……”还有的
言不讳：“李谷一同志，要顶住！我支持你
顶住！”

上千封支持的信件，几封反对的信件，
比例。它展示了当前文艺评论界的特异现象
作品受到干涉和指责，人们就对它兴趣盎然
增。即使它还有缺点，批评得有些道理，也
这个反常的逻辑。而另一些作品一旦列为样
行政手段加以推广，它的吸引力就骤然下降
脆不听。奇怪吧？

更奇怪的事发生在体育馆的大厅里。当
来到上海演出时，深夜两点钟就有人冒雨排
一万八千人的体育馆，全场爆满。李谷一几
几次返场。最后一个节目报出《乡恋》时，
声雷动。唱完后群众的情绪达到沸点，仍不
结果，这个声乐演员不得不借鉴运动员的仪
育馆绕场一周，向观众招手告别……

音乐界有的领导同志惊叹：《乡恋》不
去了，因为这当中派生了其它因素！

“其它因素”怎么产生的？音乐界的领
党所赋予的联系群众的枢纽作用。但在三年
乐界的某些同志和群众之间隔着一堵墙——
墙。演员的歌声、群众的呼声和掌声都被反
充耳不闻，却一味追究所谓“社会效果”。
受群众欢迎的作品效果，为什么不首先追究
隔阂日益加深，这就是“其它因素”产生的

“其它因素”在天津表现得更加突出。李
津体育馆演出时，原订的节目单上没有《乡
众高喊：“《乡恋》！《乡恋》！”呼声
乐队奏出了过门，李谷一开口演唱了，但
兴趣所在并不完全是欣赏艺术，全场和着
齐声鼓掌，直至曲终。他们的掌声是对李
持，也是对那些横加干涉艺术的做法的抗

生活在变迁，艺术在发展，观众的心
用音符去体现政策，用旋律去区分路线，
变立场，有人试图这样做过，但收效甚微
“四人帮”而高呼“就是好！就是好！”
内容到形式都被群众抛弃了。人们在饱受
折磨之后，神经需要松弛。目前对流行歌
所表现出的过于热衷，是对十年浩劫的惩

李谷一和一代歌坛新秀们所做的探索，
是积极的。我们盼望她能从前辈的指教中
的评论中吸取营养，开拓一条更加宽广的
当然，对她的实践需要加以引导，广大听
养有待进一步提高，而音乐界的领导也有
要。文艺界也应吸取“沉船”事件的教训

革命七十周年纪念筹备委员会名单

我国作家艺术家应该成为时代风气的先觉者、先行者、先倡者，通过更多有筋骨、有道德、有温度的文艺作品，书写和记录人民的伟大实践、时代的进步要求，彰显信仰之美、崇高之美，弘扬中国精神、凝聚中国力量，鼓舞全国各族人民朝气蓬勃迈向未来。

——习近平

《乡恋》：歌声里的改革信号

◎郭　超

“你的身影，你的歌声，永远印在我的心中。昨天虽已消逝，分别难相逢，怎能忘记，你的一片深情……”1980年开始唱响的这首《乡恋》，被誉为改革开放初期文艺界的一颗“信号弹”。李谷一与《乡恋》一起，成为印在人们心中的“身影”与“歌声”。

文艺界在新旧思想的交锋中前行

1979年10月30日，有3000名代表出席的中华全国第四次文代会隆重开幕。邓小平代表党中央向大会发表《祝辞》。这是继十一届三中全会在政治领域“拨乱反正”之后在文艺领域的“拨乱反正”，具有划时代的里程碑意义。

据作家阎纲回忆，《祝辞》最具突破性的论点，是“坚持百花齐放、推陈出新、洋为中用、古为今用的方针，在艺术创作上提倡不同形式和风格的自由发展，在艺术理论上提倡不同观点和学派的自由讨论。”“写什么和怎样写，只能由文艺家在艺术实践中去探索和逐步求得解决。”重申“双百方针”，明确党领导文艺的政策，堪为经典。

1980年春，光明日报记者邓加荣与同事理由拟定了一个采访计划，准备从几个侧面反映当时文艺界振奋人心的新局面。他们拟定的几个题目中有《新凤霞写书》《袁运生画画》《李谷一唱歌》《刘晓庆学剑》等。

在这份名单中，除了新凤霞，其他三位均为青年文艺工作者。刘晓庆25岁，李谷一36岁，袁运生43岁，都属于“八十年代的新一辈”。

当时，画家袁运生的壁画《泼水节——生命的赞歌》(1979年10月)，因为大胆画入三个沐浴的傣家少女，正伫立在北京首都机场接受人们好奇和质疑的目光。刘晓庆主演的《神秘的大佛》已经显露出明显的商业娱乐片气息，被业内人士认为是“用庸俗的形象和噱头败坏人们的胃口”，迫于舆论压力，电影公司中断了正在印制的拷贝。34岁的词曲作家傅林创作的《小螺号》，受到《人民日报》点名批评，认为他是受了港台靡靡之音的不良影响。张瑜和郭凯敏主演的《庐山恋》轰动一时，那蜻蜓点水的一吻，让无数情窦初开的年轻人为之迷醉。

放眼文学界，改革文学的开山之作《乔厂长上任记》，一方面荣获1979年度全国优秀短篇小说奖，一方面正在被当地媒体大加挞伐，天津作家蒋子龙的心情有如坐过山车。

可以说，1979年和之后的几年中，保守与开放两种思想并存，先锋的创作与守旧的教条互不相容，文艺界和整个社会都在新旧思想的交锋中前行。

李谷一与《乡恋》风波，正是体现这一交锋的标志性事件。

《乡恋》引起“异端”之争

1979年，由陈冲、刘晓庆、唐国强主演的电影《小花》上映。插曲《妹妹找哥泪花流》就是由李谷一演唱的，她大胆尝试将西洋歌剧和我国古典戏曲中曾使用过的轻声、气声唱法，运用到现代歌曲上来，受到听众欢迎。

《乡恋》是在1979年的最后一天在中央电视台首先播出的，据当时人回忆，晚上八点，中央电视台在《新闻联播》之后的黄金时段播放了电视风光片《三峡传说》。本来以为播出电视剧《大西洋底来的人》的年轻人，看见这个名字顿时意兴阑珊。当李谷一那带着浓浓乡愁的歌声出现时，屋里顿时静了下来，大家都被她的歌声所感染。听惯了她明丽的《边疆的泉水清又纯》，突然听到她“含着嗓音唱歌”，大家既惊讶又惊喜。一个女工小声说，李谷一唱歌怎么跟说悄悄话似的。她的话无意中道出了“气声”的特点。

上海人最敏感。1980年1月1日的《文汇报》发出消息说，

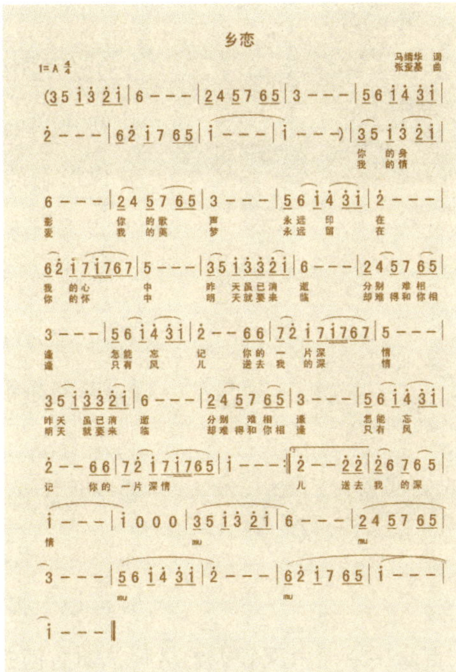

昨天中央电视台风光片播放的歌曲十分优美，得到大家喜爱。1980年2月，《乡恋》入选北京人民广播电台《每周一歌》。在那个电视尚不普及的年代，《每周一歌》影响特别大，《乡恋》因此一下子流行开来。在当时，要听李谷一唱歌，就得午夜2点去排队买票。光1980年上半年李谷一就唱了200场。

但与此同时，有不少人认为这种唱法不正经，不符合社会主义艺术规律。有人说这只是在酒吧间唱的歌曲，是与资本主义社会娱乐生活的情调一致的。甚至有人批评她的歌是“亡国之音”。

李谷一

1980年年初的一天上午，在中国社会科学院的礼堂里，一名主管意识形态的高层领导最先点了《乡恋》的名，说大陆现在有个“李丽君”。1980年2月10日，《北京音乐报》在第二版刊发署名“莫沙”的文章《毫无价值的模仿》。文章说:“电视风光片《三峡传说》播映之后，它的几首插曲在群众中迅速引起较大的反响，对它们的评价也产生了尖锐的斗争。我觉得，其中一首情歌不论在艺术创作风格上或演唱风格上，都是对外来流行音乐的模仿，从艺术上来说，是毫无价值的仿造品。”文中所说的“一首情歌”，指的就是《乡恋》。从此，报刊开始大量发表对《乡恋》的批评文章，在持续三四年的时间里，围绕《乡恋》的全国性大讨论始终热度不减。

出于职业敏感，邓加荣和理由暂时搁下其他选题，准备首先采访李谷一，而且直接切入当时争议的焦点——《乡恋》，不是一般地采写李谷一的成才之路，而是着重于《乡恋》这首歌曲引发的争议。

由于此时李谷一正随中央乐团演出团在上海巡回演出，邓加荣与理由乘机飞赴上海采访。他们首先去观看中央乐团的演出。上海的观众深夜冒雨排队购票。演出当夜可容纳1.8万人的上海体育馆座无虚席。

邓加荣原以为，面对各方面的压力，李谷一不太可能再唱《乡恋》。可谢幕之时，全场观众高喊“乡恋”“乡恋”。李谷一不负众望，唱了一遍之后，观众们还是觉得不过瘾，喊着还要她继续唱下去。

李谷一对记者说：“我之所以还有勇气唱《乡恋》，主要是因为有广大群众的支持。我每天都能收到来自全国各地的信。广大观众和听众对我的支持，便是最大的鼓舞和力量。”

1980年10月8日，《光明日报》发表了邓加荣和理由采写的报道《李谷一与〈乡恋〉》。报道肯定了李谷一在音乐领域的探索，认为这与整个时代改革的方向是吻合的。她的唱法表明了“一个时代有一个时代的美”。

这篇报道发表后，社会反响强烈，写给记者和李谷一的信，“不出三五天就要装一麻袋”。

“那个时候的《光明日报》火得厉害。大学生看报纸，不是一份报纸传着看，而是将报纸裁成条，大家交换着看。”邓加荣说。

11月9日，《光明日报》开辟专栏《对李谷一与〈乡恋〉一文的反应》，选登读者来信。一位中学教师在来信中写道：“只准长歌颂雅，不准演员采风，稍一离格，即为异端，这符合艺术发展规律吗？如果天天喊‘百花齐放，百家争鸣’，而连一首《乡恋》都要打入冷宫，甚至枪毙，恐怕中国歌坛上，就永远只能欣赏《大海航行靠舵手》了！”

从禁播到解禁

1981年11月，《人民音乐》发表长篇文章，指责“《李谷一与〈乡恋〉》的社会效果是作者运用夸大、歪曲事实的手法取得的”。自此，《乡恋》成为“禁歌”，电台不再播放，李谷一演出时可以唱别的歌曲，但不能唱《乡恋》。

1983年2月12日，中央电视台举办首届春节联欢晚会，现场设有4部观众点播电话。晚会开始不久，接线员端了一盘子观众的电话点播条给总导演黄一鹤，黄看了之后倒吸一口凉气，观众点播的几乎全是李谷一的《乡恋》！黄一鹤对接线员使了个眼色，让她把盘子端给了在座的广电部部长吴冷西，吴看了以后马上摇摇头。可是没想到之后一连五盘电话的点播条大部分点的都是《乡恋》，这让吴冷西冷汗直冒。他在过道里来回踱步，不时掏出手帕擦汗，终于，他走进导演间，沉默良久，猛地一跺脚，操着南方口音对黄一鹤说：“播！”晚会结束后收到了大量观众的来信，评价央视是“人民自己的好电视台”，在当时冠以“人民”两个字就是最高的评价了。

《乡恋》解禁

在改革开放30年之际，中央电视台和湖南电视台又将《乡恋》风波作为改革开放的一个先声，做了专题回访。《新京报》用两个整版回顾了这场争论，并配发评论《文艺创新人民开心》。

李谷一与《乡恋》(节选)

◎理　由　邓加荣

时针指向午夜，录音室里灯火辉煌。电视片《三峡传说》的编剧兼导演马靖华焦躁地踱来踱去:“这难道是歌唱离别故乡的感情吗?太激烈了。我需要的是轻柔的、自然的……就像说话一样。这个片子情愿不播出，我也决不迁就音乐!”

作曲家张丕基，一副毫不妥协的神情:“我情愿不要音乐，也决不修改!”

这是艺术问题的争吵，互不相让，火气冲天，复杂又单纯。如果没人来打破僵局，看样子得吵到大天亮。双方把求援的目光一齐投向李谷一的身上。

李谷一刚刚唱完这首歌，单就个人的情趣来说，她喜欢它，因为它容纳了丰富的声乐技巧，感情庄严，曲调高亢，为演唱者展开广阔的音域，适合她的胃口。录音工作已经完成，交差了帐，心安理得，又何必给自己找什么麻烦呢?需知，这些天来她实在太累了。但她凭直觉感到，这首歌很难在群众当中流行。干脆一句话，除去她和某些专业演员，别人谁也唱不了。这不能不算作一点遗憾，导演的意见也不无道理。于是她向作曲家说：“老张，再写一个吧。这是我们第一次合作，我保证给你唱好。”

编导和作曲家达成协议：由编导改写歌词，作曲家重新谱曲。

李谷一返回中央乐团住处。马靖华留在办公室赶写歌词。张丕基回家休息时已是凌晨两点多钟。辛苦的夜晚，短暂的宁静，这就是后来音乐界、评论界、观众中一场轩然大波的序幕。

有人说，李谷一不唱《乡恋》是不是更好？或者，《乡恋》的第一稿不作修改，原样播出，是不是就能避免造成不良的“社会效果”，并躲过一场灾祸？

——不见得。在当今的歌坛新星中，很少有人像她那样引起众多的争议，也很少有人像她那样曲折的艺术经历。她生长在湖南长沙岳麓山下一个知识分子的家庭，十五岁考进湖南艺术学院学习舞蹈，接受严格的身体训练，至今两肩肌肉仍很发达，还能拿大顶。她在舞蹈系学了两年，又被花鼓戏剧团招为演员，打下民族戏曲的功底。不久适逢中南地区会演，剧团报上去的剧目是《补锅》，开演前一个多星期团内发生人事变动，匆忙决定由她来顶替主要角色，虽然是临阵磨枪，她却演得惟妙惟肖，一鸣惊人。她还唱过民歌，唱过京剧，从一九六七年开始学习西洋发声技巧，十年寒窗，磨砺精深，形成自己的艺术风格。中央乐团的一位同志说：“她很会唱歌，很会表演，行腔咬字清楚，高音明亮结实，台风很可爱，一举一动都恰到好处，这和她从小学习戏曲、舞蹈有关系。她的声域宽，上得去，下得来，真声假声连接自然，流畅贯通，嗓子甜，有才华，音乐感很强。真是难得的人才……”

次日清早，作曲家张丕基还在酣沉的梦中，有人来敲家门。睁眼一看，小女儿把一张纸放在床前。他匆匆浏览一遍，这是《乡恋》歌词的修改稿，写得很顺，便靠在床头轻声地哼吟。这位作曲家本是革命烈士子弟，五十年代在哈尔滨上学期间接受苏联音乐理论的系统教育，后来又读过两次大学，毕业于上海音乐学院和中央音乐学院，二十年来致力于严肃音乐的创作，从精神气质到艺术个性都趋于高雅、凝重，他的作品在“文化大革命”中无一例外地被划为“大洋古”之类。而这次，他也变得身不由己，好像被施了魔法似的，一反常态，从心中流淌出来松弛的、平易的、低回的旋律。八点钟，他准时来到办公室上班，半小时后谱好《乡恋》的第二稿。

编剧惊异地说：“呵，这么快！”

作曲家说：“词顺就谱得快。”

两人相视而笑，昨夜的一场争论已经释然。这天大雪纷飞，他们当即派人前往中央乐团，把词谱送到李谷一的手里。

晚上，中央广播电台的录音室里，米黄色的天花板和深褐色的墙壁散射着柔和的灯光。李谷一站在房间的一角，穿一件绛红色的毛衣，身段轻盈，举止从容，而脸色显得很疲惫。当弦乐器和电吉他奏出过门的一刻，人们都屏住呼吸。这支歌将引起什么样的“社会效果”？谁也没有去预测。人们担心的是，李谷一接到词谱只有一天多的时间，毕竟太仓促了。她能够表达导演和作曲家所期待的要求吗？

她唱了。编剧和导演所规定的情景，作曲家所描绘的意境，唱得比想象中的更好：

你的身影，
你的歌声，
永远印在我的心中。
昨天虽已消逝，
分别难重逢，
怎能忘记你的一片深情……

“刚才你哭了！”作曲家对李谷一说。

她揩去了泪痕：“我想起了我的家乡岳麓山……”

（原载《光明日报》，1980年10月8日）

从《一无所有》说到摇滚乐

——崔健的作品为什么受欢迎

顾上

崔健已经是一位颇有名气的人物了。18000人的体育……只要他登台，肯定会掀天……这是一部……他在舞台中央露臂一开，……人都同时响应，随着他齐唱。他的作品，尤其是《一无所有》，引起了不知多少人的共鸣。大学生、教师、工人、个体户……。他也招致了责难，是位有争议的歌星。……、轻视他，甚至刁难他的大有人在。但他终于熬过了……的艰辛岁月，以自己独特的创作风格和舞台形象赢得了……的承认。

崔健为什么能得到人们如此热情的欢迎呢？这需要回顾……听听流传已久的《一无所有》。当你听到那略带苍凉、忧郁的曲调时，当你体味那深情……的歌词时，总感到是在……自己的哀诉。尽管直白、粗……但却真挚、诚恳，毫不掩饰……在形式修饰、雕琢、……风气席卷多年后，终于更……地全新看这种质朴和本真。作品表露的是一代人的感觉：失落、迷惘，抒发的是人们来自心底的情绪，就能与千万人的审美意识和生活感受相协合。那种貌似流浪而实际织纳的情感，自然地交织在苍凉、深沉的西北高原民歌音调和强悍、粗犷的节奏里，融和谐，散发出一股清新的气息。

《一无所有》最强烈的魅力还不仅仅在于感伤的气氛、抑郁的呼喊，而在于我们从中领略到了人在艰难中的自信，在困惑中的觉醒，在走过坎坷不平的崎岖之路后对自我价值的重新认识。我们听着、唱着这首歌，不会羞于自己的"一无所有"，也不会因曲调中没有吊诡、奋激而急出困区，哀怨；相反，却被一种不知所以然的自豪感推动。此刻，再回味生活的苦涩、辛酸，就会感有一种甜润、欣慰深深留在心头。

《一无所有》还可以视作当代中国摇滚乐的开山篇章。它将欧美的摇滚风格与中国传统音乐融洽地织合于一体，形成具有强烈民族特色和地方风情的摇滚音乐。

摇滚乐从兴起于世至今，已有几十年的历程，包括不同社会制度的许多国家，都相继建立了各种摇滚乐团，产生了形形色色的歌手和作家。作为一种音乐文化、一种艺术流派，摇滚乐早已扎根于这个世界，风靡几十个国家，成为亿万人的文化消费形式。可惜的是，摇滚乐在我国一直噤若寒蝉，不要说演奏，就连名字都难得见到。直到近几年，才有一些人于困境中踽踽起步。

摇滚乐之所以为现实环境所不容，恐怕一是出于观念的束缚，二是因为不了解。过去人们总喜欢给艺术戴上大大小小的政治光圈，划分出阶级的泾渭。像摇滚乐这种来自现代西方的艺术，与传统的审美观念、欣赏习惯又截然不同，自然就要被当作异端来隔开。再就是大多数人根本就未接触过摇滚乐，以为这种音乐大概就是又疯又闹，于是嗤之以鼻。

其实，摇滚乐既然被众多的人所接受，就自有其自身的审美价值。它产生于美国社会下层的大众文化中，是黑人音乐和南方白人乡村音乐交汇的结果，随着发展，又与其它音乐形式相融合，最后形成了一种渗透了多种文化内涵、具有活力和张力的时代音乐。这种音乐曲调奔放，节奏热烈跳动，把人的内心情绪巧妙地结合在具有现代气息和风范的艺术构思中，能以自我宣泄式的直白和强烈的乐风唤起人们对生活的思索与回忆。

当然，摇滚乐能否在我国掀起如西方世界一般的狂热，尚未可知，但这无论如何只是一个民族文化心理、审美习惯的问题，不应扯到社会制度或阶级性上。大可不必为它的出现而忧虑，只把它作为一个音乐品种看就可以了。假若我们对新的艺术形式持排斥的态度，那艺术还有发展的前景吗？但愿崔健和摇滚乐所遇的不公正遭遇被成为历史的陈迹。

一 无 所 有

书画吟咏 老当益壮

中央文史研究馆编辑的《诗书画》丛刊第一辑于最近问世。

中央文史研究馆是建国初期在毛泽东、周恩来关怀下成立的，迄今已有三十多年的历史。先后由符定一、章士钊、杨东莼、叶圣陶等主持馆务。文史馆聘有许多知名学者、诗人和书画家为馆员。他们于古稀之年，勤于研究、著述、吟诗和作画，留下不少艺术佳作。为使这些作品公诸于社会，文史馆特出版《诗书画》丛刊，发表已故名家的作品以及馆员新近的创作。

《诗书画》第一辑发表的诗、书、画，主要是文史馆历年的藏品，也有从各地寻访到的未发表过的手稿，其中有齐白石（见右图）、陈半丁、萧亮、何香士、陈森宗、宋步云、许麟庐、黄苗等的画，有章士钊、沈尹默等的书法作品，还有叶圣陶等的诗词。

（中）

大地

荔枝（国画） 齐白石

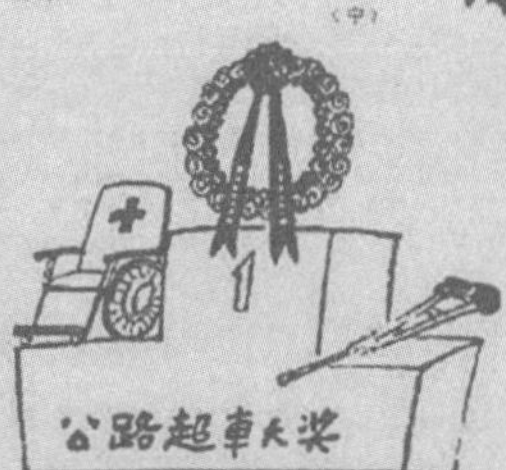

给飞车者 天兰 画

……涉中某些事物也是大意地为之核选。

也就罢了。人们一般愿意接受一些名电视歌曲……[illegible]

……电视节目时间……[illegible]

……[illegible]……

香港新加坡歌星在京献艺

7月13日至15日，新加坡歌星陈国华、丁马加度（蒂蒂）、香港艺员欧阳佩珊（电视剧《警花出更》女主角之一）、张立基、陈浩华和部分广州歌星在北京首都体育馆同台演出。这个被命名为"飞达之声"的文演晚会是中国青年音像出版社、《中华儿女》杂志社、香港联谊文员工作者协会，为加强大陆青年与港澳地区、海外华人青年的文化交流，为青少年活动筹集资金联合主办的。演出所得收入将捐献给全国青联，用于发展青少年教育事业。

（文）

好鸟案头亦朋友

——读《邮票中的鸟类世界》

[illegible]

前些时，从一位……集邮册，听着各种鸟儿……来了大自然的气息，……肩体的晶莹，编幕花……的长鸣，更使人仿佛……曲"了。

现在，我的案头……社出版的《邮票中的鸟……个国家和地区的1200……精印，各种珍禽益鸟……

这本书让我知道……告诉我许多鸟的名字……见的鸟，在这里对上了……之名"。正是我所……月，我国鸟类工作者……了在中国失踪了17年……见到它们一飞一停……僅产于澳门我的家乡……珍鸟。我从澳门地区……于枝头的身姿。这本……者，鸟是从爬行动物……叫始祖鸟，不但有翅……距今已有1亿9千万年……的达1160种，约占全……鸟类最多的国家之一。……科作了分类简介，如核所目而类科，介……形态、习性、栖息地等，指出图见若干页。

这本书颇有实用价值。集邮爱好者可……想集邮而又无力的，一册在手，也可聊……者的花鸟画家，工艺美术师们，把它作……对比参照，也一定得益匪浅。就是鸟类……学，不时查阅，当也有方便之处。

主要的还是它的欣赏价值。各国的……最珍稀最宝爱的鸟类，请高明美术师设……映了本国本地区的气候、物象，村以花草……几乎每张邮票都是一幅花鸟画，一件艺术……

"好鸟枝头亦朋友"，在案头何尝不……想早已远给人家。不然的话，翻翻这部……喝劲！忽然想到，目前国内外不少珍稀……注意保护，若干年后，人们真的只有从……见到听到它们了，就像美国女生物学家……所论证的，心里不免惆怅然。这个日子……年代初期，人们在北海公园听得见"两个……公园后河和劳动人民文化宫古柏林看得见……现在还听得到看得见吗？农药、噪音……把它们往死里赶吗？但愿这个日子不要……

20世纪80年代，崔健以及《一无所有》的出现，标志着中国摇滚乐原创时代的到来。他的作品中，不仅有西方的音乐形式，更有当代中国人复杂的情绪表达。

那年的崔健，那时的“一无所有”

◎余　春

“请听——崔健演唱《一无所有》。”

1986年5月9日，一场名为《让世界充满爱》的演唱会在北京工人体育馆举办。在介绍崔健出场时，女报幕员的语言简洁、高亢，因循着那个时代的惯例。显然，她并没有意识到，自己正在宣告中国摇滚的首次亮相。

崔健登场。

身穿一件长褂，怀抱一把吉他，一边的裤脚挽着，一边的裤脚放着，一高一低，就在人们还讶异于他太过随意的装束时，“我曾经问个不休，你何时跟我走”，第一句歌词带着粗粝的气质由颇具沧桑感的嗓音劈空吼出，现场的气氛陡然热烈起来，“可你却总是笑我，一无所有”，掌声、口哨、尖叫，此起彼伏。体育馆外，守在电视机旁观看演出的观众，感受同样强烈。

“那感觉好似大木头当胸给撞了一下。”有人这样形容。

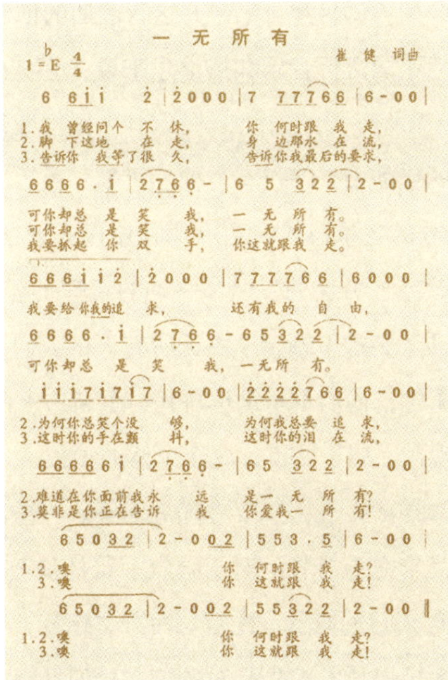

长年浸润于革命歌曲、民族音乐或古典音乐中的人们，正在渴求一个新的情感释放的通道。恰在此时，摇滚来了。1980年前后，北京第二外国语学院诞生了内地第一支摇滚乐队“万李马王”，凭借翻唱披头士的作品，他们风靡二外。但演出尚未走出校园，乐队便宣告解散。此后，“阿里斯”“七合板”“不倒翁”等乐队相继组建，仍以翻唱欧美、日本的流行乐作品为主。1981年，崔健考入北京歌舞团，成为一名小号演奏员，工作期间，他听到一些外国游客和留学生带来的磁带，接触到西方的摇滚乐，同时学起了吉他，开始尝试自弹自唱，并进行歌曲的创作。

对于当时的中国流行音乐和摇滚乐来说，还缺少属于自己的表达方式。《一无所有》的出现，标志着中国摇滚乐原创时代的到来。在崔健的作品中，不仅有吉他、贝斯、鼓，也有笛子、唢呐、箫，有西方的音乐形式，更有当代中国人复杂的情绪表达。彼时，经济的改革、社会的发展，一切的新鲜元素都在冲击人们的思维，在物质和精神上顿感“一无所有”的人们，其实也从这种状态中获得重生，他们重新定位自我，重新追求自我的理想。

这是属于现代、属于城市、属于个体的呐喊。

崔健火了，摇滚火了，争议也随之而至。一些人对于“靡靡之音”的疑虑尚未完全消散，对于激烈、张扬甚至有些叛逆的摇滚从天而降，自然心生警惕。先是与西方文化数十年的隔膜，再是西方文化的大规模涌入；先是对传统文化的批判，再是传统文化的复兴。在“中”与“西”，“新”与“旧”的碰撞中，各种艺术形式的融合创新在拥有充足动力的同时，也都面临着不小的阻力。

为崔健和摇滚的正名，最早来自1988年7月的《人民日报》。这是摇滚乐歌手首次在内地主流媒体上被报道。

这篇题为《从〈一无所有〉说到摇滚乐——崔健的作品为什么受欢迎》的文章一针见血地指出，摇滚乐之所以为现实环境所不容，恐怕一是出于观念的束缚，二是因为不了解。文章认为，崔健的作品尽管直白、袒露，但却真挚、诚恳，毫不掩饰，“在那被粉饰、雕琢、溢美的风气熏染多年后，似乎更热切地企盼着这种素朴和率真。作品表露的是一代人的感觉：失落、迷惘，抒发的是人们来自心底的情绪，故而与千万人的审美意识和生活感受相吻合”。文章最后写道：“假若我们总对新的艺术形式持排斥的态度，那艺术还有发展的前景吗？但愿崔健和摇滚乐所遇的不公正遭遇能成为历史的绝响。”

听者的呵护，党报的力挺，护佑着崔健这叶稀有的摇滚之舟。

但他的摇滚之路并不能因此就一帆风顺，除了外来的压力，也有自身成长的焦虑，他在作品里抒发着困惑。崔健发现，仅靠为数不多的演出机会，摇滚乐很难被更迅速广泛地推广普及，于是他开始计划将这些作品录制并出版发行。经过一番碰壁后，1989年初，崔健的首张摇滚专辑《新长征路上的摇滚》出版，继而举办了同名演唱会。专辑中的九首歌是《新长征路上的摇滚》《不是我不明白》《从头再来》《假行僧》《花房姑娘》《让我睡个好觉》《不再掩饰》《出走》以及《一无所有》。这些歌曲在日后被无数人翻唱、演绎。

《光明日报》在当年3月23日刊发了乐评《崔健的“新长征路上的摇滚”》，作者金兆钧敏锐地道出了崔健的变化，“去年的音乐会上，我听到的崔健与ADO像一个刚刚站起来的青年，留下的最深印象是一股强健的勃勃生气和强烈的冲击性；今年的音乐会上，我听到的是一种完整的意念和完整的形式。崔健与ADO乐队一年来的琢磨终于使他们的摇滚到达了新的境地”，与此同

崔　健

时，作者提示着崔健更为丰富的意义：“人们大多仅熟悉著名的《一无所有》，却尚未完全体会到《不是我不明白》《新长征路上的摇滚》以及《请让我在雪地上撒点野》等作品蕴含的强烈批判意识和独立意识，而这种带有强烈冲击性的意念和感觉恰恰是一种新观念和新方式到来的先声。”

摇滚既是一种音乐形式，也是一种文化表达。摇滚与非摇滚的界限，往往是通过是否具有批判意识、独立意识来体现的。正如金兆钧在文章中所说：“摇滚首先是一种生活态度，一种生活方式，一种独立不羁的生活态度和一种对抗着工业化文明异化力量的生活方式。”如果只是留着长发，抱着吉他，撕心裂肺地吼叫，却毫无有意义的表达，那只能称之为一种模仿表演，而非摇滚。

出生于60年代初的崔健，作品中打着“革命”的烙印。不用说“雪山和草地”“红布”“红旗”、戴在他头上的那个绣着红星的帽子这些显豁的意象，纵然是《一无所有》这样的情歌中，最令人动容的绝不是毫无功利的爱情，而是《国际歌》里“不要说我们一无所有，我们要做天下的主人”那种无产者的浪漫与豪情，摇滚的态度与革命的精神融于一体。从某种意义上说，摇滚乐者就是在舞台上扮演着的革命者形象，一呼百应，从者如云。

革命的传统、改革的潮流、外来的文化与青年的渴望、诉求混杂在一起，催生了崔健的摇滚。崔健之后，一茬又一茬的摇滚人陆续出道。一些人在紧跟着西方摇滚的潮流，一些人在进行着中国摇滚的尝试。《一无所有》一开始就给出了摇滚“中国化”的示范，从整首歌曲的音调，到刘元的唢呐，鲜明的传统音乐元素与新鲜的节奏和崔健极具冲击性的演唱方式结合在一起，让人过耳不忘。之后，在何勇《钟鼓楼》里能听到由他父亲弹奏的三弦，苏阳乐队操着一口西北方言演唱，二手玫瑰的二人转、杭盖乐队的呼麦，更有人把京剧、昆曲、评弹、相声等与摇滚混搭，如此种种，花样翻新，令人应接不暇。

在今天的中国，有太多表达情绪的通道，摇滚已不再是那么突兀，不论多么大胆的实验，既不会让很多人感到惊喜，也不会让很多人感到恐惧，就像各种先锋文学、电影、美术，都失去了曾经的锐度。或许问题并不在于作品本身，而在于时代的变化。上世纪90年代，崔健就已经意识到：“那个时代正好被我们赶上了，因为我们是第一代尝试自由创作的音乐人，我写《一无所有》完全是出于无意。就是现在，哪怕我想有意写这首歌，那效果也远远不如当时。”

但是，不可忽略的，是摇滚乐所代表的“个体精神”的回归。如果说邓丽君以及其他充满温情的歌曲的流行，代表了从噩梦中醒来之后的人们追求美好生活的表达，那么崔健以及摇滚则代表了一种真正面对现实所需要的深刻批判和反思。“一无所有”，因此是具有十足积极意味的呐喊与追问，叛逆姿态融入的批判里，更有难得的追求。“不是我不明白，是这世界变化快”，这正是改革初期的人们处于现实和历史夹缝中的真实感受。即使如此，仍要勇于探索，以昂扬的姿态投身到未知的前路，这是一个时代的精神面貌。

如果说每个时代的人都有自己的情感之门，那么音乐可能就是打开大门的钥匙。《一无所有》恰好是其中一把。

摇滚，听起来似乎是属于年轻人的音乐，实则不然。回顾1986年，那些在演唱会上初识摇滚滋味的青年，如今或许大多数已端起保温杯，泡上枸杞，安稳又祥和。即便是当年青春勃发、唱着“你还年轻，他们老了”的张楚，倏忽间也到了知天命之年。不论时代如何变化，都有人在坚守理想，保持批判，也有人投身大众文化，抢占娱乐新闻头条。崔健还是活跃在音乐市场，宣扬着自己的音乐理念，也有一群群的青年人走到音乐节，走进摇滚现场，伸出食指和小指，比出金属礼，表达一颗“rocker（摇滚歌手）”的心。

旧报章

从《一无所有》说到摇滚乐

——崔健的作品为什么受欢迎

◎顾　土

崔健已经是一位知名度很高的人物了。18000人的体育馆，只要他登台，肯定会座无虚席，连最后一排都挤得满满的。他在舞台中央振臂一呼，上万人能同时响应，随着他齐声高唱。他的作品，尤其是那首《一无所有》，引起了不知多少人的共鸣，大学生、教师、工人、个体户……他也招致了不少责难，是位有争议的歌星，骂他，轻视他，甚至刁难他的更不乏其人。但他终于熬过了数年的艰辛岁月，以自己独特的创作风格和舞台形象赢得了社会的承认。

崔健为什么能得到人们如此热情的欢迎呢？这需要回过头再听听流传已久的《一无所有》。当你听到那略带苍凉、忧郁的曲调时，当你吟咏那惆怅、凄迷的歌词时，总感到是在一吐自己的衷肠。尽管直白、袒露，但却真挚、诚恳，毫不掩饰。在那被粉饰、雕琢、溢美的风气熏染多年后，似乎更热切地企盼着这种素朴和率真。作品表露的是一代人的感觉：失落、迷惘，抒发的是人们来自心底的情绪，故而与千万人的审美意识和生活感受相吻合。那种貌似淡泊而实际炽热的情感，自然地交织在苍劲、深沉的西北高原民歌音调和强悍、粗犷的节奏里，贴切和谐，散溢出一股清新的气息。

《一无所有》最强烈的魅力还不仅仅在于感伤的气氛、抑郁的呼唤，而在于我们从中领略到了人在艰难中的自信，在困惑中的觉醒，在走过坎坷不平的崎岖之路后对自我价值的重新认识。我们听着、唱着这首歌，不会羞于自己的“一无所有”，也不会因曲调中没有昂扬、奋激而显出消沉、哀婉；相反，却被一种不知所以然的自豪感推动。此刻，再回味生活的苦涩、辛酸，就会别有一种甜润、欣慰荡漾在心头。

《一无所有》还可以视作当代中国摇滚乐的开山篇章。它将欧美的摇滚风格与中国传统音乐融洽地织合于一体，形成具有强烈民族特色和地方风情的摇滚音乐。

摇滚乐从立足于世至今，已有几十年的历程，包括不同社会制度的许多国家，都相继建立了各种摇滚乐团，产生了形形色色的歌手和作家。作为一种音乐文化、一种艺术流派，摇滚乐早已扎根于这个世界，且风靡几十个国家，成为亿万人的文化消费形式。可惜的是，摇滚乐在我国一直噤若寒蝉，不要说演奏，就连名字都难得见到。直到近几年，才有一些人于困境中蹒跚起步。

摇滚乐之所以为现实环境所不容，恐怕一是出于观念的束缚，二是因为不了解。过去人们总喜欢给艺术罩上大大小小的政治光圈，划分出阶级的泾渭，像摇滚乐这种来自现代西方的艺术，与传统的审美观念、欣赏习俗又截然不同，自然就要被当作异端来摒弃。再就是大多数人根本就未接触过摇滚乐，以为这种音乐大概就是又摇又滚，于是嗤之以鼻。

其实，摇滚乐既然被众多的人所接受，就自有其自身的审美价值。它产生于美国社会下层的大众文化中，是黑人音乐和南方白人乡村音乐交汇的结果，随着发展，又与其他音乐形式相融合，最后形成了一种渗透了多样文化内涵、适应力很强的时代音乐。这种音乐曲调奔放，节奏热烈躁动，把人的内心情绪巧妙地结合在具有现代气质和风范的艺术构思中，能以自我宣泄式的直白和洒脱的乐风唤起人们对生活的思索与回忆。

当然，摇滚乐能否在我国激起如西方世界一般的狂热，尚未可知。但这无论如何只是一个民族文化心理、审美习惯的问题，不应扯到社会制度或阶级性上，大可不必为它的出现而忧虑，只把它作为一个音乐品种看就可以了。假若我们总对新的艺术形式持排斥的态度，那艺术还有发展的前景吗？但愿崔健和摇滚乐所遇的不公正遭遇能成为历史的绝响。

（原载《人民日报》，1988年7月16日）

深化改革把教育放在首位

本报北京2月3日讯 记者毕全忠报道：国家教委1988年工作会议今天在北京召开，8天的会议将研究今后教育事业发展和改革的方针，以及今年的工作安排。

国家教委副主任何东昌在今天的全体会议上发言说，现在的问题是如何推动教育在经济发展战略中首要位置的落实。他说，落实教育的"首要位置"，关键是各级领导干部要对教育的战略地位进行再认识，把认识提高到十三大的认识上来。同时，还必须通过立法，使教育的战略地位和保证教育事业发展的重大措施不因政府换届、领导人注意力的转移而受到影响。

谈到教育改革时，何东昌说，教育改革已在许多方面展开，并取得了一些经验，但是总的看来，教育与社会发展不相适应的矛盾仍然突出。培养各级专门人才的学校，在体制上还没有重大突破，学校主动适应经济和社会发展需要的有效机制还没有建立起来。面对经济体制改革的深化和政治体制改革的展开，如果不加快教育改革的步伐，"不相适应"的矛盾将会更加尖锐。他强调教育工作者要深入建设和改革的第一线，调查和了解经济、社会发展对教育的要求。坚持为以经济建设为中心的各项事业服务，通过深化教育体制改革促使教育同经济和社会发展的实际密切结合。他主张中等和中等以下的教育要同当地的经济建设紧密联系，以良好的基础教育为根基，使基础教育向职业技术教育延伸，使中等和中等以下教育主要面向当地建设服务。在遵循中

……的方针、政策和国家的法律、法令前……地、市、县政府的统筹职能。专门……要适应有计划商品经济发展的需……改变由政府统一下达计划、学生由国……下来分配、只面向全民所有制服务的……教育的特点，把竞争机制引入这些学校，面向社会办学，毕业生要面向社会的选择。同时，要引导企业和社会各部门重视、参与专门人才的培养。何东昌指出，面向社会办学，寻求和建立学校主动适应社会需要的机制，是想建立宏观计划指导下新的专门人才培养体制。这是深化教育体制改革的重要课题。

据新华社南京2月3日电 （记者古平）长篇通讯《一个女模特儿的悲剧》去年11月14日在南京《周末》报发表后，引起巨大的社会震动。人们对至今仍缠绕着人们头脑的封建意识大加挞伐，提出了许多令人深思的问题。

七十年前模特风波重演
陈素华被愚昧人言逼疯

刘海粟激动地说：反封建任务还十分艰巨

许多人在来信中这样疾呼："刘海粟先生70年前曾为之困扰、抗争的模特儿风波，还要在中国大地上继续到何时？""八十年代仍接连不断地发生模特儿的悲剧，这是愚昧无知向现代文明的严重挑战！""美术家的成就得到社会的高度评价，为什么模特儿往往成了牺牲品？"

这又一个惨遭厄运的模特儿名叫陈素华。1985年初，19岁的她经人推荐，被招进南京艺术学院当模特儿。1986年5月8日由于气候多变和过度劳累经常感冒、发烧的陈素华突然昏倒，被学校送到医院，由病毒性感冒发展到散发性脑炎伴发精神障碍，住院108天。1986年8月下旬，小陈病愈出院，回到六合县农村家中养病。

一次，她到邻居家看电视。人们从电视里看到画家画模特儿的场景，追问她是不是也这样给人画的。她惊惶地点头。这下糟了。鄙夷的读笑，放肆的羞辱立刻向她袭来。一位老奶奶抱怨说："姑娘，你就是去要饭，也不要去卖身哟！"父母和家人没有一句安慰话，他们也认为当模特儿就是卖身，就是当娼妓。村子里出了"大新闻"，远近轰动，天天有人跑到她家指指戳戳。

陈素华又一次发病了。她颠来倒去只说一句话：这是艺术，艺术！她跑上公路不顾死活地拦汽车，凄厉地喊："我要去南艺！南艺！"

已经与陈素华中止合同关系的南艺，从她回家后停发工资。她的生活费没有了着落。

正在香港访问的南京艺术学院名誉院长刘海粟，听说在南艺当模特的陈素华被逼疯，十分惊讶，十分激动。他在电话里对记者说，关于模特儿的斗争，70年前就在中国大地上掀起了一场轩然大波。70年后的今天，模特儿的处境仍是这么艰难，说明反封建的任务还十分艰巨。

刘海粟解释说，画人体模特儿是学美术的基本功。它能表现活泼泼的一个"生"字。人体的曲线自然和谐，人体的颜色能完全表现出一种不息的流动，变化很微妙、很复杂，所以就有美的意义，美的真价。

刘海粟还立即向南京汇寄1000元港币，为陈素华治病尽微薄之力。

近日来，全国各地的人士也纷纷来信，从道义上支持陈素华，从经济上帮助她。一对退休的夫妇写信说，愿收养她做女儿，供她读书。

然而，大批来信中也有人对美术教学要用人体模特儿很不理解。有人认为模特儿不适合中国国情，有人提出模特儿为什么不可以穿上健美服，为什么不可以让女性摄影者先摄下模特儿的照片，然后让学生照着画。

当然，也有人和70年前一样，大骂刘海粟，大骂南京艺术学院。历史的重复，不是很值得人们深思么！

中药注射液去芜取精有良法
国内首创药用超滤器及超滤膜

……待解决的问题。

专家认为，空……这种药用超滤器及……次成功地用于中药……技术设备，在提高……质量上是一个重大……

（……）

新疆一专家停薪自办科技企业

据新华社乌鲁木齐2月3日电 （记者刘光华）新疆维吾尔自治区轻工业厅工程师、原自治区轻工设计院副院长刘伯堂，去年夏天停薪留职，创办民间科技企业——新疆城乡工程技术事务所，这件事被《新疆日报》评为1987年新疆十大新闻之一。

刘伯堂今年47岁，1960年毕业于南京食品工艺学校。他艰苦创业，成为新疆第一个停薪留职办企业的工程师。

地处沂蒙山区的莒县店子乡神集村缺饮水，全村85户全都用上洁净的自来水。

新华社记者 陶俊峰摄

新型润滑剂与高速磨削术
进口生产线不必为缺磨削油停……

本报讯 一种名为"ATC高速强力磨削油"的……却润滑剂，最近在中国科学院成都分院分析测试中心……其技术性能指标达到国际先进水平。

高速强力磨削是用高强度的砂轮高速磨削工件……新工艺，目前只有少数国家掌握。与传统的车、铣……老工艺相比，可以大幅度地提高产品质量和生产效……我国引进了10余条高速磨削生产线，每年要花几十……磨削油，有的工厂还常因磨削油供应不上而停产。……成都分院分析测试中心在成都量具刃具厂的密切协……年攻关，终于研制成完全能取代国外产品的新型磨……形成年产50吨的生产能力。 （贾季申 邓……）

据新华社北京2月3日电 （记者章振权）第十五届冬季奥运会定于2月13日在加拿大西部城市卡尔加里开幕，一切准备工作已于日前就绪。

各项准备就绪 将于二月十三日开幕

本届冬季奥运会将是历届冬季奥运会中规模最大，参赛国家和地区奥委会最多的一届，据组织委员会宣布，59个国家和地区的近1750名运动员报名参加比赛。

报名参加本届奥运会的新闻记者就达4500人，超过参赛选手一倍半。将近一万名志愿工作者，身穿白长袖和白长领的蓝色或绿色套头工作服，已经开始热情接待来自五大洲的各国客人。

奥运会的开幕式和闭幕式将在麦克马洪体育场里举行。它建造于1960年，为了迎接本届冬季奥运会，组委会又对这座体育场进行了扩建，目前的看台将能容纳6万名观众。

加拿大组委会耗资10亿加元新修了各种体育场馆和四条通往滑雪场的高速公路。一座现代化的室内滑冰场早在去年9月正式开放。新建的雪车和雪橇赛场位于卡尔加里西郊的奥林匹克公园内，它是世界上技术最先进的赛场之一。

冬季奥运会由于比赛项目比夏季奥运会少，为了节约开支，以往几届奥运会的会期只有12天。……国际奥委会作出……从本届冬季……会期和夏季……会期一样，延……因此，本届……比赛项目也从……项增加到46……还增加了冰……滑、短跑道……表演项目。……奥委会主席萨……说，要把今后……运会越办越……

大器晚成
——记羽毛球优秀选手熊国宝

今年1月，在世界羽毛球"四大天王"失利的第三天，中国选手熊国宝却冲出重围走向冠军领奖台。香港伊丽莎白体育馆热情的观众向他报以雷鸣般的掌声，祝贺这位历经艰险的勇士获胜。

熊国宝在去年一次国际比赛中。

新华社记者 汤孟宗摄

香港国际羽毛球系列大奖赛总决赛是一次高水平角逐，世界名将几乎都来参赛。熊国宝分在B组，这一组有印尼名将苏吉亚托拦路，去年熊国宝在世界锦标赛上就输在他的拍下。赛前熊国宝研究过苏吉亚托的球路，准备用连续打后场高球，配以实施网前短球的战术使其来回奔跑，应接不暇，既保存自己的体力，又使对手被动挨打。比赛开始后，这一战术果然奏效，以2∶0取胜。之后，在男单半决赛中，熊国宝同刚刚击败了世界冠军杨阳的米·西德克较量，又采取新的战术，加强后场扣杀，结果再闯一关。

最后同士气正旺的印尼选手罗天宁争夺冠军时，熊国宝由于连续征战，体力消耗极大，第一局打得顺手，以15∶2拿下第一局。第二局他在本来领先的情况下，让罗天宁一分一分追了上来。对手似乎看出了熊国宝体力不支的状况，一会将球打到前场，一会打到后场。熊国宝虽然善防守，但在体力大量下降时技术开始出现变形。他死劲顶住对方的进攻，终以18∶14拿下关键的一局。

熊国宝今年已26岁，真可谓大器晚成。1986年以前，他的战绩总是平平常常，直到这年汤姆斯杯冠军争夺战，他一举打败羽坛"天皇"林水镜，为中国队捧杯立下汗马功劳。庆功会上，习仲勋同志高兴地说："熊国宝，熊国宝，真是个国宝啊！"这之后，他更加奋发苦练，技术日趋全面。现在他正以百米冲刺的劲头积极迎接今年的汤姆斯杯大赛，有信心同杨阳、赵剑华等战友一起实现卫冕的愿望。

本报记者 黄振中

新体育杯围棋赛首场决赛
曹大元后发制人 俞斌中盘认输

本报讯 第九届新体育杯围棋赛决赛于2月3日在承德开战。在首场比赛中，年仅20岁的挑战者俞斌七段执黑先行。在布盘阶段，他巧妙地利用三连星布局向上届冠军曹大元九段发动了猛烈攻势，掌握了全局的战略主动权。但是，在中盘搏杀的关键时刻，俞斌因急于求成，强攻中落子次序有误，一下子导致了大好形势付诸东流。在后半局对弈中，尽管俞斌顽强拼搏，逼迫曹大元用完四个半小时的自由思考时间而进入读秒，但仍未能摆脱厄运，中盘认输。新体育杯决赛为五局三胜制，第二局比赛6日进行。（穆晓流）

中国男排战胜委内瑞拉队

新华社海牙2月2日电 （记者徐洪福）在荷兰阿姆斯特丹南部体育馆举行的奥运会男排落选赛第三天比赛中，中国队以3∶0胜委内瑞拉队。这是中国队取得的第三场胜利。

3局的比分是：15∶4、15∶7和15∶11。

今天进行的另外两场比赛的结果是：荷兰队3∶0胜喀麦隆队，希腊队3∶1胜比利时队。

在三天的比赛中，中国队和东道主荷兰队均获全胜，委内瑞拉队3战皆负，希腊队、比利时队和喀麦隆队都是一胜两负。

3日休战一天，4日继续比赛。

赞比亚足球队进军奥运会

赞比亚队1月31日在加纳首都阿克拉进行的1988年奥运会预选赛对加纳队的最后一场比赛中，尽管以0∶1失利，但仍以2∶1的总比分最终获得参加奥运会足球赛决赛阶段的比赛资格。

（据新华社）

我体总和奥委会举行联席会议

据新华社北京2月3日电 （记者刘大恩）中华全国体育总会常委和中国奥委会执委，今天上午在这里举行联席会议，讨论中国参加第24届夏季奥运会的有关问题。

与会者听取了中华全国体育总会副主席和中国奥委会副主席袁伟民、何振梁所作的有关情况报告，并进行了讨论。

展示国际地质古生物领域一大发……
澄江动物化石标本陈列室……

本报讯 云南澄江动物化石标本陈列室近日开放。

这里展出的动物化石标本是从1984年在澄江县东山麓发现的动物化石群中选出的。该化石群为无脊椎动物化石，形成于5.7亿年前，是动物早期演化的产物。这一重大发现曾震动国际地质古生物界。

在云南省有关……地质古生物研究所……的这个陈列室，对……门挑选，还制成大幅……用肉眼就可清晰看……石上的形态。展出……中，有的动物软体……整，甚至连消化道……出来了。（杨应康 ……）

广州为西藏建设举行义……

新华社广州2月2日电 （记者杨畴南）援助西……会今天晚上开始在广州举办4场《中华歌声》义演……国一些著名的歌唱家、曲艺家参加演唱会演出，受……热烈欢迎。

西北最大电脑新闻显示屏在兰……

据新华社兰州2月3日电 （记者王丁）西北最大的电脑新闻显示屏2月1日正式投入使用。

这块显示屏竖立在兰州市繁华地段，是由兰州人民广播电台投资兴建的。

显示屏的主屏……38平方米，由3.6万……记忆电子原件"组……算机指挥下变化……出各种文字与图案……现代电子技术相结……型大众传播工具。

（接第一版）

……黄土地、治理黄河方面，数解放后30多年来花费的……力、财力最多，对这种灾害的认识更为深刻。虽然现……期的黄河泥沙含量几乎没有大的改变，但人们在认……上，经过艰辛的探索，终于寻求到根治的途径。

……认为，这里热量时空变异大，气温地域变化明显，降……不均匀，雹、霜、洪、风、旱五灾齐全，严酷的自然……严格的适地适种。因地制宜、合理布局农林牧生产用……生态、经济双重效益的关键。但长期以来，未……关键，不恰当地强调垦荒种粮，"基础"、"纲"、"帅"，……黄土地。结果，粮食十年九逢灾，土地越垦越荒，越……汗水泡湿了土，打下的粮却饱不了肚。

……走不通，走水路。水是侵蚀黄土地的动力。当初想得……只要修库筑坝，一段段地把水拦截住，既可以减低地……不让土冲跑，又能蓄水浇地。有水、有土，就能发展……，发展工副业。于是，把水利建设当作"命脉"，……轰轰烈烈地好好干了一阵。50年代，制定了治黄开……除了在黄河中上游以亿元为投资单位建起"阶梯式"……电站外，30多年来，还发动群众，千军万马上阵，在……万元为投资单位，让中小水利工程遍地开花。可惜，……结的"果"，与原设计的预期效果相差太大。

1957年，著名科学家竺可桢等就惊呼："要在水库流域……植草和进行水土保持工作。"事实也证明，科学家意……。建国以来，山西省西部山区修建水库110座，总库容……米，已淤积3亿立方米；陕西1977年调查100万立方……水库120座，40座已报废。许多水利设施，因土质松……地貌破碎，基础不牢或工程难于配套。旱时，有……；涝时，象"豆腐"易被冲垮。世界上许多国家规……流域的水土保持治理面积不达到50%以上不准拦洪筑……们缺少这个常理。

……的占地产粮少，对"官"的得钱见利少，作为不……的"兵草"——林草工作，地少，钱少，还得承受黄……

苏醒中的黄土地

流域治理，中国需要，外国也需要。奥地利、日本、美国、联邦德国、苏联等国专家不断丰富这种经验，提出小流域综合治理的理论，形成一门新兴学科。这种理论是否适用于黄土高原？50年代，我国专家开始了实践。

专家分析黄土区自然特点：小流域是水流与环境相互作用下产生的，是面积一般为30平方公里左右、一个个处于非平衡状态下的开放系统。这里既是人们居住、经济活动的集中地，又是降雨后径流、泥沙的产地和输送通道。治理好每个小流域，对治理黄土高原、黄河水患至关重要。这就要求遵循自然规律、经济规律，根据每个小流域治理的目标，采取生物措施和工程措施，把农、林、牧、副、渔、工、商、建、运、服十业紧密结合，使过去一根筷子支撑不起的压力，让捆在一起的十根筷子去顶住。

党的十一届三中全会以前，由于政治风云干扰、长官意志干预，人心散，小流域综合治理办法扎不下根。随着农村经济体制改革，把土地承包给农户，生产责任性加强。特别是近几年，积极推广、应用计算机，在流域规划中，采用常规规划法与生产函数法、线性规划法相结合的方法，在治理过程中，采用定量与定性分析，静态与动态分析相结合的方法进行监测，把每个农户的责权利通过计算机设计，与小流域综合治理连在一起，使科学的治理办法有了坚实的基础。

80年代初，水电部钱正英部长首先肯定小流域综合治理是治理黄土高原、根治黄河水患的最好措施，并单列经费推广。

细流，汇成大河

倘若把黄土地比作舞台，小流域综合治理则像一个原来不起眼的"跑堂"配角，突然要登这个舞台，主演千百年来都想排演而都无法开场的话剧——治理黄土高原、治理黄河。

7000多万黄土地区人民能否脱贫致富，生活在黄河下游1……

汽车一进西吉，就觉得生机盎然，可一到招待所，就有人直率地告诉说："种树种草成绩不小，但群众生活仍不富裕，生态效益离人们太远。"后来又看到一份反映西海固地区（西吉、海原、固原等县）情况的材料，说这里把林草的作用估计得太大，在农业建设指导思想上出现了偏差，建议放慢种林草速度，压缩投资标准，抓好农田水利基本建设，发展旱作农业。这是一些非专业人员的看法。

有位副教授拍案而起，说："现在有些对西吉工程的评议太不公平了。我国专家早有定论，'2605'项目规模大、进展快、质量高、效果好，居国内领先地位。外国专家认为，在这样恶劣环境中能把治理工作搞得如此之好，不可思议！西吉人民用事实证明，小流域治理能大面积推广，黄土高原能治理，群众能脱贫。"参加这项工程设计的科研人员列举了许多数据：1982年治理前，这里人均收入三四十元，人均口粮150公斤左右，近10年吃返销粮7500万公斤，发救灾款1000多万元。俗话说，"开门七件事，柴、米、油、盐、酱、茶、醋"，这里农民样样愁。当时，专家们是含着泪水完成设计任务的。到1985年，4年时间就超额完成全工程。林草覆盖面积由11.5%上升到37.2%，土壤侵蚀总量减少一半左右。为植树种草，退坡耕地31.9万亩，人均产粮却增加74%，人均生产性纯收入增加2倍多，50%农户建了房，2/3农民解决低水平温饱，1/10开始富裕。

我们要求采访西吉县负责同志，可一等3天，推说工作忙，回避。私下问其缘故，有人说现在议论纷纷，自己表白，反而不好。也有人说，第一期工程完成后，援助项目被掐断，第二期工程还没着落，有苦难言。这是工程主持者的心态。

走访西吉周围黄土地区一些干部、群众，大家都说小流域综合治理好，急于列入计划。可苦于家底穷，每年通过一些渠道要来一点资金，难于撑起大场面。

泾源县一位负责同志说："我们县穷，国家每年拨给近1000……包下来。据说，流向黄土地的资金渠道有10条，每……少钱？谁都说不清。一份资料说，1950年到1984年，……土高原支农财政拨款有400亿元。如果加上其它救济……就更多。"七五"期间，国务院又将拿出100亿元左右……款、以工代赈等形式，扶持贫困地区，黄土地当然……象之一。可惜，这些渠道的资金汇不成大流，在这……的黄土地上，掀不起大的浪花。这是各部门的苦恼。

小流域综合治理就像一块巨石，在这块占国土面……黄色古泥海中，击起了高高水柱、道道涟漪。外行与……角色的与未进入角色的、省（区）、地县块块的领导……向黄土地基层的条条渠道，都在思考。这里有误解，……也有冲破偏见、挣脱捆绑手脚绳索的热望。

其中，最令人担忧的是，一般需要10年左右时……的小流域综合治理，会不会因某些地方责任者听取……或不负责任的意见后，导致中途停顿？会不会因某……于自己专业知识的偏狭，忽视治理的综合性？会不……区领导同志的好恶，这届把农林草（牧）业作座上宾，……工、开采业当座上宾，随着三五年的换届，大折腾……

专家们认为，目前制约综合治理发展的最大因……的管理机制和多渠道投资形式。国家成立的黄河中……委员会是黄土高原地区6省区负责人参加领导的协……电部农村水利水土保持司内的小流域治理资金很少……"三西"地区农业建设每年2亿元投资，只有5.3%……治理，林业部的"三北"局用于黄土地的资金也很……各部委通过传统渠道流到黄土地的资金算起来不少……开，就如在黄土上撒了点"胡椒面"。

有关部门统计，现在黄土高原每年水土保持治……1.3%，如果用小流域综合治理的尺度去衡量，进展……得多。有人估算，"七五"期间，黄土区每年支农、……贷款等资金可达15亿左右，如果建立一个权威性的……国土整治方面的投资和管理，赋予责权利，把资金……用，并组织有关科研人员成立科技咨询服务组织……

关于模特的争议，远不只是美术的问题，而是社会观念发展的折射，是文化浸润人心的一面镜子。艺术教育不仅仅是课堂上的结构和素描，也不应仅仅是局限在学术专业内的讨论，它关乎大众审美素养的提高，以及整个社会文明的进步。

模特风波：美的启蒙与道德争论

◎于园媛

1988年前后，南京市六合县农村22岁的年轻姑娘陈素华引起了社会广泛关注。

人们热议的缘由是，因为在艺术学院当女模特，陈素华遭到村民“鄙夷的哄笑，放肆的羞辱”，由于每天都有人到家中指指戳戳，竟然导致精神失常。

女模特居然被人言逼疯了！南京《周末》报最早对陈素华投以关注，长篇通讯《一个女模特儿的悲剧》1987年11月14日发表后，引起巨大的社会震动。1988年1月27日，新华社播发图片报道《一个女模特儿的悲剧》。2月3日，新华社发表关注陈素华事件的长篇通讯，当天《人民日报》刊登据此稿编发的报道《七十年前模特风波重演 陈素华被愚昧人言逼疯 刘海粟激动地说：反封建任务还十分艰巨》。在此前后，《光明日报》也跟踪刊发了此次模特风波。

一位自信的女模特与徐悲鸿师生合影

“当模特儿就是卖身，就是当娼妓”，陈素华的村民邻居甚至父母家人的言论，深深地刺痛了当时正在香港访问的南京艺术学院名誉院长刘海粟。报道记述，他在电话里对记者说：“关于模特儿的斗争，70年前就在中国大地上掀起了一场轩然大波。70年后的今天，模特儿的处境仍是这么艰难，说明反封建的任务还十分艰巨。”

刘海粟先生说的70年前，是一番惊涛骇浪的景象。

五四新文化运动前后，民主与科学的思潮在中国大地上兴起。蔡元培等教育家提出“美育”理念，提倡建立一些现代美术学校，以美的教育来破除人们的迷信之心。

早在1912年冬天，刘海粟就与同伴一起创办了上海图画美

刘海粟（右）在创作

术院（后改名为上海美术专科学校）。刘海粟十分关注西方艺术，对色彩学、透视学、构图学、艺用人体解剖学、写生、素描等十分重视。1915年，上海图画美术院为加强学生造型基本功训练，率先使用男性人体模特。1917年，学生习作展览因有人体形象，引起前来参观的女校校长怒骂“刘海粟是艺术叛徒，是教育界的蟊贼！公然陈列裸体画，此大伤风化”。不久之后，刘海粟逆流而上，托朋友四处辗转，找到一位敢于全裸的女模特，将中国美术教育向前推进一大步，但也遭受了来自各方的压力以及骂名。1924年，上海美专学生饶桂举在南昌举行绘画展览，陈列了几张人体素描，遭到江西警察厅的查禁。1925年，上海市总商会会长朱葆三以及市议员姜怀素，要求上海美专废除模特写生。第二年他们得到了五省联军司令孙传芳的支持。刘海粟和他的朋友们在媒体上抗议，据说孙传芳大为光火，下令通缉刘海粟。刘海粟到法租界避难，最终以“侮辱人格、有伤风化”为由被罚洋50元。在进步舆论的支持下，当时的美术教育工作者不畏强暴，据理力争，军阀势力最终才被迫让步。

在半殖民地半封建的中国，封建思想如沉疴痼疾。鲁迅先生曾对社会陈见发出“一见短袖子，立刻想到白臂膊，立刻想到全裸”的尖锐批评。在那样的社会环境下，以模特写生为学生素描基础的美术教育一路坎坷。

新中国成立后，美术界曾就如何正确使用模特和画模特的不同方法，展开过学术讨论。个别人提出过禁止使用模特的意见，受到了毛主席的批评。1965年，毛主席对这个问题作了重要批示，指出，男女老少裸体模特儿是绘画和雕塑必须的基本功，不要不行，加以禁止，是封建思想，是不妥的。不过，在“文革”期间，美术院校正常的教学活动依然受到冲击，模特写生也被禁止。

改革开放后，美术院校陆续恢复正常招生和教学。关于人体模特能否使用的问题，美术理论家邵大箴、钱绍武专门在《美术观察》杂志撰文，为人体模特正名。针对社会上大多数人提出的为什么要用模特写生，为什么要用真人而不能用石膏像或照片，为什么非要脱光等问题，钱绍武条分缕析进行了十分耐心地解释。比如对于非专业人士最容易质疑的“全裸”，钱先生说：

“有一个为大部分不搞专业的同志们所想不通的问题。那就是为什么非要全部脱光不可，连小裤衩都不能穿？人体的全身动作是由头、胸、盆骨三者的不同方向和转折所决定的，因此要准确地判断全身的变化就要能清楚地确定头、胸、盆骨的相互关系。……仅从肌肉大形来看，都不易确切判断盆骨的倾斜变化，何况再穿上裤衩呢？”

“但是，有些同志总觉得这种做法不妥。他们提出弄个小布兜总是可以的吧？当然，如果非盖不可，那也是可以盖的。但据我们的经验，这么盖上点，其实没有任何意义，而且还会产生相反的作用，所谓‘欲盖弥彰’。”

尽管如此，由于世俗偏见和伦理环境，从上到下的质疑一直没有终止过。

1984年1月21日，为矫正对美术写生模特的非议，《光明日报》头版刊发钱绍武先生的文章《不要把画裸体模特儿视为淫秽》，标题直截了当，内容煞费苦心。钱先生再次强调：“我们主张现实主义的艺术、强调反映社会主义新人，这就需要对人的体格、动作进行科学的研究。这是绘画、雕塑的基础训练，‘不要不行’。虽然也有无耻之徒把裸体的艺术品和练习另派用场，或者在画裸体画时有不轨行为，但这是另一范畴的问题，要另行处理。千万不能因噎废食，把必要的艺术科学也一并取消，不能一看裸体作品就视为淫秽。”

理念，伴随着时代的发展艰难前行。

1985年初，上海戏剧学院公开招聘人体模特，报名者挤破门槛，不到半天工夫，500份报名表已全部发完。1987年，中国艺术研究院美术研究所研究员陈醉的科研成果《裸体艺术论》出版，引发轰动。1988年末至1989年初，“油画人体艺术大展”在北京中国美术馆举办，这次史无前例的展览，万人空巷。

但这并不代表人体模特、人体艺术能够完全被国人所接受。陈素华的悲剧还是出现了。

陈素华风波引起舆论震动之时，92岁的刘海粟先生还在不遗余力地为心中的“美”鼓与呼。他立即向南京汇寄1000元港币，为陈素华治病尽微薄之力。同时还在《人民日报》撰文《缘何又起模特风波》。重新翻回1989年5月20日的《人民日报》，还能感受到这位大半个世纪前自称“艺术叛徒”的老人的惊讶和忧思之情：“至乃使我大为惊讶者：一则是直接施虐于模特儿的人，致使人身、名誉受损，而超然法外未受新闻舆论批评教育；二则至今未被司法当局问讯；倒是画家的艺术创作成了被诉讼之事由，是粟所以大惑不解者。”

各大媒体对陈素华进行了声援，并从科学教育、艺术与道德的关系、人体艺术源流考等角度进行美育普及。《人民日报》在《模特儿与国情》一文中说：“艺术用的人体模特儿确乎是从西洋油画的素描引进的，但真的就不合我们的国情吗？我们的国情究竟是什么？尺子不同，答案也就不同。用僵化的观点看国情，就会把‘大锅饭’‘铁饭碗’视为国情。而用实事求是的、发展的观点看国情，那就必定认为非改不可。”

《光明日报》跟踪报道了《献身艺术 不被理解 屡遭歧视 苦经难念 南京市一些人体模特儿处境比较艰难》，并配发评论《多一些理解 多一些尊重》。《光明日报》刊发邵燕祥长文《人与美：人体艺术琐谈》呼吁："这不仅是艺术鉴赏的启蒙，也是美的启蒙，道德的启蒙，科学的启蒙。"

一位正值芳龄的女模特的凄惨命运，刺激了公众的神经。陈素华以一种悲剧的形式，把艺术审美的话题拉到前台。几十年过去了，美术模特变成艺术院校教学正常环节的一部分。艺术创作的氛围更加自由，形式也更加多元。在持续的艺术启蒙之下，在多种维度的艺术思潮交织、碰撞之下，人们不再以单一固化的思维看待艺术创作，而是采取更加开放和包容的心态。

回顾当年的模特风波，刘海粟先生的话言犹在耳："画人体模特儿是学美术的基本功。它能表现活泼泼的一个‘生’字。人体的曲线自然和谐，人体的颜色能完全表现出一种不息的流动，变化很微妙、很复杂，所以就有美的意义，美的真价。"

在艺术多元的新时代，"美"的观念在拓展，艺术家仍在不断探索新的边界，也会遇到新的争议，但人们慢慢学会用文明社会的规则要求自己，用科学的眼光打量世界，用包容的心态探求未知，学会以健康的情趣欣赏美，以高尚的情操理解美。

旧报章

七十年前模特风波重演

陈素华被愚昧人言逼疯

刘海粟激动地说：反封建任务还十分艰巨

◎古　平

长篇通讯《一个女模特儿的悲剧》去年11月14日在南京《周末》报发表后，引起巨大的社会震动。人们对至今仍缠绕着人们头脑的封建意识大加挞伐，提出了许多令人深思的问题。

许多人在来信中这样疾呼："刘海粟先生70年前曾为之困扰、抗争的模特儿风波，还要在中国大地上延续到何时？""八十年代仍接连不断地发生模特儿的悲剧，这是愚昧无知向现代文明的严重挑战！""美术家的成就得到社会的高度评价，为什么模特儿往往成了牺牲品？"

这又一个惨遭厄运的模特儿名叫陈素华。1985年初，19岁的她经人推荐，被招进南京艺术学院当模特儿。1986年5月8日，由于气候多变和过度劳累经常感冒、发烧的陈素华突然昏倒，被学校送到医院，由病毒性感冒发展到散发性脑炎伴发精神障碍，住院108天。1986年8月下旬，小陈病愈出院，回到六合县农村家中养病。

一次，她到邻居家看电视。人们从电视里看到画家画模特儿的场景，追问她是不是也这样给人画的。她惊惶地点头。这下糟了。鄙夷的哄笑，放肆的羞辱立刻向她袭来。一位老奶奶抱怨说："姑娘，你就是去要饭，也不要去卖身呐！"父母和家人没有一句安慰话，他们也认为当模特儿就是卖身，就是当娼妓。村子里出了"大新闻"，远近轰动，天天有人跑到她家指指戳戳。

陈素华又一次发病了。她颠来倒去只说一句话：这是艺术，艺术！她跑上公路不顾死活地拦汽车，凄厉地喊："我要去南艺！南艺！"

已经与陈素华终止合同关系的南艺，从她回家后停发工资。她的生活费没有了着落。

正在香港访问的南京艺术学院名誉院长刘海粟，听说在南艺当模特儿的陈素华被逼疯，十分惊讶，十分激动。他在电话里对记者说，关于模特儿的斗争，70年前就在中国大地上掀起了一场轩然大波。70年后的今天，模特儿的处境仍是这么艰难，说明反封建的任务还十分艰巨。

刘海粟解释说，画人体模特儿是学美术的基本功。它能表现活泼泼的一个"生"字。人体的曲线自然和谐，人体的颜色能完全表现出一种不息的流动，变化很微妙、很复杂，所以就有美的意义，美的真价。

刘海粟还立即向南京汇寄1000元港币，为陈素华治病尽微薄之力。

近日来，全国各地的人士也纷纷来信，从道义上支持陈素华，从经济上帮助她。一对退休的夫妇写信说，愿收养她做女儿，供她读书。

然而，大批来信中也有人对美术教学要用人体模特儿很不理解。有人认为模特儿不适合中国国情，有人提出模特儿为什么不可以穿上健美服，为什么不可以让女性摄影者先摄下模特儿的照片，然后让学生照着画。

当然，也有人和70年前一样，大骂刘海粟，大骂南京艺术学院。

历史的重复，不是很值得人们深思么！

（原载《人民日报》，1988年2月4日）

在新的崛起面前

谢冕

新诗面临着挑战，这是不可否认的事实。人们由鄙弃帮腔帮调的伪善的诗，进而不满足于内容平庸形式呆板的诗。诗集的印数在猛跌，诗人在苦闷。与此同时，一些老诗人试图作出从内容到形式的新的突破，一批新诗人在崛起，他们不拘一格，大胆吸收西方现代诗歌的某些表现方式，写出了一些“古怪”的诗篇。越来越多的“背离”诗歌传统的迹象的出现，迫使我们作出切乎实际的判断和抉择。我们不必为此不安，我们应当学会适应这一状况，并把它引向促进新诗健康发展的路上去。

当前这一状况，使我们想到五四时期的新诗运动。当年，它的先驱者们清醒地认识到旧体诗词僵化的形式已不适应新生活的发展，他们发愤而起，终于打倒了旧诗。他们的革命精神足为我们的楷模。但他们的运动带有明显的片面性，这就是，在当时他们并没有认识到，历史是不能割断的。尽管旧诗已经失去了它的时代，但它对中国诗歌的潜在影响将继续下去，一概打倒是不对的，事实已经证明，旧体诗词也是不能消灭的。

但就五四新诗运动的主要潮流而言，他们的革命对象是旧诗，他们的武器是白话，而诗体的模式主要是西洋诗。他们以引进外来形式为武器，批判地吸收了外国诗歌的长处，而铸造出和传统的旧诗完全不同的新体诗。他们具有蔑视“传统”而勇于创新的精神。我们的前辈诗人们，他们生活在一种无拘无束的自由开放的艺术空气中，前进和创新就是一切。他们要在诗的领域中扔去“旧的皮囊”而创造“新鲜的太阳”。

正是由于这种开创性的工作，在五四的最初十年里，出现了新诗历史上最初一次（似乎也是仅有的一次）多流派多风格的大繁荣。尽管我们可以从当年的几个主要诗人（例如郭沫若、冰心、闻一多、徐志摩、戴望舒）的作品中感受到中国古代诗歌传统的影响，但是，他们主要的、更直接的借鉴是外国诗。郭沫若不仅从泰戈尔、从海涅、从哥德、更从惠特曼那里得到诗的滋润，他自己承认惠特曼不仅给了他火山爆发式的情感的激发，而且也启示了他喷火的方式。郭沫若从惠特曼那里得到的，恐怕远较从屈原、李白那里得到的为多。坚决扬弃那些僵死凝固的诗歌形式，向世界打开大门吸收一切有用的东西以帮助新诗的成长，这是五四新诗革命的成功经验。可惜的是，当年的那种气氛，在以后长达半个世纪的时间里，没有再出现过。

我们的新诗，六十年来不是走着越来越宽广的道路，而是走着越来越窄狭的道路。三十年代有过关于大众化的讨论，四十年代有过关于民族化的讨论，五十年代有过关于向新民歌学习的讨论。三次大讨论都不是鼓励诗歌走向宽阔的世界，而是在左的思想倾向的支配下，力图驱赶新诗离开这个世界。尽管这些讨论曾经产生过局部的好的影响，例如三十年代国防诗歌给新诗带来了为现实服务的战斗传统，四十年代的讨论带来了新诗中国作风、中国气派的新气象等，但就总的方面来说，新诗在走向窄狭。有趣的是，三次大的讨论不约而同地都忽略了新诗学习外国诗的问题。这当然不是偶然的，这是受我们对于新诗发展道路的片面主张支配的。片面强调民族化群众化的结果，带来了文化借鉴上的排外倾向。

当我们强调民族化和群众化的时候，我们总是理所当然地把它们与维护传统的纯洁性联系在一起。凡是不同于此的主张，一概斥之为背离传统。我们以为是传统的东西，往往是凝固的、不变的、僵死的，同时又是与外界隔裂而自足自立的。其实，传统不是散发着霉气的古董，传统在活泼泼地发展着。

我国诗歌传统源流很久，诗经、楚辞、汉魏六朝乐府、唐诗、宋词、元曲……几乎每一个时代都有自己的诗的骄傲。正是由于不断的吸收和不断的演变，我们才有了这样一个丰富而壮丽的诗传统。同时，一个民族诗歌传统的形成，并不单靠本民族素有的材料，同时要广泛吸收外民族的营养，并使之溶入自己的传统中去。

要是我们把诗的传统看作河流，它的源头，也许只是一湾浅水。在它经过的地方，有无数的支流汇入，这支流，包括着外来诗歌的影响。郭沫若无疑是中国诗歌之河的一个支流，但郭沫若却是溶入了中国古典诗歌、特别是外国诗歌的优秀素质而成为支流的。艾青所受的教育和影响恐怕更是“洋”化的，但艾青却属于中国诗歌伟大传统的一部分。

在刚刚告别的那个诗的暗夜里，我们的诗也和世界隔绝了。我们不了解世界诗歌的状况。在重获解放的今天，人们理所当然地要求新诗恢复它与世界诗歌的联系，以求获得更多的营养发展自己。因此有一大批诗人（其中更多的是青年人），开始在更广泛的道路上探索——特别是寻求诗适应社会主义现代化生活的适当方式。他们是新的探索者。这情况之所以让人兴奋，因为在某些方面它的气氛与五四当年的气氛酷似。它带来了万象纷呈的新气象，也带来了令人瞠目的“怪”现象。的确，有的诗写得很朦胧，有的诗有过多的哀愁（不仅是淡淡的），有的诗有不无偏颇的激愤，有的诗则让人不懂。总之，对于习惯了新诗“传统”模样的人，当前这些虽然为数不算太多的诗，是“古怪”的。

于是，对于这些“古怪”的诗，有些评论者则沉不住气，便要急着出来加以“引导”。有的则惶惶不安，以为诗歌出了乱子了。这些人也许是好心的。但我却主张听听、看看、想想，不要急于“采取行动”。我们有太多的粗暴干涉的教训（而每次的粗暴干涉都有着堂而皇之的口实），我们又有太多的把不同风格、不同流派、不同创作方法的诗歌视为异端、判

道德与诗情

——试评张洁的作品

盛英

张洁步入文坛的日子不长，然而，她却以那已经崭露出来的深沉委婉、优美恬静的艺术风格赢得了读者。

张洁的作品，具有一种难以抗拒的道德力量。也许正是这种力量，促使人们对生活、对人生进行思索和探求，以致净化感情，受到教益。她的小说、散文或电影剧本，所抒写的，几乎都是人对社会应尽的职责，对人的尊严的尊重，以及对爱情的憧憬。艺术与道德并存。张洁以艺术家应有的敏感，钻探、开掘着人的德性美，细腻而抒情地描绘人物的行为与性格，致使她的作品虽柔美而不轻飘，虽含蓄而不晦涩，迸射出一种耐人寻思的哲理火花，引导人们探索理想之路。

小说《忏悔》（载《北京文艺》一九七九年第八期）中的父亲，当他右派问题获致改正，重新恢复党籍的时候，却失去了亲生儿子。这时的他，百感交集，茫然若失。他悲痛、忏悔。忏悔二十多年中，他不仅没有给儿子带来欢乐，更没有向儿子传播过对真理的信仰，对生活的信念，甚至阻止儿子奔赴天安门广场去参加悼念周总理的活动。作者以惆怅的心情叙写没有童年和青春的儿子，最后带着那“可怜巴巴”的精神萎缩症离开了人间，又以凝重的笔墨写到父亲，战战兢兢地活了二十多年，没有生气，没有希望，站立在生活一旁，听凭污泥浊水的漫流。在结尾，作者严肃而执拗地提出一个问题，即一个真正的共产党人对社会、对历史、对下一代究竟应该尽什么样的责任?!她理智地剖析父亲的良心发现和道德谴责：“他忏悔！无穷的忏悔！并不是因为他做了什么，而是因为他不曾做过什么！”在张洁笔下的正面人物，几乎都是正派、纯朴、刚毅的有社会主义觉悟的劳动者，他们的遭遇虽坎坷不平，但决不屈从邪恶势力的蹂躏，勇敢地与命运

责任感和崇高感情的人，总能为社会作出贡献，从而获得社会的承认。这种承认，正是人们对自身的尊重；这种承认，会提高人的尊严感。张洁的艺术之犁，有时就爱开发人们心灵中“人的尊严”这块田地，为人们播下一颗颗“尊重自己”和“尊重别人”等美丽的精神种子。小说《有一个青年》（《北京文艺》一九七九年第一期）中的那个青年工人“我”，不以父亲的高干身份和权益自诩，在生活海洋里，不断提高文化教养，努力钻研生产技术，终于以自己出色的劳动成果、文明礼貌的行为和那颗追求向上的心，获取了他所尊敬的女大学生的爱情。这篇小说在青年们的精神上开拓着那一块块不毛之地，使他们懂得要使自己成为有教养的文明人，就需要有个“自尊心”，认真地去改正那些同我们这个文明时代极不相称的野蛮、落后和缺乏教养的所谓小毛病。张洁热爱今天的青年，也比较熟悉他们，她愿为他们辛劳地耕耘播种，使青年人都成为真正有教养的“美丽的人”，而不要象那些无知而丑陋的猴儿一样，没有尊严感，不懂得自爱。

在共产主义道德里，正当的自尊感同人民、祖国和党，都有机地联系在一起，因而它决不是什么个人主义。至于对人的关心和对他人尊严的尊重，正是对他人为社会主义所作劳动的关心和尊重，因此，同样属于共产主义的一种道德感情。小说《非党群众》（《北京文艺》一九七九年第六期）中的某剧团党支部书记何明，开始，轻信别人对老田头的看法，认为这个拉大幕的老头，性格偏执，难以相处，但经过深入造访、谈心后，却窥测到老田头的执拗背后，跳动着为戏剧事业鞠躬尽瘁的真挚之心。何明懂得了不了解人、不尊重人，会造成多大误解，会掩没多少美丽的灵魂，又会忽视多少有用之才。最后，何明

女儿对母亲爱情生活的追溯，告诉人们，只有“以双方的互相爱情高于其他一切考虑作为结婚依据”（恩格斯语）的婚姻，才是幸福的婚姻。当然，它作为一种社会理想，只有到了共产主义社会，人性获得彻底解放时，才能得以普遍的实现。但作者顽强地追求它。作者以酸辛的心情写到女儿期待母亲的爱能在天国得以实现，又写到女儿不堪忍受爱情与婚姻的分割，而向往“呼唤自己的人”能够出现。在这里，作者憧憬的正是一种爱的极致。由于张洁把爱情作为一种道德理想来抒发，她笔下的爱就显得自然而不雕琢，美丽而不粗俗，厚重而不浅薄，能陶冶人的情操。

作为生活教科书的文艺，肩负着向人民群众进行道德教育的重任。然而，文艺毕竟不是政治的传声筒，同样也不应成为道德原则的图解。文艺只有把善和美有机地统一在一起，并真实地反映生活的本质，使它的认识意义、审美价值与道德影响三者紧密地联成一体，才能成为真善美的结晶，产生良好的社会效果。张洁努力把善和美维妙维肖地结合起来，又以洗练的手法，从某个侧面接触我们的社会生活，暗示时代的特征。张洁在艺术上虽然刚刚起步，但她正独辟蹊径，为实现自己的艺术理想努力地实践着。

张洁比较喜欢把一种令人神往或含情脉脉的诗情，与活生生的人物性格交织在一起，使性格诗化。她写人好象从来不关心他（她）们的姓名字号，却着意赋予他们性格以诗意。我们读《爱，是不能忘记的》，很难弄清楚那位母亲的名字，但她那内向、深情、热烈、好思的性格，她写给自己读的那一封封情味隽永的情书，却在读者心里引起了微妙的荡漾，甚至是强烈的颤动。这是为什么？因为作者无所顾忌地写了感情，写了诗一般的感情。这种诗情与人物性格是那么合拍，它既是人物性格的表现，又使人物性格涂上了诗的色彩。张洁写情是多种多样的，致使人物性格也各呈奕色。有时，她把情写得强烈

物的刚直的性格，有棱有角地烘托
时，她把情写得晶莹透明，使人物的
明可感。由于清晰地写出了路明遇
折、政治风波所引起的感情变化，使
活泼的小姑娘，变成深沉、端庄的
转变过程，极有层次地呈现出来。有
把情写得朦胧迷茫，使人物的性格
摸。象散文《拾麦穗》（《光明日报
年十二月十六日）中那个女孩，她对
苦老头的那种天真无邪的同情、依恋
一种幻觉、是创造了一种意境来表现
女孩的性格就要在读者欣赏过程中
嚼，富有一种韵味，并由此烘托出
女孩的那种没有任何希求，没有任何
素的爱之难能可贵。张洁的作品确实
她甚至不太讲究艺术的章法结构，
的流泻组织素材，人物感情的层次、
抑扬顿挫，常常构成作品的感人情节
前辈评论家认为张洁的作品象音乐，

张洁也善于刻划人物的心理。对
种特定情况下的心理状态，她善于
表现。有时，她让人物作内心独白。
不能忘记的》中，没有母亲的日记，
察到她那在爱火中煎熬的痛苦之心。
瞻的日记、书信成为编织成整个小说
时，她以某一个人物的感觉、感受
论、烘托另外一个人物的心绪，使人
露得更真切，有一种感染力。小说
纾》（《工人日报》一九七九年七
中，售票员田野因为收到吴欢求爱信
心很激愤，但她又沉着地思考着这种
用第三者施亚男在当时的感觉，来
绪。施亚男看到沉静安稳的田野时，
“人的意志和坚强在于自身内心的平
感受，准确地表现了田野沉湎于思考
心理状态，并有力地塑造了这个人物
更多的时候，是以人物对自身经历
应，对社会环境、追求理想的独特反
物心理的。在《忏悔》、《有一个青
中，读者从父亲对儿子的回顾、感叹

从明天起，做一个幸福的人 / 喂马，劈柴，周游世界 / 从明天起，关心粮食和蔬菜 / 我有一所房子，面朝大海，春暖花开

从明天起，和每一个亲人通信 / 告诉他们我的幸福 / 那幸福的闪电告诉我的 / 我将告诉每一个人

给每一条河每一座山取一个温暖的名字 / 陌生人，我也为你祝福 / 愿你有一个灿烂的前程 / 愿你有情人终成眷属 / 愿你在尘世获得幸福 / 我也愿面朝大海，春暖花开

——海子《面朝大海，春暖花开》

一篇文章里的朦胧诗历史

◎伍明春

“卑鄙是卑鄙者的通行证，高尚是高尚者的墓志铭。”诗人北岛的《回答》开篇两句，直到现在仍经常被引用。同样的两句诗，不同的人有着不同的理解。而其实，“告诉你吧，世界 / 我—不—相—信”，才是诗人想要表达的本质意义。

舒婷的《致橡树》，是一首爱情诗。作者通过木棉树对橡树的“告白”，来否定世俗的、不平等的爱情观，呼唤自由、平等独立、风雨同舟的爱情观，发出了新时代女性的独立宣言，表达了对爱情的憧憬与向往。“根，/ 紧握在地下；/ 叶，/ 相触在云里。/ 每一阵风过，/ 我们都互相致意，/ 但没有人，/ 听懂我们的言语。”

朦胧诗兴起于20世纪70年代末80年代初，是伴随着文学全面复苏而出现的一个新的诗歌艺术潮流，呈现为诗境模糊朦胧，诗意隐约含蓄、富含寓意，主题多解多义等特征。朦胧诗打破了当时现实主义创作原则一统诗坛的局面，为诗歌注入了新的生命力，同时也给新时期文学带来了一次意义深远的变革。然而，这在当时文坛却引起了争论。

当代著名诗评家谢冕的《在新的崛起面前》一文，最初发表于1980年5月7日《光明日报》，迄今虽已逾38年，仍屡屡被学界所援引和阐释。该文与孙绍振1981年发表于《诗刊》的《新的美学原则在崛起》、徐敬亚1983年发表于《当代文艺思潮》的《崛起的诗群》，都是为朦胧诗运动辩护的名文，被后来的研究者并称为“三个崛起”，业已成为中国当代文学史的重要文献。

谢冕《在新的崛起面前》一文的行文风格，既不同于孙绍振一贯擅长的锋芒毕露的雄辩，也异于徐敬亚作为一位亲历者对朦胧诗所作的系统而深入的论述，而是在总体上呈现为温和、从容的论述话语中，富有策略性地保持某种必要的批判力度。

针对当时保守评论者们对朦胧诗的种种批评和打压，谢冕在文中所作的回应，可谓有理、有据、有节、有力：“对于这些‘古怪’的诗，有些评论者则沉不住气，便要急着出来加以‘引导’。有的则惶惶不安，以为诗歌出了乱子了。这些人也许是好心的。但我却主张听听、看看、想想，不要急于‘采取行动’。我们有太多的粗暴干涉的教训（而每次的粗暴干涉都有着堂而皇之的口实），我们又有太多的把不同风格、不同流派、不同创作方法的诗歌视为异端、判为毒草而把它们斩尽杀绝的教训。而那样做的结果，则是中国诗歌自五四以来没有再现过五四那种自由的、充满创造精神的繁荣。”

这里的回应既有对当时诗歌创作现实的考察，也有历史化视角的反思和观照，显然不是那种剑拔弩张式的观点对垒，而是留有一定回旋余地的逻辑演绎，最后得出的结论却是毋庸置疑的。这种逻辑理路的迂回推进，也充分体现在频频出现的“未必”“不一定”等关联词上：“我们一时不习惯的东西，未必就是坏东西；我们读得不很懂的诗，未必就是坏诗。我也是不赞成诗不让人懂的，但我主张应当允许有一部分诗让人读不大懂。世界是多样的，艺术世界更是复杂的。即使是不好的艺术，也应当允许探索，何况‘古怪’并不一定就不好。”只要细加推敲，可以发现古怪一词在这里被加上引号，表面上看是对批评者观点的引用，实则隐含某种否定的意味。

后来被指认为朦胧诗代表性作者的北岛、舒婷、顾城、芒克、江河等年轻诗人们，当时不仅已经在影响力日隆的民间刊物《今天》发表诗作，迈出他们走上诗坛的第一步，很快地，《诗刊》《星星》《福建文艺》《安徽文艺》等各地的正式刊物也开始不断地向他们伸出橄榄枝。

这些青年诗人在各种刊物上纷纷亮相，在同龄读者中产生越来越大的影响，构成谢冕写作《在新的崛起面前》的时代语境和思想背景。其中最具代表性的是北岛的《回答》和舒婷的《致橡树》的发表和传播。这两首诗后来被公认为朦胧诗的扛鼎之作，最初发表在1978年12月出版的《今天》杂志创刊号上，发表之后很快就引起各界读者的极大关注。

其中有一位值得特别关注的读者，为这两首诗在更广大范围的传播起到了一种推波助澜的作用，这位特殊的读者就是《诗刊》当时的编辑邵燕祥。作为诗人的邵燕祥以一种敏锐而超前的眼光，先是在《今天》杂志惊喜地发现了这两首诗，之后便努力争取到《诗刊》主编严辰的大力支持，冒着巨大的风险和压力，跳过初审程序，直接把《回答》和《致橡树》分别编发在《诗刊》1979年的3月号和4月号上。经由《诗刊》的有力传播，北岛在《回答》中发出的振聋发聩的呐喊："告诉你吧，世界/我——不——相——信"，而舒婷在《致橡树》中为重塑现代女性形象而高声呼告："我必须是你近旁的一株木棉，/作为树的形象和你站在一起"，都在年轻读者心里掀起阵阵共鸣的浪潮，为朦胧诗运动建立起一个重要的话语据点。

谢冕关于朦胧诗的"崛起"论，不仅体现了一位优秀批评家过人的理论勇气和展望未来的开阔批评视野，也显示了作者纯正而敏锐的艺术感觉。不难发现，谢冕在《在新的崛起面前》中虽然并未具体评论朦胧诗作品，却对青年一代的诗歌写作表达了极大的包容和热切的期待。在谢冕看来，朦胧诗的出现之于中国新诗的重要意义，堪比五四时期早期新诗的发生，他从与世界诗歌关联的纵向维度和新诗发展历史进程的横向维度，揭示了朦胧诗运动的历史任务和诗艺探索。这个判断既体现了作者深邃的历史眼光，也具有某种乐观的前瞻性。

值得注意的是，在比《在新的崛起面前》略早写作的《凤凰，在烈火中再生——新诗的进步》(刊于《长江》文学月刊1980年第2期)一文中，谢冕就已经使用“崛起”一词，来形容舒婷、北岛、顾城、江河等青年诗人的出场对当时诗坛产生的巨大冲击：“在这里，我们绝对不应忽略了我们的年轻一代诗人。在动乱的十年中，一批青年诗人在成长。动乱的十年过后，又有更大的一批青年诗人在崛起。他们中的一些人，对于我们是更为陌生的，但却是才华初露的。”

与此同时，谢冕在文中还用“朦胧”一词来描述这些年轻诗人作品的某种共同特点：“他们中的一些人，正在写着一些新的诗，这些诗，显得有点‘不合常规’，是不免古怪的。因此，他们受到了歧视。我不主张连作者自己都读不懂的诗，诗应该让人懂。但显然，读得懂或读不懂，并不是诗的标准。有的诗，对生活作扭曲的反映，有的诗，追求一种朦胧的效果，应当是允许的。”谢冕在这里所用的“朦胧”一词，不仅仅体现出一种包容态度，甚至还带有几分肯定之意，显然迥异于以章明《令人气闷的“朦胧”》(发表于《诗刊》1980年8月号)为代表的保守派批评家们以“朦胧”为把柄甚至罪证，而展开对青年诗人的口诛笔伐。

吴思敬回顾朦胧诗争论

中国诗歌研究中心副主任、著名评论家吴思敬在接受记者采访中回顾：

激进的年轻人，尤其是大学生，狂热地支持朦胧诗人，一些观念保守的人则猛烈地批评他们。朦胧诗论战的初期，当时还不叫“朦胧诗”，而是被叫作“晦涩诗”“古怪诗”。

恰恰是《令人气闷的“朦胧”》发表以后，“朦胧诗”这一带有戏谑色彩的名称才开始传开，争论也越来越激烈。1980年10月，在北京东郊定福庄煤炭管理干部学院召开了“诗歌理论座谈会”。当时围绕朦胧诗的争论涉及大我小我、自我表现、现代派的评价、诗与时代、现实主义的生命力、现实主义与现代主义的关系等等问题，几乎每个问题都争得不可开交。辽宁诗人阿红把许多词汇抄在麻将牌大小的纸片上，然后字朝下像洗牌一样地打乱，再随意地把纸片分排成几行，然后再翻过来，看看像不像一首朦胧诗。阿红对朦胧诗是有批评的，他发起的这个游戏意在讽刺朦胧诗，无意中倒是开启了如今电脑写诗的先河了。

（《亲历诗坛四十年》，原载《中华读书报》，2018年5月2日）

旧报章

在新的崛起面前

◎谢 冕

新诗面临着挑战，这是不可否认的事实。人们由鄙弃帮腔帮调的伪善的诗，进而不满足于内容平庸形式呆板的诗。诗集的印数在猛跌，诗人在苦闷。与此同时，一些老诗人试图作出从内容到形式的新的突破，一批新诗人在崛起，他们不拘一格，大胆吸收西方现代诗歌的某些表现方式，写出了一些“古怪”的诗篇。越来越多的“背离”诗歌传统的迹象的出现，迫使我们作出切乎实际的判断和抉择。我们不必为此不安，我们应当学会适应这一状况，并把它引向促进新诗健康发展的路上去。

当前这一状况，使我们想到五四时期的新诗运动。当年，它的先驱者们清醒地认识到旧体诗词僵化的形式已不适应新生活的发展，他们发愤而起，终于打倒了旧诗。他们的革命精神足为我们的楷模。但他们的运动带有明显的片面性，这就是，在当时他们并没有认识到，历史是不能割断的。尽管旧诗已经失去了它的时代，但它对中国诗歌的潜在影响将继续下去，一概打倒是不对的。事实已经证明：旧体诗词也是不能消灭的。

但就五四新诗运动的主要潮流而言，他们的革命对象是旧诗，他们的武器是白话，而诗体的模式主要是西洋诗。他们以引进外来形式为武器，批判地吸收了外国诗歌的长处，而铸造出和传统的旧诗完全不同的新体诗。他们具有蔑视“传统”而勇于创新的精神。我们的前辈诗人们，他们生活在一种无拘无束的自由开放的艺术空气中，前进和创新就是一切。他们要在诗的领域中扔去“旧的皮囊”而创造“新鲜的太阳”。

正是由于这种开创性的工作，在五四的最初十年里，出现了新诗历史上最初一次（似乎也是仅有的一次）多流派多风格的大繁荣。尽管我们可以从当年的几个主要诗人（例如郭沫若、冰心、闻一多、徐志摩、戴望舒）的作品中感受到中国古代诗歌传统的影响，但是，他们主要的、更直接的借鉴是外国诗。坚决扬弃那些僵死凝固的诗歌形式，向世界打开大门吸收一切有用的东西以帮助新诗的成长，这是五四新诗革命的成功经验。可惜的是，当年的那种气氛，在以后长达半个世纪的时间里，没有再出现过。

我们的新诗，六十年来不是走着越来越宽广的道路，而是走着越来越窄狭的道路。三十年代有过关于大众化的讨论，四十年代有过关于民族化的讨论，五十年代有过关于向新民歌学习的讨论。三次大讨论都不是鼓励诗歌走向宽阔的世界，而是在左的思想倾向的支配下，力图驱赶新诗离开这个世界。尽管这些讨论曾经产生过局部的好的影响，但就总的方面来说，新诗在走向窄狭。片面强调民族化群众化的结果，带来了文化借鉴上的排外倾向。

我国诗歌传统源流很久：诗经、楚辞、汉魏六朝乐府、唐诗、宋词、元曲……要是我们把诗的传统看作河流，它的源头，也许只是一湾浅水。在它经过的地方，有无数的支流汇入，这支流，包括了外来诗歌的影响。郭沫若无疑是中国诗歌之河的一个支流，但郭沫若却是融入了中国古典诗歌、特别是外国诗歌的优秀素质而成为支流的。艾青所受的教育和影响恐怕更是“洋”化的，但艾青却属于中国诗歌伟大传统的一部分。

在刚刚告别的那个诗的暗夜里，我们的诗也和世界隔绝了。我们不了解世界诗歌的状况。在重获解放的今天，人们理所当然地要求新诗恢复它与世界诗歌的联系，以求获得更多的营养发展自己。因此有一大批诗人（其中更多的是青年人），开始在更广泛的道路上探索——特别是寻求诗适应社会主义现代化生活的适当方式。他们是新的探索者。这情况之所以让人兴奋，因为在某些方面它的气氛与五四当年的气氛酷似。它带来了万象纷呈的新气象，也带来了令人瞠目的“怪”现象。的确，有的诗写得很朦胧，有的诗有过多的哀愁(不仅是淡淡的)，有的诗有不无偏颇的激愤，有的诗则让人不懂。总之，对于习惯了新诗“传统”模样的人，当前这些虽然为数不算太多的诗，是“古怪”的。

于是，对于这些“古怪”的诗，有些评论者则沉不住气，便要急着出来加以“引导”。有的则惶惶不安，以为诗歌出了乱子了。这些人也许是好心的。但我却主张听听、看看、想想，不要急于“采取行动”。我们有太多的粗暴干涉的教训（而每次的粗暴干涉都有着堂而皇之的口实），我们又有太多的把不同风格、不同流派、不同创作方法的诗歌视为异端、判为毒草而把它们斩尽杀绝的教训。而那样做的结果，则是中国诗歌自五四以来没有再现过五四那种自由的、充满创造精神的繁荣。

我们一时不习惯的东西，未必就是坏东西；我们读得不很懂的诗，未必就是坏诗。我也是不赞成诗不让人懂的，但我主张应当允许有一部分诗让人读不太懂。世界是多样的，艺术世界更是复杂的。即使是不好的艺术，也应当允许探索，何况“古怪”并不一定就不好。对于具有数千年历史的旧诗，新诗就是“古怪”的；对于黄遵宪，胡适就是“古怪”的；对于郭沫若，李季就是“古怪”的。

接受挑战吧，新诗。当前的诗歌形势是非常合理的。鉴于历史的教训，适当容忍和宽宏，我以为是有利于新诗的发展的。

（原载《光明日报》，1980年5月7日，有删减）

了一架，你快去了解一下吧！”

张老师心里一凝，他立即骑上车，朝石红家所在的居民楼驰去。

九

石红的爸爸是区上的一个干部，妈妈是个小学教师，两口子都是在轰轰烈烈的“四清”运动里入党的；从入党前后起，特别是经过无产阶级文化大革命，他们形成了一种很好的习惯，就是坚持学习马列、毛主席著作。他们书架上的马恩、列宁四卷集、毛选四卷和许多厚薄不一的马列、毛主席著作单行本，书边几乎全有浅灰的手印，书里不乏折痕、重点线和某些意味着深深思索的符号……石红深深受着这种认真读书的气氛的熏陶，她也成了个小书迷。

石红是幸运的。“晚饭以后”成了她家的一个专用语，那意味着围坐在大方桌旁，互相督促着学习马列、毛主席著作，以及在互相关怀的气氛中各自作自己的事——爸爸有时是读他爱读的历史书，妈妈批改学生的作文，石红抿着嘴唇、全神贯注地思考着一道物理习题或是解着一个或者谈论文艺作品，父亲和母亲，父母和女儿之间，展开愉快的、激烈的争论。即便在“四人帮”推行法西斯文化专制主义最凶狠的情况下，这家人的书架上仍然屹立着《暴风骤雨》、《红岩》、《茅盾文集》、《盗达尔选集》、《欧也妮·葛朗台》、《唐诗三百首》……这样一些书籍。

张老师曾经把石红通读过的《共产党宣言》、《马克思主义的三个来源和三个组成部分》和毛选四卷，以及她的两本学习笔记，拿到班会上和家长会上传看过，但是，他觉得更可欣喜的是，这孩子常常能够根据马列主义、毛泽东思想的原则去思考、分析一些问题，这些思考和分析，往往比较正确，并体现在她积极的行动中。

我们这个故事发生的那一天，张老师敲开石红他们家那个单元的门后，发现迎门的那间屋里，坐满了人。石红坐在屋中饭桌边，正朗读着一本书。另外有五个女孩子，也都是张老师班上的学生，散坐在屋中不同的部位，有的右手托腮、睁大双眼出神地望着石红；有的双臂折放在椅背上，把头枕上去；有的低首揉弄着小辫梢……显然，她们都正听得入神。根据下

作家刘心武的短篇小说《班主任》发表于1977年，发出的是改革开放的文学先声。以《班主任》为开端的一大批“伤痕文学”“反思文学”作品，极大地推进了全社会的思想解放，加快了中国改革开放的进程。

《班主任》：改革开放的文学先声

◎刘先琴

《班主任》发表于1977年第11期《人民文学》，那是文学刚刚经历了冬天，即将进入春天的解冻时期。

每天都在等待报纸上的连载

《班主任》这篇小说，如春雨洒在冰封的土地，更像春雷唤醒蛰伏的压抑，激发出人们空前的阅读热情。为了满足需求，当时种类不多的报纸纷纷进行了连载。在一些机关学校，收发室门口常常能看到一些人群，热切地等待投递员的到来。十几个人争相围看一张报纸，食堂宿舍里议论那个“不守规矩”的学生宋宝琦，猜测下一集他会和师生们发生怎样的冲突，一时成为司空见惯的场景。

“社会轰动和方方面面的高度关注，本源在于文学由此开始回归本质。”郑州大学中国当代文学硕士研究生导师、河南文艺出版社原总编辑单占生这样认为。

《班主任》出现以前，有相当一部分人仍沉浸在保守和极左文学环境中；还有一部分人期待着新的文学表现形式、新的文学主题和文学人物出现。那时，革命现实主义和革命浪漫主义是文学的指导思想，一部分觉醒较早的作家开始思考现实主义作品的创作路径。恰在此时，《班主任》发表了。这篇小说描写的是学校教育和师生关系。它在塑造了有良好教育方法、讲真话的新型老师张俊石和好学生谢惠敏的同时，还讲述了“不守规矩”的学生宋宝琦的故事，而恰恰是这个人物，引发了广泛的社会关注和极大的轰动。由此，人们突然发现，生活中存在着许多冲突和矛盾，文学作品不仅仅是用来传达某些浪漫主义的想象，更是让我们直面社会现实、人性复杂性的一种存在。无论是从传统的角度，还是新观念的角度，这都让大家异常兴奋。兴奋的原因是多方面的：一是怎么会写一个“坏学生”，并且写得如此生动；二是将人性的复杂性描写得如此活泼，启发思想解放中的人们更全面更深刻地思考社会和人性。当时，整个中国社会、文化及其他各个方面都需要改革、需要开放，改革开放成为不可阻挡的社会潮流。《班主任》这篇小说准确地反映了当时人们渴望国家民族发展的心声和向往。后来陆续出现的卢新华的《伤痕》、从维熙的《大墙下的红玉兰》、张一弓的《犯人李铜钟的故事》等，都印证了《班主任》发出的信号，一起引领着文学本质的回归。这些作品让读者看到生活不仅仅是鲜花、阳光，还有阴雨和其他，生活是丰富的、复杂的，不能用理想化的模式编造。多年被高大上、假大空作品所灌输的读者，第一次看到文学本真的样子，自然如饮清泉，如沐春风。

意义和影响不止在文学领域

《班主任》发表时，粉碎“四人帮”虽已一年有余，但“两个凡是”的信条仍然禁锢着人们的思想观念，作为改革开放标志的党的十一届三中全会也是在一年之后才召开。在这样一个时间节点和社会背景下，就会清楚看到，这部作品不仅仅在中国当代文学史上具有特殊的价值，更重要的是，它对全社会思想解放产生了巨大推动作用。

河南省文学院院长何弘回忆起这段历史时，依然激动不已，他说：“十年‘文革’，我们的文学观念、思想观念极度僵化，严重地阻碍了文学的发展和社会的进步。《班主任》大胆揭露、深刻控诉了极左思潮对一代人的精神伤害，被认为是‘伤痕文学’的开山之作，也成为新时期文学开端的标志性作品。”

何弘认为，《班主任》扭转了以往僵化的文学思想、文学观念，具有重要的文学启蒙意义。由《班主任》等作品肇始，中国当代文学开创了一个繁荣兴盛的新时期。此一时期，我们大胆借鉴古今中外一切文学艺术的优秀成果，大胆创新，锐意开拓，文学创作不管从思想性还是艺术性上讲，都达到一个新高度。

可以说，《班主任》发出的是全民族思想解放运动的文学先声。回顾当时的情形，我们更加坚信文学在人民精神生活中所占据的重要位置和巨大影响。以《班主任》为开端的一大批“伤痕文学”“反思文学”作品，极大地推进了全社会的思想解放，加快了中国改革开放进程。今天，我们的经济、政治、文化、社会、生态建设能取得如此巨大的成就，是40年改革开放的结果，其中有着文学的肇始推动之功。

“好的作品历久弥新。40年过去了，小说里面提到的很多问题，在今天仍旧具有现实意义，依然发人深省。”中国教育学会副会长、国家督学朱丹说，当年还是师院学生的他如饥似渴连读两遍《班主任》，留下的深刻印象一直影响着后来数十年的教育生涯。

学校教育的使命是什么？朱丹认为，小说中两位老师张俊石和尹达磊代表的两种观点，至今还在深刻影响着中国教育：学校是搞教育还是搞教学？现在的学校和当时相比，教育的缺位似乎越来越大。什么叫应试教育？应试教育就是把教育责任，简化成了教学责任，只重视知识技能的传授，忽略学生的全面成长，淡漠了一个人想做大事、成大事必须具备的高尚品质。好的教育不能排斥所谓成绩不好的差生，不能只关注知识技能的掌握和考试成绩。

另外，小说一直警示朱丹持续关注家庭教育问题。宋宝琦的父亲是个工人，每次下班后都到小树林里和大家打扑克，打得昏天黑地，若不过瘾，夜里还要打。小说中反映的家庭教育责任的缺位，使朱丹联想到美国的《科尔曼报告》，底层社会或经济困窘家庭的孩子成长不起来，不是因为穷，是因为穷产生的其他一些问题，使孩子在学业上表现不理想。现在家庭教育问题依然不容忽视。教育孩子不只是学校的事，家庭教育不可或缺，然而，很多“家长学校”尚停留在浅表的概念中。应该认识到，家庭教育实际就是父母教育，父母是孩子的第一个老师，也是影响孩子终生的老师。

文学要勇敢发出自己的声音

单占生回忆，《班主任》发表时，政治壁垒尚十分严密，刊登这篇小说的编辑无疑拥有巨大的勇气。当时的文学家和出版人首先面对的是极左思想下的极端现实，而后才是考虑如何真实地表现、反思那个时代。现在和那个时代相比，有着本质上的区别。中国从那时开始了40年的改革开放进程。这一段历史在中华民族的文明史上占有的地位、创造的成就以及带来的问题，都是前所未有的。这么多年来，意识形态领域发生了巨大的变化，为作家们提供了深度表现生活、挖掘生活、表现人性复杂性的可能性。作为一个作家和出版人，非常庆幸的是，这个时代赋予我们很多可以表现的内容。应该以更强的责任意识和使命意识，去表现史诗般的改革开放历程，表现人民群众在创造历史的过程中的悲欢。实际上，现在的作家应该反思：改革开放这么多年，生活给我们提供了丰富的创作资源，无论是用非虚构的方式记录，还是用虚构的方式创作，都有很多可呈现的故事。作家的责任是表现社会现实，如果不去讲述这样的中国故事，就是作家的失职。当前，作家和出版人好像没有完全做好“讲好故事”的心理准备，“当下对于波澜壮阔的历史和创造历史的人们此间的欢乐、苦恼的文学表达，我认为还不到位。”

单占生说，马克思主义文学思想认为，文学不应该成为政治的“传声筒”。刘心武在《班主任》中塑造了宋宝琦，是因为他意识到生活不仅仅是鲜花、阳光，还有阴雨和其他。这也引起了整个文学界的思考：生活是丰富的、复杂的、有其规律的，不可能用理想化的模式编造出来。生活中有各种各样的人，文学家的使命不仅仅是单一地表现具有革命理想化特征的人，而是要表现社会整体的现实和各色人群的命运、思想、感情、理想、生活方式。总的来说，《班主任》推动中国文学走出极左的文学状态，引起整个作家群的广泛共鸣，发出了改革开放的文学先声。同时，引发了作家对生活更具深度和广度的思考。作家对生活的思考，不能仅仅停留在表面，而是要观察社会现实，真正地深入生活，全面考察。

何弘也这样认为，他说，以今天的眼光再看《班主任》，我们会发现它在思想上不够深刻，艺术上也不够完美。正如李书磊认为的："从它(《班主任》)对谢惠敏的剖析和对'文革'的批判上来看，它是新时期文学的开端；而从这种剖析的保留性和批判的表面性来看，它又是旧时期文学的总结。"从文学表现上，《班主任》仍然带有用所有人物来陪衬一个中心人物的"三突出"痕迹，对极左思想的批判和揭露也流于表面。但这部作品之所以能够受得那么多人的喜爱，产生如此巨大的社会影响，重要的原因在于它勇敢地面对社会现实发出了自己的声音，体现了作家所应具有的使命感和责任感。我想，今天的作家如果能够继续保持这样一种使命感，有能力针对社会现实发出自己的声音，表达人们美好的理想和追求，文学就依然会得到人民群众的广泛喜爱，仍然会对社会的发展进步产生积极的影响。

今天，中国特色社会主义进入了新时代，我们的文学应该继承优秀传统，自觉承担起举旗帜、聚民心、育新人、兴文化、展形象的新使命，为实现中华民族伟大复兴的中国梦做出新的更大的贡献。

旧版章

班主任（节选）

◎刘心武

节选一

谢惠敏的个头比一般男生还高，她腰板总挺得直直的，显得很健壮。谢惠敏除了随着大伙看看电影、唱唱每个阶段的推荐歌曲，几乎没有什么业余爱好。她功课中平，作业有时完不成，主要是由于社会工作占去的精力和时间大多了——因此倒也能获得老师和同学们的谅解。

头年夏天，张老师接任这个班的班主任时，谢惠敏已经是团支部书记了。张老师到任不久便轮到这个班下乡学农，返校的那天，队伍离村二里多了，谢惠敏突然发现有个男生手里转动着个麦穗，她不禁又惊又气地跑过去批评说："你怎么能带走贫下中农的麦子？给我！得送回去！"那个男生不服气地辩解说："我要拿回家给家长看，让他们知道这儿的麦子长得有多么棒！"结果引起一场争论，多数同学并不站在谢惠敏一边，有的说她“死心眼”，有的说她“太过分”。最后自然轮到张老师表态，谢惠敏手里紧紧握着那根丰满的麦穗，微张着嘴唇，期待地望着张老师。出乎许多同学的意料，张老师同意了谢惠敏送回麦穗的请求。耳边响着一片扬声争论与喁喁低议交织成的音波，望着在雨后泥泞的大车道上奔回村庄的谢惠敏那独特的背影，张老师曾经感动地想：问题不在于小小的麦穗是否一定要这样来处理：看哪，这个仅仅只有三个月团龄的支部书记，正用全部纯洁而高尚的感情，在维护“绝不能让贫下中农损失一粒麦子”的信念——她的身上，有着多么可贵的闪光素质啊！

但是，这以后，直到“四人帮”揪出来之前，浓郁的阴云笼罩着我们祖国的大地，阴云的暗影自然也投射到了小小的初三(3)班。被“四人帮”那个大黑干将控制的团市委，已经向光明中学派驻了联络员，据说是来培养某种“典型”，是否在初三（3）班设点，已在他们考虑之中，谢惠敏自然常被他们找去谈话。谢惠敏对他们的“教诲”并不能心领神会，因为她没有丝毫的政治投机心理，她单纯而真诚。但是，打从这时候起，张老师同谢惠敏之间开始显露出某种似乎解释不清的矛盾。比如说，谢惠敏来告状，说团支部过组织生活时，五个团员竟有两个打瞌睡。张老师没有去责难那两个不像样子的团员，却向谢惠敏建议说；“为什么过组织生活总是念报纸呢？下回搞一次爬山比赛不成吗？保险他们不会打瞌睡！”谢惠敏瞪圆了双眼，几乎不相信自己的耳朵，隔了好一阵，才抗议地说："爬山，那叫什么组织生活？我们读的是批宋江的文章啊……"再比如，那一天热得像被扣在了蒸笼里，下了课，女孩子们都跑拢窗口去透气，张老师把谢惠敏叫到一边，上下打量着她说："你为什么还穿长袖衬衫呢？你该带头换上短袖才是，而且，你们女孩子该穿裙子才对啊！"谢惠敏虽然热得直喘气，却惊讶得满脸涨红，她简直不能理解张老师在提倡什么作风！班上只有宣传委员石红才穿带小碎花的短袖衬衫，还有那种带褶子的短裙，这在谢惠敏看来，乃是"沾染了资产阶级作风"的表现！

"四人帮"揪出来之后，张老师同谢惠敏之间的矛盾自然可以解释清楚了，但并没有完全消除。

现在，谢惠敏找到张老师。向他汇报说："班上同学都知道宋宝琦要来了，有的男生说他原来是什么'菜市口老四'，特别厉害；有些女生害怕了，说是明天宋宝琦真来，她们就不上学了！"

张老师一愣。他还没有来得及预料到这些情况。现在既然出现了这些情况，他感到格外需要团支部配合工作，便问谢惠敏：

"你怕吗？你说该怎么办？"

谢惠敏晃晃小短辫说："我怕什么？这是阶级斗争！他敢犯狂，我们就跟他斗！"

张老师心里一热。一霎时，那在泥泞的大车道上奔走的背影活跳在记忆的屏幕上。他亲热地对谢惠敏说："你赶紧把团支部和班委会的人找齐，咱们到教室开个干部会！"

节选二

五点刚过，张老师骑车抵达宋家的新居。小院的两间东屋里东西还来不及仔细整理，显得很凌乱。比如说，一盆开始挂花的“令箭”，就很不恰当地摆放在歪盖着塑料布的缝纫机上。

宋宝琦的母亲是个售货员，这天正为搬家倒休，忙不迭地拾掇着屋子。见张老师来了，她有点宽慰，又有点羞愧，忙把宋宝琦从堂屋喊出来，让他给老师敬礼，又让他去倒茶。我们且不忙随张老师的眼光去打量宋宝琦，先随张老师坐下来同宋宝琦母亲谈谈，了解一下这个家庭的大概。

宋宝琦的父亲在园林局苗圃场工作，一直上“正常班”，就是说，下午六点以后就能往家奔了。但他每天常常要八九点钟才回家。为什么？宋宝琦母亲说起来连连叹气，原来这些年他养成了个坏习惯：下班的路上经过月坛，总要把自行车一撂，到小树林里同一些人席地而坐，打扑克消遣，有时打到天黑也不散，挪到路灯底下接茬打，非得其中有个人站起来赶着去工厂上夜班，他们才散。

显然，这样一位父亲，既然缺乏丰富而有意义的精神生活，那么，对宋宝琦的缺乏教育管束也就可想而知了。至于当母亲的，从她含怨的叙述中，不难看出她是怎样自食了溺爱与放任独生子的苦果。

绝不要以为这个家庭很差劲。张老师注意到，尽管他们还有大量的清理与安置工作，才能使房间达到窗明几净的程度，但是一张镶镜框的毛主席像，却已端正地挂到了北墙，并且，一张稍小的周总理像，装在一个自制的环绕着银白梅花图案的镜框中，被郑重地摆放在了小衣柜的正中。这说明这对年近半百的平凡夫妇，内心里也涌荡着和亿万人民相同的感情波澜。那么，除了他们自身的弱点以外，谁应当对他们精神生活的贫乏负责呢？……

差一刻六点的时候，张老师请当母亲的尽管去忙她的家务事，他把宋宝琦带进里屋，开始了对小流氓的第一次谈话。

现在我们可以仔细看看宋宝琦是个什么模样了。他上身只穿着尼龙弹力背心，一疙瘩一疙瘩的横肉，和那白里透红的肤色，充分说明他有幸生活在我们这个不愁吃不愁穿的社会里，营养是多么充分，躯体里蕴藏着多么充沛的精力。唉，他那张脸啊，即便是以经常直视受教育者为习惯的张老师，乍一看也不免浑身起栗。并非五官不端正，令人寒心的是从面部肌肉里，从殴斗中打裂过又缝上的上唇中，从鼻翅的神经质扇动中，特别是从那双一目了然地充斥着空虚与愚蠢的眼神中，你立即会感觉到，仿佛一个被污水泼得变了形的灵魂，赤裸裸地立在了聚光灯下。

经过三十来个回合的问答，张老师已在心里对宋宝琦有了如下的估计：缺乏起码的政治觉悟，知识水平大约只相当初中一年级程度，别看有着一身犟肉，实际上对任何一种正规的体育活动都不在行。张老师想到，一些满足于贴贴标签的人批判起宋宝琦这样的小流氓来，一定会说他是“满脑子资产阶级思想”。但是，随着进一步地询问，张老师便愈来愈深切地感到，笼统地说宋宝琦这样的小流氓具有资产阶级思想，那就近乎无的放矢，对引导他走上正路也无济于事。

宋宝琦的确有严重的资产阶级思想，但究竟是哪一些资产阶级思想呢？

资产阶级标榜“自由、平等、博爱”，讲究“个人奋斗”“成名成家”，用虚伪的“人性论”掩盖他们追求剥削、压迫的罪行。而宋宝琦呢？他自从陷入了那个流氓集团以后，便无时无刻不处于森严的约束之中，并且多次被大流氓“扇耳茄子”与用烟头烫后脑勺。他愤怒吗？反抗吗？不，他既无追求“个性解放”、呼号“自由、平等”的思想行动，也从未想到过“博爱”；他一方面迷信“哥儿们义气”，心甘情愿地替大流氓当“炊拨儿”，另一方面又把扇比他更小的流氓耳光当作最大的乐趣。什么“成名成家”，他连想也没有想过，因为从他懂事的时候起，一切专门家、科学家、工程师、作家、教授……几乎都被林贼、“四人帮”打成了“臭老九”，论排行，似乎还在他们流氓之下，对他来说，何羡慕之有？有何奋斗而求之的必要？资产阶级的典型思想之一是“知识即力量”，对不起，我们的宋宝琦也绝无此种观念。知识有什么用？无休无止地“造反”最好。张铁生考试据说得了个“大鸭蛋”，不是反而当上大官了吗？……所以，不能笼统地给宋宝琦贴上个“满脑袋资产阶级思想”的标签便罢休，要对症下药！资分阶级在上升阶段的那些个思想观点，他头脑里并不多甚至没有，他有的反倒是封建时代的“哥儿们义气”以及资产阶级在没落阶段的享乐主义一类的反动思想影响……请不要在张老师对宋宝琦的这种剖析面前闭上你的眼睛，塞上你的耳朵，这是事实！而且，很遗憾，如果你热爱我们的祖国，为我们可爱的祖国的未来操心的话，那么，你还要承认，宋宝琦身上所反映出的这种问题，在一定程度上还并不是极个别的！

请抱着解决实际问题、治疗我们祖国健壮躯体上的局部痈疽的态度，同我们的张老师一起，来考虑考虑如何教育、转变宋宝琦这类青少年吧！

（原载《人民文学》，1977年第11期）

千亨 作

塬上的雪

■ 王晨

回想起来，陕北留给我最初的印象，最深的印象，至
灭的印象，便是那莽莽黄土高原上的茫茫大雪。

1969年1月的一天，我们的“知青专列”从北京抵达
上的汽车挂着防滑链，在冰雪中艰难地爬了一整天才
县城。这是当时延安地区最南端的一个县（可惜现在
川市，据说许多宜君干部都不愿离开延安地区），通
的道路均被大雪封死，县城又不能久留，于是，我们
在雪中上路了。

才知道，那只是陕北很平常的雪天，但在北京，我从
么大片的雪花，这样漫天地飘洒，这般雄浑的世界——
从天地相连的地方开始，一片片的高原蜿蜒起伏，夹
沟壑，到处是落不尽的雪花，旷野静寂无声，只有我
在雪路上发出的“咯咯吱吱”的响声。

雪景，宛似电影中的“定格”，深深地烙刻在我心中，
年二十年间，时常浮现于梦中。不过，雪中的我当时
情，现在却很难准确地描摹。兴奋、新奇、浪漫、希
、担忧、紧张……或许都曾有过。我只能说，就在那
冬天，开始了我的新生活。

统称黄土高原，细分起来又有沟、川、塬之别——两
窄处称为“沟”，较宽敞处特别是有流水、可以种植
的地方称为“川”，而山上平缓处即可称“塬”。老
苦的地方就是塬上，主要原因是缺水，我所在的宜君
社郭寨大队就在塬上。

一片贫瘠的土地，漫山遍野的麦田，单产只有十几斤，
不回种子。严重的地方病威胁着乡民的健康，东队（郭
产队之一）的八个壮劳力，竟都患有柳拐子病，腿、
的大骨节实在吓人。这里没电、没煤、没水，任何一
品加工，如磨面、榨油，都得靠人力。每年冬天要到
柴，以备一年之需。别的还好说，没水这一条最要命，
赶忙修好旱窖，蓄住雨水，全村人一年就靠它维系
北旱年又太多，每年经常有两三个月断水，这时就得
挑泉水。这泉水不干净可能有地方病菌姑且不说，最
挑上担子，一路不能歇脚，否则就会倒掉半桶水。这
功夫，一担几十斤的水桶，上了肩要一口气走三四里
上得塬上，记得我是在一年多以后才练就出来的。

北京时，学校里的军宣队说“队里早就把柴都准备好
村子里发现不是那么一回事。准备好的木柴大约能烧
明。队长说：“开春农活忙，现在趁着冬闲，赶快去
吧！”

几个同学都来自汇文——一所有名的男校，对攀崖翻
惧。天还没大亮，大家把绳子捆到腰间，拿上镢头、砍刀便出动了，钻到沟里，砍下一丛丛荆棘灌木，刨出一个个干树根，不知不觉地过了大半天。弟兄们互相看看，手上、胳膊上都是血刺，有的脸也划破了。打柴不是个轻活，要会找——不然背回去不好烧，会挖——一般都要除根，常常是满

以我们的大队党支书金检来说，一家八九口人，六个孩子，冬天只有一两床棉被，孩子们全靠烧热了的炕席过夜。我拉车、拿粪、扬场、犁地，所有的农活几乎都学会了，工分由8分半、9分、9分半一直升到满分10分，而且几乎天天下地从不误工，一年下来每个劳动日的工值仅为0.19元。头两年扣除口粮等，一共挣了40多元，即便这点钱也还是毫厘未见——年底分红时，队上把得钱户与欠钱户一一相抵，就算结帐了。欠我钱的是户老农，拉家带口，根本不可能掏出几十元钱给我。当然，我也不可能去讨债。结果，这两年数百个劳作之日，分配时以一文不名而告终。

我刚下乡时借住别人家的“厦子房”，即窑洞前盖的简易平房，后来房主要存粮食把房要了回去，几经变化我又到“磨房”去住。我们东队沿沟沿分布在上下四层窑洞里，我借住的这家“磨房”在最底层，从这窑门出来，眼前便是荒草丛生的深沟。这一家房主每周要磨三四次面，有时也借给别人用，磨盘、磨道设在窑里边，我睡的土炕在窑门附近，每天早起，我赶忙把被褥卷起，主人家牵着小驴来磨面，等到我晚上回来，地上、炕上都是磨面留下的尘埃，窑里散出驴尿的臭味。

头三个月，我们一直吃不到肉。同学们都不满二十，那种馋劲实在难熬。有一天，饲养员跑来告诉我们队上死了一头牛，牛肉一角一斤还没人买，问“知青娃娃想不想要”？我们马上答应，买了几十斤牛肉回来。添好水，加足柴，足足炖了两个多钟头，大概是夜里11点多，牛肉熟了，不知是谁忽然提出病牛肉可能有毒的问题，到底吃还是不吃？八员“大将”围着锅台“研讨”了半天，终于决定“冒险解馋”，同时翻箱倒柜，找出从北京带来的一些药品，以防不测。等到大家狼吞虎咽干掉不少牛肉，一觉睡到天亮，发现彼此安然无恙，禁不住哈哈大笑。

说到吃饭，还得说说做饭。我们是男校学生，自然没有女同胞操刀掌勺，饭菜也来得简单。我们最爱吃的，也是最省事的，同时也是老乡最反对的，是烙饼。村里的婆姨常说：“这伙北京娃烙个饼饼，蛮不胜擀面节省哟！”意思是说，面条出数，烙饼太奢侈，可天天擀面，对于五大三粗的一群小伙子来说，又谈何容易！也许真应了婆姨们的话，我们的面粉消费得最快，不到一星期就得磨一次面。那滋味，无论如何是忘怀不了的。收工吃罢饭，天正大黑，通常是两个知青负责磨面，有时借不到驴，只好自己动手推磨，一圈圈地转下来，时常半夜才能磨完。

那个时期，政治空气可不比今天，隔三差五地要学习，还要斗“四类分子”，要谨防“苏修”从珍宝岛那边打过来。我们在这方面更是队里依赖的骨干。晚上吃罢饭，队长一吆喝，大家聚在饲养室里，我就开始念文件、念报纸了。尽管常常是念到十人中有九个发出鼾声，但会还是非开不成的。

1970年春节，我是在队上度过的。大部分知青回北京过年去了，剩下几个自然显得孤单。队长、书记们不断来叫，让到他们家作客。老乡送的年糕、馒头，够我吃好几天。尤为难得的是，乡亲们帮我把分到的8斤黄豆全部磨成了豆腐，足足二十来斤，我做了猪肉炒豆腐、豆腐汤、豆腐丁包饺子等等，那是我一生中吃过的最香的豆腐！

那时我的妹妹已到东北北大荒兵团，我知道那里冰天雪地，就想用自己养的羊剪下羊毛织双生羊毛袜子。这在今天来看，简直有些异想天开，可当时真的这样干了，我学着从那只老绵羊身上剪下6两毛，请人教我弹了一下，又由一位老大娘帮助捻成线，再由一位老乡帮忙织成袜子。当我把这双自制毛袜寄往东北时，真是颇为得意。

在我动手写这篇回忆文章时，我的父母亲居然翻拣出20多年前我写给他们的几封信，这里不妨摘录几段，从中也可以看到我当时的状况和心态：

“我已从那个窑搬到队里保管室里，窑是不错，只是太大，太冷，没有炕，每天也就烧不成炕，只好搭了一个床，把所有被子、大小衣服全盖上，仍然冷的不行。今天采取措施，在炕席下码了满满的麦秸，好多了。每晚的洗脸水第二天早上都冻住了，真冷！不过，困难是可以克服的，革命先辈‘风雨侵衣骨更硬，野菜充饥志愈坚’，我这又算什么呢？”（1969.12.16）

“最近还和以前一样，只是我病了一次，自古历十二月十二始至十七，扁桃腺炎，发烧，结果跑了五里外的村子找医生看了一次，给开了一付中药，回来借了一个小药锅，拿两块砖头一支，熬好了药。吃了，稍好一些，仍不退烧，又找医生（村里的）给打青霉素，打了三针，这里药很贵且难买，抗菌素轻易不给，一片就要几分钱，我只有三四片合霉素，四片氯霉素，10丸羚翘解毒丸和一点牛黄上清、解毒丸，全部吃光了。从古历十七开始干活，仍感觉没好彻底，可手头中药西药一点全没有了，买又买不到，也买不起，所以我很着急，见信后您们一定要多给我准备些

会儿，
呀，不
个冬
了一面
即准备
运的，
全用光
我就一
今
安知青
一员。
自豪自
定的平
看到了
的东西
农村和
荒兵团
青形容
青可以
种深沉
风的淳
二
新来到
陕
又神圣
上工作
人民对
的感受
一度沉
过。”
延安，
电，大
户陕北
更
已基本
的乡亲
6年的
写

周

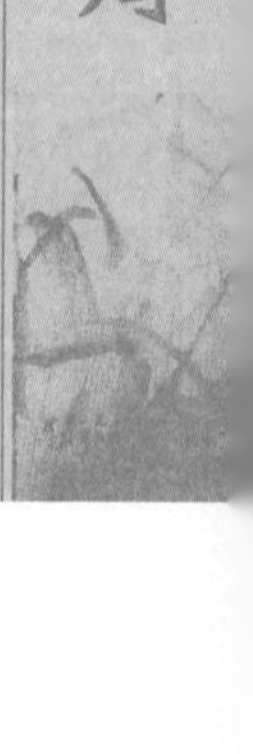

终于到了扬州。

多少年了，到扬州访

大型石臼重重压在河底上，旁边有一个残了的唐代灯碗。工人问我捡这些碎片破烂干什么？

说是精品荟萃，使我大长见识，感谢朋友们的无私相助。

扬州的瓷片多，完整的器皿

生的年代从元朝提前到唐朝了。

这次，我总算得识庐山真面，可谓不虚此行了。

离别扬州，发现一处清理得十分干净的房址，好大的一片！

心里又痒起来了。它下面都蕴着

知青文化在中国热了几十年，几乎与改革开放同程，不断呈现着更多观察的角度、更多深沉的话题。1993年2月6日，时任光明日报社副总编辑的王晨同志（现任中共中央政治局委员、全国人大常委会副委员长）于《光明日报》发表《塬上的雪》一文。这篇文章以独特的视角，再现了陕北知青岁月的艰苦生活和成长历程，是一篇回忆知青时光的佳作。该文在读者中，后来又在互联网上广为流传，历久不衰。这种现象或许反映出："知青"不仅仅是一代人难忘的记忆，其实也在动态地影响着我们的社会历史进程。

"知青"二字蕴含着丰富而复杂的滋味。这里面有青春也有苦难，有家国情怀也有理想主义，有对乡土中国沉重的体味与反思，也有对中国发展的希冀和感悟。

《塬上的雪》写陕北的飞雪和雪中插队落户的北京知青。其中，陕北高原被赋予了多重意向：作为革命老区，它是红色中国的精神家园，与之相应，知识青年则同时在经历"下乡"与"寻根"的旅程；作为乡土文化的代表，它承载着厚重的历史，与之相应，知识青年则同时在思索中国的"传统"与"现代"。这漫天大雪、万千沟壑、寂静旷野、雄浑高原，和世代生活在其中的勤劳质朴又饱受苦难的父老乡亲，构成了一个独特的场域，既具有自然性，也具有历史性，让进入这里的年轻人，学会了从民族的命运来透视个体的命运。

正像当年这篇文章刊发后，文学评论家阎纲给作者的来信中写到的，《塬上的雪》这篇文章饱含了丰富的滋味，却"笼罩着茫茫大雪，从开头，到中间，一直到结尾"。"雪的氛围给人以美感。""不但清醒，而且巧妙。"

今天，很多先经历了上山下乡磨炼、后经历了改革开放洗礼的"知青"已经是社会的中坚，他们的阅历已经融入了这个国家的历史，他们的观念与视野也在深度地塑造着社会文化。我们相信，观察与梳理这一代人的心灵史，将为理解今天的中国社会，提供一个文化背景和时间维度。

塬上的雪

◎王　晨

现在回想起来，陕北留给我最初的印象，最深的印象，至今也难以磨灭的印象，便是那莽莽黄土高原上的茫茫大雪。

那是1969年1月的一天，我们的“知青专列”从北京抵达铜川。北上的汽车挂着防滑链，在冰雪中艰难地爬了一整天才到达宜君县城。这是当时延安地区最南端的一个县（现在已划归铜川市）。通往各公社的道路均被大雪封死，县城又不能久留，于是，我们背着行李在雪中上路了。

后来才知道，那只是陕北很平常的雪天，但在北京，我从未见过这么大片的雪花，这样漫天地飘洒，这般雄浑的世界——远远地，从天地相连的地方开始，一片片的高原蜿蜒起伏，夹着一道道沟岔，到处是落不尽的雪花，旷野寂静无声，只有我们自己踩在雪路上发出的“咯咯吱吱”的响声。

这种雪景，宛似电影中的“定格”，深深地烙刻在我的心中，以至于十年二十年，时常浮现于梦中。不过，雪中的我当时是何种心情，现在却很难准确地描摹。兴奋、新奇、浪漫、希冀、期待、担忧、紧张……或许都曾有过。我只能说，就在那个多雪的冬天，开始了我的新生活。

陕北统称黄土高原，细分起来又有沟、川、塬之别——两山之间的窄处称为“沟”，较宽敞处特别是有流水、可以种植稻米蔬菜的地方称为“川”，而山上平缓处即可称“塬”，老乡说，最苦的地方就是塬上，主要原因是缺水。我所在的宜君县尧生公社郭寨大队就在塬上。

这是一片贫瘠的土地，漫山遍野的麦田，单产只有几十斤，有时还收不回种子。严重的地方病威胁着乡民的健康，东队（郭寨三个生产队之一）的八个壮劳力，竟都患有柳拐子病，腿、脚关节上的大骨节实在吓人。这里没电、没煤、没水，任何一种农副产品加工，如磨面、榨油，都得靠人力，每年冬天要到沟里去打柴，以备一年之需，别的还好说，没水这一条最要命，雨季来了，赶紧修好旱窖，蓄住雨水，全村人一年就靠它维系生命。陕北早年风沙又太多，每年经常有二三个月断水，这时就得到沟里去挑泉水。这泉水不干净可能有地方病菌姑且不说，最厉害的是挑上担子，一路不能歇脚，否则就会倒掉半桶水。这可是个硬功夫，一担几十斤的水桶，上了肩要一口气走三四里坡路才能上得塬上，记得我是在一年多以后才练就出来的。

离开北京时，学校里的军宣队说“队里早就把柴都准备好了”，到了村子里发现不是那么一回事。准备好的木柴大约能烧一两个星期，队长说：“开春农活忙，现在趁着冬闲，赶快去沟里打柴吧！”

我们几个同学都来自汇文——一所有名的男校，对攀崖翻山并不畏惧。天还没大亮，大家把绳子捆到腰间，拿上镢头、砍刀便出动了。钻到山沟里，砍下一丛丛荆棘灌木，刨出一个个干树根，不知不觉地过了大半天。弟兄们互相看看，手上、胳膊上都是血刺，有的脸也划破了。打柴不是个轻活，要会找——不然背回去不好烧，会挖——一般都要除根，常常是满头大汗，跟树根“较劲”，越挖越深，就是不能“除根”。

第一个冬季，打柴是最苦的一关。这一冬，因为背柴，我有三件上衣后背撕成了布条条。这还不算，我到陕北的第一个“事故”也因为砍柴而来。那是一个雪后的清晨，寒风拼命地抽打着我们的背脊骨。我在一个陡峭的山坡上正在跟一个老树根“较劲”，不知是因为雪后路滑还是一脚踩空，突然顺着山坡滚了下去，半天竟晕了过去。幸好山坡不足十米，加上我在学校里还是足球队员，除了衣服划破、身上挂了几处彩外，竟没有落下什么残疾。

20世纪70年代后期，我在一篇关于陕北的文章中看到这样一段话：“从40年代到70年代，虽然陕北和我们祖国都发生了翻天覆地的变化，但陕北很多土地还是那么贫瘠，陕北人民的生活也还穷苦——历史在某些点上，停滞的时间太长了。”对照当年的情况，我深有同感。陕北生活之苦，的确超出一般人的想象，使我们这些刚刚离开大都市的青年人，感受到心灵的震颤。以我们的大队党支书金栓来说，一家八九口人，六个孩子，冬天只有一两床棉被，孩子们全靠烧热了的炕席过夜。

插队期间，我很快把拉车、拿粪、扬场、犁地等所有农活几乎都学会了，工分由8分半、9分、9分半一直升到满分10分，而且几乎天天下地从不误工，一年下来每年劳动日的工值仅为1角9分。头两年扣除口粮等，一共挣了40多元，即使这点钱也还是毫厘未见……年底分红时，队上得把钱户与欠钱户一一相抵，就算结账了。欠我钱的是户老农，拉家带口，根本不可能掏出几十元钱给我。当然，我也不可能去讨债。结果，这两年数百个劳作之日，分配时以一文不名而告终。

我刚下乡时借住别人家的“厦子房”，即窑洞前盖的简易平房，后来房主要存粮食把房要了回去，几经变化我又到“磨房”去住。我们东队沿沟沿分布在上下四层窑洞里，我借住的这家“磨房”在最底层，从这窑门出来，眼前便是荒草丛生的深沟。这一家房主每周要磨三四次面，有时也借给别人用，磨盘、磨道设在窑里边，我睡的土炕在窑门附近。每天早起，我赶忙把被褥卷起，主人家牵着小驴来磨面，等到我晚上回来，地上、炕上都是磨面留下的尘埃，窑里散出驴尿的臭味。

头三个月，我们一直吃不到肉。同学们都不满20岁，那种馋劲实在难熬。有一天，饲养员跑来告诉我们队上死了一头牛，牛

下乡知青

肉1角1斤还没有卖，问“知青娃娃想不想要？”我们马上答应，买了几十斤牛肉回来。添好水，加足柴，足足炖了两个多钟头，大概是夜里11点多，牛肉熟了，不知是谁忽然提出病牛肉可能有毒的问题，到底吃还是不吃？八员“大将”围着锅台“研讨”了半天，终于决定“冒险解馋”。同时翻箱倒柜，找出从北京带来的一些药品，以防不测。等到大家狼吞虎咽干掉不少牛肉，一觉睡到天亮，发现彼此安然无恙时，禁不住哈哈大笑。

说到吃饭，还得说说做饭。我们是男校学生，自然没有女同胞操刀掌勺，饭菜也来得简单。我们最爱吃的，也是最省事的，同时也是老乡最反对的，是烙饼。村里的婆姨常说：“这伙北京娃烙个饼饼，蛮不胜擀面节省哟！”意思是说，面条出数，烙饼

下乡知青在田间地头进行文艺演出

太奢侈。可天天擀面，对于五大三粗的一群小伙子来说，又谈何容易！也许真应了婆姨们的话，我们的面粉消费得最快，不到一星期就得磨一次面。那滋味，无论如何是忘怀不了的。收工吃罢饭，天正大黑，通常是两个知青负责磨面，有时借不到驴，只好自己动手推磨，一圈圈地转下来，时常半夜才能磨完。

渐渐地，粮食也不大够吃了，老乡怪我们“都是烙饼的过”，于是糜子面、苞谷面都得上饭桌，而且白面也越磨越粗。最困难的一段时光，是一磨到底，连麸子一块吃。我最怕两样食品，一是糜子面馍，吃下去肯定不能“出恭”，再是麸子馍，一入肚便觉得又憋又堵。但怕也没用，冬天在崖畔上打了一早上夯，下籽时扶着犁吆喝了半晌牲口，到“饭时”（陕北话应读“饭司”音）

是顾不了许多的。

我们有困难，老乡则更困难。队上有个老党员，家里孩子甚至轮着穿一条裤子。即使如此，他们对我们这些“北京娃”，还是尽力相助。看到我们粮食不够吃，队里决定补助我们一些口粮。三九天气，在塬上搞水保，打“椽帮堰”，我们来不及（实际上也没有）吃什么早点，老乡常常将煨在地堆篝火边的热馍匀给我们填肚子。记得与几位年龄相仿的青年老乡一块拉车，他们都抢着干最重的“驾辕”，让人在后边推车。拿粪、下籽、烧窑等等农活，也是手把手教会我们。

那个时期，政治空气可不比今天，隔三岔五地要学习，还要斗“四类分子”，要谨防“苏修”从珍宝岛那边打过来，我们在这方面更是队里依赖的骨干。晚上吃罢饭，队长一吆喝，大家聚在饲养室里，我就开始念文件、念报纸了。尽管常常是念到十人中有九人发出鼾声，但会还是非开不成的。

1970年春节，我是在队上度过的。大部分知青回北京过年去了，剩下几个自然显得孤单。队长、书记们不断来叫，让到他们家做客。老乡送的年糕、馒头，够我吃好几天。尤为难得的是，乡亲们帮我把分到的八斤黄豆也都磨成了豆腐，足足二十来斤。我做了猪肉炒豆腐、豆腐汤、豆腐丁包饺子等，那是我一生中吃过的最香的豆腐！

那时我的妹妹已到东北北大荒兵团。我知道那里冰天雪地，就想用自己养的羊剪下羊毛织双生羊毛袜子。这在今天来看，简直有点异想天开，可当时真的就这样干了：我学着从那只老绵羊身上剪下六两毛，请人教我弹了一下，又由一位老大娘帮助捻成线，再由一位老乡帮忙织成袜子。当我把这双自制毛袜寄往东北时，真颇为得意。

在我动手写这篇回忆文章时，我的父母居然翻拣出二十多年前我写给他们的几封信，这里不妨摘录几段，从中也可以看到我当时的状态和心态：

我已从那个窑搬到队里保管室里，窑是不错，只是太大，太冷，没有炕，每天也就烧不成炕，只好搭了一个床，把所有被子、大小衣服全盖上，仍然冷得不行。今天采取措施，在炕席下码了满满的麦秸，好多了。每晚的洗脸水第二天早上都冻住了，真冷！不过困难是可以克服的，革命先辈“风雨侵衣骨更硬，野菜充饥志愈坚”，我这又算什么呢？（1969.12.16）

最近还和以前一样，只是我病了一次，自古历十二月十二开始至十七，扁桃腺炎，发烧，结果跑到五里外的村子找医生看了一次，给开了一服中药。回来借了一个小药锅，拿两块砖头一支，熬好了药。吃了，稍好一些，仍不退烧，又找医生（村里的）给打青霉素，打了三针，这里药很贵且难买，抗菌素轻易不给，一片就要几分钱。我只有三四片合霉素、四片氯霉素、十九羚翘解毒丸和一点牛黄上清解毒丸，全部吃光了。从古历十七开始干活，仍感觉没好彻底，可手头中药西药一点全没有了，买又买不到，也买不起，所以我很着急。见信后您们一定要给我准备些土、四、氯、合霉素，再有若干中药，以备生病用。(1970.1.28)

我的身体就算好了，吃了一些氯霉素和通宣理肺丸，很见效。最近几天连降大雪，我们冒雪打窑劳动，也没感冒，就请您们放心吧。

今年在我一生中算一个转折点，这就是走向二十岁——青年正式时期，我头脑中想法很多，生活的艰苦，已经适应，打柴爬山下沟烧火，已不是什么难事，还可以给自己做个结论：没有沾染多少空虚、颓废和堕落气，还有一些朝气、志气、正气……(1970.2.26)

这封信中提到的打窑，就是为我们知青安家而为，那是1969年冬，上级拨下为知青建房的款子。大队支书开始带着大家在村子为我们打窑洞，选的那个地方很不错，五孔大窑洞也蛮气派，这里边有我们知青的不少汗水啊！转眼到了夏天，窑洞很快打成了，已经到了装门窗的地步。有一天我们在新窑干活，突然天降暴雨，大家只好收工，回到我的“磨房之家”。不一会儿，雨下得更急更猛了，忽然传来闷雷一般的响声。“哎呀，不好！”等我们赶到村边，只见五孔新窑全部塌方，一个冬春的辛苦毁于一旦，原来刀削一样平整的窑面，现在成了一面斜坡。而仅仅半小时前，我还在窑前干活，半个月后即准备迁入新窑。从这个意义上说，我和我的同伴还算是幸运的，否则真可能葬身黄土地了。然而，新窑全完了，钱也全用光了，修复已无可能。这样，直到我离村到县里工作，我就一直住在“磨房”里。

今天，我如实地写出当年的困苦与挫折，我相信许多延安知青都会有大同小异的经历，我只是他们中间非常普通的一员。但我同时要说明，当时这一群知青并没有悲天悯人、自暴自弃。确实有个别的沉沦者，但大多数知青的情绪是稳定的平静的，甚至可以说是乐观的。在很短的时间里，我们看到了、听到了许许多多在学校在城市根本看不到、听不到的东西。或许可以用今天的话来说，就是耳闻目睹了中国的农村和中国的国情吧！许多年以后，我常把延安知青与北大荒兵团、内蒙古草原等地知青作比较：如果可以把北大荒知青形容为“敏锐”，内蒙古知青形容为“豪爽”，那么延安知青可以谓之“深沉”。这可不是“玩”出来的“深沉”！这种深沉，源于我们民族摇篮——黄土高原的培育，根植于那里民风的淳厚、民心的丰赡。

20年过去了。又是一个千里冰封、万里雪飘的日子，我重新来到塬上，任思绪如飘飘洒洒的雪花漫天驰骋……

陕北——这是一块贫瘠而又富有的土地，这是一片古老而又神圣的高原。以毛泽东为代表的中国共产党人，在这块土地上工作、生活了13年，从这里走向西柏坡，走进中南海。陕北人民对共产党的深情，只有置身于他们中间，才能有铭心刻骨的感受。然而，由于种种原因，这块土地在新的时代曾经落伍，一度沉寂。“我一听插队青年谈起延安的情况，心里就非常难过。”1970年，周恩来总理专门对延安工作作的重要指示传到延安，延安为之沸腾。重新学习毛主席1949年给延安人民的复电，大批北京支延干部来到延安，几十个“五小”工业项目落户陕北，所有这些，都给高原带来了生机和希望！

更为巨大的变化，还是发生在改革开放这十多年。当延安已基本脱贫的消息传来，当列车轰鸣着驶向陕北，当许许多多的乡亲们把家乡的喜讯捎到北京，作为一个曾经在陕北生活过六年的老知青，我的心情犹如明媚的春光！

（原载《光明日报》，1993年2月6日）

关于《塬上的雪》

◎阎　纲

《塬上的雪》写陕北的雪和雪中插队的北京知青。你是半个陕北人，陕西是我的故乡，你我之间很容易沟通。

黄土地，贫瘠、寒冷，冻馁交加。你们吃着糜子面馍，住在驴尿气味弥漫的磨房，上下于三四里的坡路担水，砍柴时从山坡上滚下去，半晌半晌地打夯、架椽、扶犁吆牲口，剪羊毛织袜子给妹妹御寒。命运将你们投入冰雪严寒的雪白的黄土地；投入饥寒交迫、自食其力，甚至卖力气不得饱食的，又甚至作为多余的人与民争食的白茫茫山地薄土备受锻炼、磨炼或磨难、煎熬。投入贫瘠的陕北，同时也就投入淳朴厚道、富有同情心的陕北老乡的怀抱，正像穷得裤子轮着穿却把煨在篝火边的热馍馍匀给你们填肚子的那位老党员那样。“风雨侵衣骨更硬，野菜充饥志愈坚。”你们在补课，补红军长征爬雪山、过草地的那一课，咬着牙闯关，闯过一关又一关。然而，有的闯过来，有的跟过来，有的混

黄土高原

过来，有的逃回来，有的迈上生命更高一级台阶。是喜剧？悲剧？正剧？闹剧？抑或悲喜剧？

粉碎“四人帮”后，从《伤痕》《生活的路》《本次列车终点》《南方的岸》《这是一片神奇的土地》《今夜有暴风雪》《黑骏马》《北方的河》《我的遥远的清平湾》《隐形伴侣》到《血色黄昏》《中国知青梦》等，知青题材的文学作品不断地发生变化或不断地深化。或是凄惨悲歌，或是慷慨悲歌；或是“度一日如度一年，望不尽的黄草滩”，或是“轰轰烈烈，痛定思痛”；或是对逝去的痛苦的回忆，或是对曾经养育过自己的土地的怀恋；或是闻所未闻的血和泪，或是惊天地泣鬼神的铁与火；或是对蹉跎岁月的全盘否定，或是对美好事物的深情眷念；或是对时隐时显的自我本质的无情剖析，对人性更加直率的揭露和拷问，或是对人的神奇和血的悲壮进行反思、重新审视以建造丰碑；或不堪回首和毕竟也有不能忘记的兼而有之。

《塬上的雪》又怎么样呢?

《塬上的雪》笼罩着茫茫大雪，从开头，到中间，一直到结尾。雪的氛围给人以美感。——啊，雪白的黄土地!

雪，冰冷、灿烂的雪，极壮健的处子皮肤的雪。

雪，蓬勃奋飞的雪。如包藏火焰的大雾一般的飞雪。

“是的，那是孤独的雪，是死掉的雨，是雨的精魂。”

恩恩怨怨，恍恍惚惚，不知不觉步入鲁迅的《雪》的意境。

你不但清醒，而且巧妙。

(本文是阎纲致作者王晨的信，原载《光明日报》，1993年4月24日)

光明日报
GUANGMING RIBAO
（代号1—16）
1985年7月12日 星期五
农历乙丑年五月廿五 第13010号

增进了解 促进关系 发展友谊 维护和平

李主席前往加拿大美国进行国事访问昨抵温哥华

离京时，赵紫阳杨尚昆胡启立朱学范等到机场送行，李主席在机场发表讲话

据新华社北京七月十一日讯（记者顾文福、姜鲁榕）应加拿大总督让娜·索维和美国总统罗纳德·里根的邀请，国家主席李先念偕夫人林佳楣今天上午乘专机离开北京前往这两个国家进行国事访问。

今天到机场为李先念送行的有国务院总理赵紫阳、中央军委副主席杨尚昆、中共中央书记处书记胡启立、全国人大常委会副委员长朱学范、国务委员兼外交部长吴学谦、全国政协副主席缪云台等。

李先念的随行人员国务院副总理李鹏、国务委员姬鹏飞和夫人许寒冰、全国人大常委会委员王兆国、外交部副部长朱启祯、国家计划委员会副主任干志坚、对外经济贸易部部长代表王品清、特别助理陶驷驹和李钟英同机离开北京。

加拿大驻华大使馆临时代办司徒海、美国驻华大使馆临时代办何若伟也到机场送行。

新华社北京七月十一日讯（记者顾文福、姜鲁榕）李先念主席今天上午启程赴加拿大、美国访问前在机场的记者招待会上说，他访问的目的是寻求了解、友谊、和平和发展两国关系。

李先念在回答记者关于中国和加拿大关系的问题时强调说："中、加两国政治上没有问题。过去两国的经济贸易发展得不错。今后要发掘两国各自的潜力来扩大两国的贸易。"

李先念在表示促进中美关系愿望的同时，还指出了中美关系中存在的问题。他说，美国众议院十日通过的指责中国人口政策的决议是"对中国内政的干涉。我们不能同意。"

他说：美国众议院的决议"完全是诬蔑，中国人民对此很气愤。但我希望它不影响我这次对美国的访问。"

在回答记者提出的有关台湾问题时，李先念说："中美两国之间最大的障碍是台湾问题。台湾是中国的领土。我们希望和平统一中国。无论'两个中国'、'一中一台'，中国人民都是坚决不能[illegible]的。"

当记者问到中美核[illegible]协定时，李先念说："[illegible]根总统访华时，赵紫阳[illegible]他草签了中美核能合作[illegible]我们要做的事情都已做了[illegible]在完全是在于美国方面。"

据新华社温哥华七[illegible]日电 中华人民共和国[illegible]先念和夫人林佳楣今天[illegible]专机到达加拿大西海岸[illegible]城温哥华，开始了为期[illegible]加拿大、美国之行。

李先念对加拿大的[illegible]问将于十四日到达加拿[illegible]渥太华时正式开始。

嘉兴市教育体制改革迈出新步伐

全市中小学实行县乡村分级管理

各级政府职责明确，社会各界齐心支持办学

[illegible]报讯 [illegible]马雨[illegible]辉报[illegible]年前[illegible]工作[illegible]受到[illegible]评的[illegible]嘉兴[illegible]去年[illegible]被动[illegible]，今年稳中求快，迈出了教育改革的新步[illegible]

[illegible]改革的主要特点是推行基础教育分级管理。[illegible]市五县两区的一百五十八个乡镇的所有中[illegible]已全部改由县（区）、乡、村政府分级管[illegible]

[illegible]兴市实行基础教育分级管理的改革，是针对[illegible]现实情况提出来的。素称"鱼米之乡"的嘉[illegible]然条件优越，经济富裕。但有一段时间教育[illegible]遗忘的角落，出现了"文化之邦文盲多"的[illegible]。去年七月，该市桐乡县青石乡党委成立教[illegible]委员会，自己掌握办学的主动权。这件事启发了市委、市府的领导，他们及时抓住这个典型，把实行各级各类学校的分级管理，作为实现改革、腾飞的突破口。

在具体行动上，市党政领导既注意到本地有一定的财力和办学热情等有利条件，又充分估计到困难因素，不急于马上推广青石乡的经验，而是用半年时间，进行深入的调查研究和试点工作。市府主管教育的副市长范巴陵亲自带队，走访了十几个乡的六十多位基层干部，面对面地征求意见，统一思想。与此同时，他们根据信息反馈，反复修改实施方案和文件。并且取得财税部门的支持和合作，制订了开辟多种渠道，筹措地方资金等办法。取得经验后，于今年一月下旬正式实施分级管理计划，到六月份，已全面推开，成为浙江省第一个实现这项改革的先进市。目前，全市城乡出现了社会各界齐心支持办学的好势头：

——各级政府职责明确，增强了责任心。许多乡村政府举办教育座谈会，征求各界对办好教育的意见，制订有关办学措施。

——办学经费增加，办学条件得到改善。桐乡、平湖等县拨出专款兴修教师住房和校舍。比较贫困的海宁县谈桥乡今年也已集资二十多万元，开始修建校舍。

——尊师重教蔚然成风。许多乡村作出了尊师规定，并以优惠的待遇招聘教师，鼓励其在本乡安心工作。

胡耀邦会见斯特凡·安德烈

新华社北京七月十一讯 中共中央总书记胡耀邦今天下午在中南海会见了罗共中央政治执委会候补委员、罗马尼亚外交部长斯特凡·安德烈及其随行人员。

胡耀邦在同罗马尼亚同志交谈时说，中罗两国的关系是经过考验的。两国的贸易[illegible]合作关系一定会进一步发展。他希望双[illegible]努力，寻找更多的合作渠道。胡耀邦还[illegible]们介绍了我国的政治和经济情况。

国务委员兼外交部长吴学谦参加了[illegible]

北京市召开教育工作会议，研究贯彻落实《中共中央关于教育体制改革的决定》的措施

本报讯 记者赵学礼报道：中共北京市委、北京市政府于七月九日至十一日召开教育工作会议。会议研究贯彻落实《中共中央关于教育体制改革的决定》的措施，研究、决定了普及九年制义务教育、调整中等教育结构和发展职业技术教育、乡（镇）人民政府领导和管理中、小学教育的暂行规定等方案，提出为把首都建成全国教育程度最高的城市而奋斗。

会议认为，城区和近郊区的城镇地区及远郊县城，没有普及初中教育的，要在一九八七年以前普及初中教育；近郊区的农村地区和远郊区县，要在一九九〇年左右普及初中教育；有特殊困难的边远山区，可适当延长普及初中教育的时间，国家对这类地区要给予支持。

会议决定，扩大北京师范学院等院校的招生规模。市属高等院校的毕业生，除留校工作外，应全部分配做中学和其他中等学校师资。有关大学应积极为中学、职业技术学校办师资培训班、函授班；选派优秀教师为中学教师举办各种讲座，招收在职教师研究生班，培养高质量中学师资。

会议指出，一九八五年，北京市中专、技校和职业高中招生人数与普通高中招生人数比例已达到一点零九比一，预计到一九九〇年前者所占比例将有很大的增长。

国家教育委员会副主任何东昌到会讲了话。北京市委副书记徐惟诚、副市长陈昊苏等以及各区、县主管教育的负责同志三百二十多人出席了会议。

文化部在全国试行营业演出许可证规定

主管部门对无证演出有权禁演和处罚

本报讯 记者王东辉报道：于七月一日生效的文化部《关于对营业演出单位和演出场所试行〈营业演出许可证〉的规定》明确指出：任何单位或个人通过文艺演出或经营演出取得收入即为营业演出。凡进行营业演出的单位、个人，经营演出的场所，都必须得到当地政府文化主管部门的批准，领取《营业演出许可证》。非演出单位不得组织营业演出。组织各类庆祝活动、纪念活动、联欢应采取内部形式进行，不得售票、收费，以此赢利。对无证演出，各级文化主管部门有权责令停演、没收非法演出收入并给予罚款。

通知指出，《营业演出许可证》分为国营专业文艺演出团体的，专业剧场及影院的，临时性的三种。这些许可证只限本单位或本人使用，转借无效。对演出情况与证件不符或记载内容弄虚作假的，文化主管部门可给予批评、罚款、限期停演、没收或吊销许可证处理。

文化部有关负责人说，试行《营业演出许可证》其目的在于解决改革过程中出现的私演私分、私自组台演出、非演出单位组织营业演出等问题，保持专业文艺演出团体的稳定性，以利于进一步搞好文艺体制的改革。

赵紫阳在招待会上祝酒说，中法青年进行友好联欢，这在两国人民友好交往史上是一个创举

据新华社北京七月十一日讯（记者孙笑鸣）中华全国青年联合会今晚在人民大会堂举行招待会，欢迎乘巴黎—北京友谊专列来华参加中法青年友好联欢活动的法国青年代表团。

赵紫阳、谷牧、胡启立、严济慈、康克清等，出席了招待会，并在招待会前会见了法国青年代表团团长、法国青年和体育部部长顾问克洛德·肯努和代表团主要成员。

国务院总理赵紫阳在招待会上致祝酒词。他代表中国政府和中国人民向远道而来的法国青年朋友们表示热烈欢迎。他对法国青年说，你们乘坐友谊列车不远万里来到中国与中国青年友好联欢，这在中法两国人民友好交往史上是一个创举。中法两国人民之间有着悠久的传统友谊。两国在互相尊重、相互信任基础上建立和发展着良好的友好合作关系，这不仅可以造福于两国人民，而且有助于世界的和平与稳定。

赵总理说，青年代表着未来，中法友好合作关系长期稳定的希望寄托在青年一代身上。他期望两国青年不断发展友好交往，增进相互的了解、信任和友谊，共同培育中法友谊之树。他祝愿中法两国青年在维护世界和平和建设自己国家的伟大事业中不断取得新的成就，并祝法国青年朋友在我国生活得愉快。

中华全国青年联合会主席、国际青年年中国组织委员会副主任委员刘延东在招待会上讲话时，代表中华全国青年联合会和全体中国青年欢迎法国青年友好使者的到来。她说，"和平友好、独立自主、平等互助、互相学习"是中国青年在发展同世界各国青年的友好合作关系中所遵循的一贯原则。中国青年愿意在和平的旗帜下，超越种族、信仰、党派、职业、阶层的界限，同法国和其他各国青年广交朋友，共同为世界和平和人类进步而努力奋斗。

克洛德·肯努团长在讲话时说，在国际青年年之际，我们带来了法国全体青年的和平与友谊的问候。这次我们乘巴黎—北京友谊专列来中国，目的是让青年人能够发挥自己的才能和创造性，去开展活动，从而为青年们提供参加经济和社会发展工作的机会。

国际青年年中国组织委员会主任委员胡锦涛和我国有关方面负责人出席了招待会。法国驻[illegible]使马乐和夫人也出席了招待会。

据新华社北京七月十一日讯（记者孙笑鸣）经过[illegible]夜一万多公里的长途旅行，四百三十多名法国青年乘巴[illegible]京友谊专列今天中午到达北京。

当这些在国际青年年里为寻求友谊、了解中国而来[illegible]青年们兴高采烈地走下列车时，他们在北京火车站受到[illegible]全国青年联合会主席刘延东和五百多名中国青少年的[illegible]迎。由法国青年和体育部部长顾问克洛德·肯努率领的[illegible]年代表团是七月二日从巴黎启程的。他们将同我国青年[illegible]期十天的以"和平、未来、交流"为主题的友好联欢活[illegible]表团的成员来自法国各地，大多是十四岁至二十四岁的[illegible]学生，还有工人、职员、艺术家、农民等。

国家教育委员会副主任彭珮云、铁道部副部长李[illegible]车站迎接法国青年代表团。到车站迎接的还有法国驻中[illegible]马乐。

中国科协、交通部、外交部等在南京集会

纪念郑和下西洋五百八十周年

本报南京七月十一日电 记者杨开民报道：今天，中央有关部门的一些领导同志、航海事业和历史文化方面的学者、专家、教授、港澳同胞以及南京各界人士共一千余人，在南京人民大会堂隆重集会，纪念伟大的航海家郑和下西洋五百八十周年。

郑和是明成祖的太监，本姓马，后赐姓郑。明成祖实行开海禁的伟略，派他为使臣，率领一支英勇威武的船队，人员二万七千多，大小船只二百多艘，从一四〇五年到一四三三年，以南京为总枢，先后七次远航西洋，历时二十八年，到了东南亚、印度洋、红海以及非洲东海岸的三十多个国家和地区。其航程之远，时间之久，船只之多，吨位之大，船员之众，组织之严密，技术之先进，影响之深远，都是举世无与伦比的。他的第一次航行比哥伦布到达新大陆早八十七年，比达·伽马绕过好望角，到达印度，早九十三年，比麦哲伦到达菲律宾早一百一十六年。郑和不仅是我国航海史上的伟大航海家，也是世界航海史上的伟大航海家。

郑和下西洋体现了开放思想，取得辉煌成就，历史学家提供的资料表明：七次航海开辟了我国与南洋、印度洋各国间数十条航线，扩大中外贸易，形成了新的"海上丝绸之路"，带来各国的经济繁荣；七次航行，综合利用指南针以及日月星辰、风云潮汐、山川岛屿等方面的知识，准确航行在茫茫大海上，积累了宝贵的海图资料，大大丰富和发展了当时世界航海技术和航海地理。

这次纪念郑和下西洋五百八十周年活动是中国科协、交通部、外交部、海军司令部、国家海洋局、农牧渔业部、中国社会科学院、中国海员工会、文化部文物局、中国航海学会等十个单位发起和组织的。有关单位还编辑出版了有关郑和下西洋的重要书籍，筹建了郑和纪念馆，开展了学术讨论，拍摄了科教片和电视连续剧，宣传和学习郑和大无畏的开拓精神，更好地为我国四化建设服务。

七十二岁的安徽省合肥三中退休教师方立吾，十年来坚持办家庭义务英语补习班，先后有一千四百多人前来求教。图为方老师在自家小院里为学生辅导英语。

新华社记者 鲁迅承摄

北京市委、北京市政府作出决定

今年将为教育事业办十件好事

本报讯 记者赵学礼报[illegible]在七月十一日结束的北京[illegible]育工作会议上，陈希同市[illegible]全党、全社会都要重[illegible]支持教育，少说空话，多[illegible]事，市委、市政府研究决[illegible]今年为教育办十件实事。[illegible]件事是：

一、市委、市政府及各级[illegible]领导干部都要联系一所[illegible]小学校（或幼儿园），到学[illegible]倾听师生意见，帮助解决[illegible]问题。

二、每个机关、企事业单[illegible]要为支持一所中、小学或[illegible]园建立固定联系。在政治[illegible]经济上和其它方面帮助他[illegible]决实际问题。

三、在三至五年内，为城[illegible]近郊中、小学教师建设五[illegible]平方米住房。

四、九月十日前，把改革[illegible]工资发到每个教师手里。

五、按照中央规定，做到：教育拨款的增长高于市财政经常性收入的增长，使按在校学生人数平均的教育费用逐年增长。同时，今年和明年拨出一笔专款，作为教师的奖励基金。由市农口各局筹集一笔专款，支援山区、贫困地区教育事业。

六、各区、县的机动财力，每年要拿出百分之十五作为教育经费。农村乡镇企业要拿出全年利润总额的百分之三至五用于支持办学。

七、今年要全部解决中、小学危房问题，三年内把破烂不堪的中小学校舍修缮好。五年内进一步改善校舍、照明、取暖、桌椅等条件。

八、办好大、中、小学校和幼儿园的伙食，改善食堂卫生条件。下半年至少召开两次办好伙食的经验交流会。

九、由市卫生局负责，对全市中、小学及幼儿园教师进行一次身体检查（就近、免费检查）。这项工作明年三月份以前完成。

十、"七五"计划期间，建成一个市教育中心（主要用于教师培训等）和一个教师疗养院。

今年高考作文题——

《给〈光明日报〉编辑部的信》

希望各地推荐优秀作文试卷，本报将择优发表

本报讯 一九八五年全国高等学校招生统一考试语文试卷中，作文题目为：《给〈光明日报〉编辑部的信》。试题附加说明："澄溪中学附近有一家前进化工厂。工厂天天向外排放有毒的气体和废水。广大师生和附近居民长期处在被污染的环境中，身体健康受到损害，工作学习受到影响。几年来，学校多次向工厂提出意见，要求妥善解决污染问题。但厂方以生产任务繁重、技术力量薄弱和经费开支太大等为理由，一再拖延，至今未能解决。试就上述问题，以'澄溪中学学生会'的名义，给《光明日报》编辑部[illegible]封信，反映情况，申述理由，呼吁[illegible]解决。"试卷还要求考生：1、符合[illegible]格式，最后署名一律写"澄溪中学[illegible]会"，不得写个人的姓名，不得透露[illegible]地区和学校，否则扣分。2、可在上[illegible]容的基础上，适当补充有关材料。3、[illegible]要少于五百字。

本报编辑部希望各省、市、自治[illegible]等学校招生办公室，推荐本考区的优[illegible]文试卷三篇，寄给本报教育部，我们[illegible]中选择一部分发表。

《国营企业奖金税暂行规定》修订公布

新华社北京七月十一日讯 [illegible]务院七月三日发布了经过修[illegible]的《国营企业奖金税暂行规[illegible]，规定全年发放奖金总额人[illegible]不超过四个月标准工资的，[illegible]税，人均超过四个月至五个[illegible]标准工资的部分，税率为百[illegible]之三十，人均超过五个月至[illegible]个月标准工资的部分，税率[illegible]百分之百，全年发放奖金总[illegible]人均超过六个月标准工资部[illegible]，税率为百分之三百。企业[illegible]工每人月平均标准工资不足[illegible]

[illegible]搬运工人、建筑工人、石油和天然气开采工人的奖金，以及按照国家规定颁发的创造发明奖、合理化建议和技术改进奖、自然科学奖、外轮速遣奖，经批准试行的特定的燃料、原材料节约奖，其他经国务院批准免缴奖金税的单项奖金，免缴奖金税。

规定强调，对纳税人偷税、抗税的除限制追缴税款外，并可酌情处以罚款，情节严重、触犯刑律的，要依法追[illegible]

国务院发布《国营企业工资调节税暂行规定》

新华社北京七月十一日讯 国务院七[illegible]日发布了《国营企业工资调节税暂行规定》，自一九八五年度起施行。

《规定》指出，凡实行工资总额随经[illegible]益挂钩浮动的国营企业，都应依照本规定[illegible]国营企业工资调节税。

根据这个《规定》，企业当年增发的[illegible]总额超过国家核定的上年工资总额百分之[illegible]上的部分，计征工资调节税。

工资调节税由税务机关负责征收和管[illegible]按年计征，按次预缴，年终汇算清缴。

我海军舰船生活设施将有改[illegible]

本报讯 七月十一日，参加"改进舰[illegible]活设施、改善舰员生活条件工作会议"的同志，在上海沪东造船厂参观了刚交付部[illegible]用的543型导弹护卫舰。这种舰和目前海[illegible]役舰船比较，舰员的居住、用膳、娱乐、[illegible]等条件有了较大改善。近几年，海军领导[illegible]重视改进舰船生活设施的问题。海军各有[illegible]门遵循"适用、舒适、简朴"的原则，对[illegible]研制、建造、服役的三类舰船已经分别提[illegible]改进措施，对新研制的第二代舰船，要求[illegible]设施现代化，达到国外八十年代水平；对[illegible]建造的舰船，要求在现有基础上尽可能改[illegible]完善；对在役舰船，要求在进厂维修时，[illegible]改进和改善。（陈大鹏 郑河）

坚决不登[illegible]

新华社北京七月十一日讯 中宣部新[illegible]今天召开首都新闻单位座谈会，研究如[illegible]广告宣传工作，提出坚决不登虚假不实、[illegible]媚外和低级庸俗的广告。

新闻单位在广告宣传中是一支主力[illegible]过报纸、刊物、电台、电视台传播了大量[illegible]品信息，在沟通产销、促进生产、指导消[illegible]面起了一定作用。但是，在广告宣传中也[illegible]一些问题，有的广告虚假不实，抬高自己[illegible]别人，崇洋媚外，充满低级庸俗气味，[illegible]认为这股歪风应当坚决刹住。

参加座谈会的同志提出，要加强广告的管理，严格执行国务院颁布的《广告管理暂行条例》，端正广告经营思想。新闻单位[illegible]告宣传是社会主义宣传的一部分，要对社[illegible]负责，对人民负责，对消费者负责，不能为[illegible]钱放弃社会主义广告的真实性原则。各[illegible]广告单位今后必须严格刊登、广播、[illegible]的审批手续，同时要加强市场调查研究，[illegible]广告的信息反馈工作。对于刊登广告要[illegible]不正之风，要坚决抵制。

与会者认为，广告是一门学问。我国[illegible]告事业是一个新兴的事业，随着商品生产[illegible]断发展，会越来越兴旺。今后要加强广告[illegible]的领导和广告队伍的建设，培养广告人才，[illegible]我国的广告事业健康发展，更好地为建设[illegible]主义精神文明、物质文明服务。

1977年冬天，中国570万考生走进了曾被关闭了十余年的高考考场。恢复高考制度，不仅改变了几代人的命运，中国也由此迎来了尊重知识、尊重人才的春天，尤为重要的是为我国在新时期及其后的发展和腾飞奠定了良好的基础。

改革开放40年以来的中国高考作文题型的变革，既与40年改革开放所伴随的时代主潮相呼应，其实也与国际主流趋势相契合。

40年高考作文题的变迁

◎潘　涌

管窥：40年高考作文题型的变化

第一时期：从十一届三中全会到新课程实施启动之前（20世纪末）。

刚刚恢复的77、78级高考作文，依然是政治命题作文。例如《我在战斗的一年里》（北京）、《在抓纲治国的日子里》（上海）（以上是1978年初招考的77级作文题型），《速度问题是一个政治问题》（以上是78年夏招考的1978级作文题型，全国卷，缩写体）。

十一届三中全会开启了蔚为壮观的改革开放的时代大幕，高考作文题型明显出现了新的气象。1979：将《第二次考试》改写成一篇《陈伊玲的故事》；1981：《毁树容易种树难》（寓言类材料作文）；1985：致《光明日报》编辑部的信（关于环境污染问题）；1999：假如记忆可以移植。

这一时期，高考作文在文章立意上，从引导考生表达社会主流思潮到书写主体自身真切感受和生活积累的思想观点；在文章体裁上，从单一狭隘的记叙文或政治表态式的议论文转到题材自选、思想自主的多样化、复合式文体；在作文题型上，从“全命题作文”转到题目自拟、文体不限的“开放性作文”。短短20年，高考作文题发生了显著变化，促进了作文教学向“我笔写我思”的积极转变。

第二时期，从第八次课程改革正式启动（21世纪初叶）到2017年。

这是全球化背景下课程改革向纵深发展的时期。“全球化”“市场经济”“全面深化改革”等主题词，冲击着传统语文教育观念。高考作文改革及时地顺应了这一改革大潮。

2004年颁发的《普通高中语文课程标准（实验）》提出：“鼓励学生自由地表达、有个性地表达、有创意地表达，尽可能减少对写作的束缚，为学生提供广阔的写作空间。”这种作文指导思想的转变，具有深刻的标志性意义，有效促进了高考作文题型的更深层次变革。新世纪开篇以“答案是丰富多彩的”（2000年）为题，“话题作文”作为一种相对宽松、自主性强的全新作文题型开始登台亮相。

从2004年开始，13年间各省市区自主命题的作文题型异彩纷呈、斑斓多姿，但代表语文新课程理念的全国卷还是最具有方向性的审视价值。

2004年的“遭遇挫折和放大痛苦”；2008年，全国卷一“汶川大地震”、全国卷二“老鹰海滩叼小海龟”；2015年，全国卷一“根据材料写一封信”，全国卷二“谁最有风采”。

这些高考作文题目，基本是话题作文或材料作文，自定立意、自选文体、自拟题目。在沿着“人”“文”合一的价值轨道上持续深入地释放出考生的语言创造力，也深刻地彰显出语言发展的规律和语言教育的真谛。

透视：40年高考作文题型的变迁路径

（从全封闭的“命题作文”或半封闭的“半命题作文”到独立自主、思想探险的开放性“话题作文”或开放性“材料作文”的转变。）后者是在拓展考生的思维疆界，为其喷薄的思维“开闸放流”。这是高考作文从“关”到“放”的最关键之处，是新时期高考作文题型诸多变化的总枢纽。这带动了高考作文在文体、语言表达等诸多方面的积极显著蜕变，促成考生写作的“自主”而不是“套作”。

可以清晰地看到，高考作文题型努力趋向新境界：提供考生开放的思维平台、牵引思维流向的蓬勃释放。即使是某些变相的命意“材料作文”和命意“话题作文”，也很快扭转方向而引导考生走向多元、自由和真实的新写作，最后演绎为开放性“材料作文”和开放性“话题作文”。

（从同质化和感性化的单一文体到自主开放、独立创新的多元文体。）历史新时期之初《在抓纲治国的日子里》《大治之年气象新》等“命题作文”必然导致思想的高度同质化，诸如此类的记叙文和议论文没有“思想含量”，唯剩“写作技巧”或“写作技术”；而后者自然形成千人一面、味同嚼蜡的苍白“套作”。

1983年高考作文题是一幅漫画：《这下面没有水，再换个地方挖！》

这样，夹叙夹议、叙议结合的记叙文和议论文就成为高考文体的“常态”。特别是应运而生的新文体“评论体”在历史新时期愈来愈占据主流地位，充分解放了考生主体的理性思辨力，并借此考查考生相应的语言运用能力。

（从表浅或共同表达转向基于生活经验和思维积蓄的积极主动和特色化表达。）这是历史新时期考生语言表达上的巨大进步，展示着写作主体以“积极语用”为特征的语言创造力的显著提升。作为选拔性考试的语言表达力，是评价考生作文水平的根本标准。由于上述高考作文题型对思维空间的洞开、对文体选择的自主乃至题目的自拟，促进了考生语用潜在能量的释放，“以我笔写我心”的自由度获得了极大的提高。一个接一个可以信笔游走、疆界无限的作文考题，引导考生个体凸显自己的思想力和表达力。

前瞻：高考作文题型新趋势

2018年3月，教育部新颁发的《普通高中语文课程标准（2017年版）》明确强调语文“学科核心素养”，指出“增强形象思维”“发展逻辑思维”“提升思维品质”与培养学生“美的表达与创造”等能力，彰显出作文教学改革深化的长远目标。这其实也是贯穿着四十年来高考作文题型改革的鲜明理念。

环顾全球语言写作考试，也同样出现这样的趋势：通过拓宽表达空间、释放表达能量、引领考生深刻精彩地表达自己的观察、体验和思考。

法国近年来的哲学思辨作文题“‘我是谁？’这个问题能否以一个确切的答案来回答”“能否说：‘所有的权力都伴随以暴力’”“‘给予的目的在于获得’，这是否是一切交流的原则”，新加坡近年的现实评论题“科学提倡怀疑精神，宗教信仰镇压怀疑精神，你对此认可多少”“海外留学是一项被高估的经历，你认为呢”“阅读幻想小说只是对现实的一种逃避，除此没任何其他意义，你同意吗”，都反映出环球作文教育的一种主流趋势。

美国大学招生考试SAT的作文Essay（“随笔”），也是一种学术性和思想性的评论体。近期Eassy的话题：“对他人的动机和诚意持怀疑态度是明智的吗，哪怕那些人看起来是值得信赖的”“进步往往会包含一种重大的缺陷或问题吗”“人们是否过多信任专家或权威的指引”，都着重于引导考生开放思维，充分展示自己的思考和表达。

高考作文题型的变革，既与40年改革开放所伴随的时代主潮相呼应，其实也与国际主流趋势相契合。这也体现在2018年新修订颁发的高中语文课程所确立的“核心素养”之中，也对我们此后的语文教育和作文教学提出了越来越明确的要求。

（原载《光明日报》，2018年5月24日）

历年全国卷作文题目

1977年:《我在这战斗的一年里》

1978年:《速度问题是一个政治问题》

1979年: 改写《第二次考试》

1980年:《画蛋》读后感

1981年:《毁树容易种树难》读后感

1982年:《先天下之忧而忧 后天下之乐而乐》

1983年:《毅力与恒心》

1984年:《对中学作文的看法》

1985年:《给〈光明日报〉编辑部的信》

1986年:《树木·森林·气候》

1987年:《小学办起了游泳训练班》

1988年:《习惯》

1989年:《高考报志愿》

1990年:《带刺的玫瑰花》

1991年:《圆》

1992年:《动口与动手》

1993年:《梧桐树下的对话》

1994年:《尝试》

1995年:《鸟的评说》

1996年:《给六指做整形手术》《截错了》

1997年:《乐于助人》

1998年:《坚韧》

1999年:《假如记忆可以移植》

2000年:《答案是丰富多彩的》

2001年:《诚信》

2002年:《心灵的选择》

2003年:《感情亲疏和对事物的认知》

2004年:《相信自己与听取别人的意见》全国卷Ⅰ、《快乐幸福与我们的思维方式》全国卷Ⅱ、《遭遇挫折和放大痛苦》全国卷Ⅲ、《看到自己与看到别人》全国卷Ⅳ

2005年:《出乎意料与情理之中》全国卷Ⅰ、《位置和价值》全国卷Ⅱ、《忘记与铭记》全国卷Ⅲ

2006年:《模仿》全国卷Ⅰ、《书》全国卷Ⅱ、《书》全国卷Ⅲ

2007年:《人生，诗意还是失意》全国卷Ⅰ、《帮助》全国卷Ⅱ

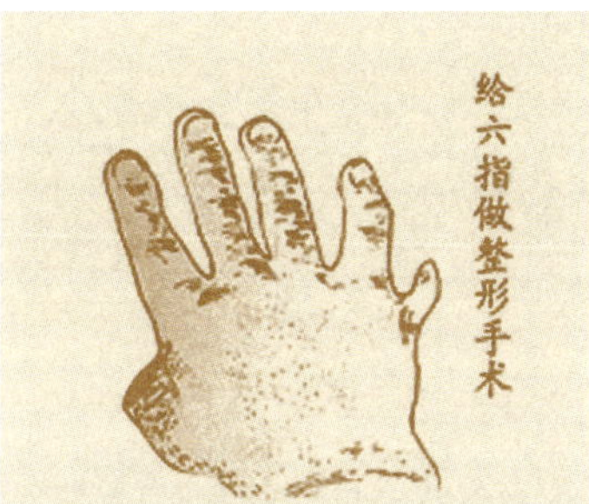

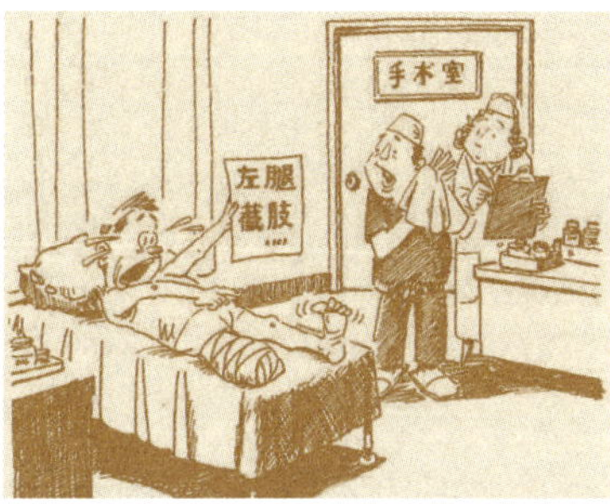

1996年高考作文题是两幅漫画:《给六指做整形手术》《截错了》

2008年:《汶川地震》全国卷Ⅰ、《海龟和老鹰》全国卷Ⅱ

2009年:《生存的本领》全国卷Ⅰ、《道尔顿妈妈色盲小故事》全国卷Ⅱ

2010年:《有鱼吃还捉老鼠》全国卷Ⅰ、《路径》全国卷Ⅱ

2011年:《期待长大》全国卷Ⅰ、《彩票》全国卷Ⅱ、《中国崛起的特点》新课标卷

2012年:《放下顾虑》全国大纲卷、《船主与油漆工》新课标卷

2013年:《经验与勇气》新课标全国Ⅰ卷、《同学关系》新课标全国Ⅱ卷

2014年:《两人过独木桥》新课标全国Ⅰ卷、《喂食动物失觅食能力》新课标全国Ⅱ卷、《老王生病》全国大纲卷

2015年:《女儿举报老爸》全国Ⅰ卷、《谁最有风采》全国Ⅱ卷

2016年:《奖惩之后》全国Ⅰ卷、《语文素养提升》全国Ⅱ卷、《创业故事》全国Ⅲ卷

2017年:《老外眼中的中国关键词》全国卷Ⅰ、《根据古诗句自拟文》全国卷Ⅱ、《我与高考或我看高考》全国卷Ⅲ

旧报章

今年高考作文题——

给《光明日报》编辑部的信

希望各地推荐优秀作文试卷，本报将择优发表

一九八五年全国高等学校招生统一考试语文试卷中，作文题目为:《给〈光明日报〉编辑部的信》。试题附加说明:“澄溪中学附近有一家前进化工厂。工厂天天向外排放有毒的气体和废水。广大师生和附近居民长期处在被污染的环境中，身体健康受到损害，工作学习受到影响。几年来，学校多次向工厂提出意见，要求妥善解决污染问题。但厂方以生产任务繁重、技术力量薄弱和经费开支太大等为理由，一再拖延，至今未能解决。试就上述问题，以‘澄溪中学学生会’的名义，给《光明日报》编辑部写一封信，反映情况，申述理由，呼吁尽快解决。”试卷还要求考生: 1. 符合书信格式，最后署名一律写“澄溪中学学生会”，不得写个人的姓名，不得透露所在地区和学校，否则扣分。2. 可在上述内容的基础上，适当补充有关材料。3. 不要少于五百字。

本报编辑部希望各省、市、自治区高等学校招生办公室，推荐本考区的优秀作文试卷三篇，寄给本报教育部，我们将从中选择一部分发表。

（原载《光明日报》，1985年7月12日）

★优秀作文选登★

《光明日报》编辑部：

你们好！我们是澄溪中学的学生，想以学生会的名义，向贵报反映一个长期得不到解决的问题，希望能得到贵报的帮助。

我们国家现在工农业生产不断发展，这是好事情，我们都希望国家早日富强起来。但是，在发展生产的同时，我们不能不看得高一些、远一些，只顾眼前，不考虑将来，其后果是不妙的，所以，我们应该重视环境污染这一严重问题，要注意保护好生态平衡。我们认为，一个工厂的真正经济效益，除了看这间工厂的产值、利润以外，更重要的是要看这间工厂是否能真正造福于人民。工厂只追求产值、利润而不重视人民的健康和安全，对社会产生危害，那么，这间工厂就谈不上经济效益。比如制药厂，它生产出来的药是给人民治病防病，保证人民身体健康的，如果它不注意治理排出的废气、废水，使废气、废水对本厂职工和周围的人民群众的健康产生危害，群众要吃它生产出来的药来防治因它的污染而造成的疾病，这不是十分矛盾，十分可笑的事吗？前进厂的例子不也正是这样的吗？

目前世界上因环境污染造成的问题是十分严重的。有些工厂不注意改进技术，不重视环境问题，造成了十分可怕的后果。环境污染不但危害人体健康，而且危及地球、危及人类生存的整个环境。这一紧迫的问题是十分令人深思的。我们是社会主义国家，一切工作都是为人民的利益而进行的，对于危害人民的问题就更应该重视，尽早解决。编辑同志，我们说的对吗？

我们想，前进厂也并不是不想解决好污染的问题，只是目前还不重视罢了。在没有办法的情况下，只有希望你们深入调查研究，在事实的基础上，利用社会和舆论的力量，帮助我们解决这一难题。给你们添麻烦了。

此致

敬礼

澄溪中学学生会

1978年12月 地点 严立华家

我们分田到户，每户户主签字盖章，如以后能干，每户保证完成每户的全年上交和公粮，不在向国家伸手要钱要粮。如不成，我们干部作牢杀头也甘心，大家社员也保证把我们的小孩养活到十八岁。

严宏昌

凤阳小岗村，如今可谓家喻户晓。从1980年年中后，小岗队的大包干（到户），像中国第一颗原子弹在西北荒漠爆炸一样，突然爆发出无尽威力的冲击波，在一两年的时间里，辐射全国，并神奇地盘活了农村经济。

“小岗大包干”是如何被发现的

◎沈祖润

40年过去了，人们仍会发问：小岗大包干是谁发现的？是谁首先报道的？它是怎么走向全国的？

受新华社安徽分社委派，当年我是将凤阳作为定点调研基地的农村记者，在农村改革初期，采写了几十篇关于凤阳大包干的内部材料和公开报道。我以一名亲历记者的名义，回答上述问题，首先要说起——

第一篇关于“凤阳大包干”的报道

新华社1980年6月28日电　新华社记者沈祖润、王礼贶报道：实行“大包干”生产责任制的安徽省凤阳县，今年夏粮获得丰收。全县粮食总产量达到2亿斤，比实行“大包干”第一年的去年增产一成，比没有实行“大包干”的正常年景1977年的总产增加一倍。

……

这是国内第一篇由记者实地采访写作的关于“凤阳大包干”的新闻报道。

1979年秋收以后，我到凤阳县，看到这个县自去年9月下旬以后，近三个月未下一场雨，土地龟裂，严重的干旱，为秋种小麦带来很大困难。但是，由于实行了“大包干（到组）”，社员群众开动一切抽水机械，男女老少还挑水造墒，结果大旱年头比正常年景还多种小麦6万亩。

这些小麦下种以后，在“大包干”后，冬管春锄，施肥除虫，搞得怎样？夏粮收成好吗？这些问题都惦在我心里。到6月中下旬，我和王礼贶两位农村记者，再次走访了这个“十年倒有九年荒，身背花鼓走四方”而闻名全国的“讨饭县”。在普遍实行“大包干”（到组）的武店区，我们到了六个公社，社社增产，粮食总产几乎都比没有实行“大包干”历史上粮食总产量最高的1977年翻了一番。

总社播发这篇题为《实行大包干责任制，凤阳县大旱之年夺得丰收》的报道之后，《人民日报》6月29日头版头条刊登，另有多家报纸采用，在全国产生很大反响。

我们始料未及的是，这篇报道引发了新华社及其他媒体一波波关于“凤阳大包干”的报道潮，一波波报道潮又引发了一波又一波到凤阳县学习“大包干”的参观潮。

参观从1980年下半年延续到1982年上半年，参观团队从凤阳邻县到滁县地区各县来，从省内到省外来，1981年参观达到了高潮。在近两年的时间里，中国大陆除西藏外，各省、市、区都有参访团到凤阳县学习大包干（到组），主要是地（市）、县的团队。

在这场“凤阳大包干”的参观潮中，人们最终取到并实践的“真经”，并不是凤阳大包干（到组），而是小岗大包干（到户）。这种“种瓜得豆”的“奇事”是怎么发生的？一年多来，一直——

“瞒着干”的“小岗大包干”是怎样走向全国的

说起“凤阳大包干”的来历，曾任县委办公室秘书的陈怀仁，当年摊开工作日记告诉我：在1979年2月中旬的一次讨论生产责任制的全县四级干部会上，梨园公社石马大队党支书金文昌说，他们那里有几个生产队搞大包干，不要算账，简单。引起了大家的兴趣，七嘴八舌议论起来：大包干好！保证国家征购，留足集体提留，剩下全是自己的，痛快！县委书记陈庭元抓住群众的这句口头语，向路过凤阳的滁县地委书记王郁昭汇报“群众要求实行大包干”。王郁昭随后向省委第一书记万里请示。2月26日，万里听了汇报后说：“只要能把群众生活搞好，就可以搞。”“凤阳大包干”从此在全县叫开了。那是大包干到组。

我前面介绍了“第一篇关于‘凤阳大包干’的报道”，有人可能会问，凤阳实行大包干的第一年，即1979年，你们为什么没报道呢？

确实，1979年凤阳县已有83%的生产队搞了大包干。年末，安徽分社采编主任张万舒与我一起走访了马湖、宋集、梨园等公社，看到凡是实行大包干的，队队增产，季季增产。于是我们从“适应当前干部管理水平；联产计酬，调动积极性；减少矛盾，增强了团结；精耕细作，促进了增产”等方面，写了一篇内部报道《凤阳大包干好处多》，被总社以“机密级”刊发。这是第一篇关于“凤阳大包干”的内部报道。

因为1979年社会对联产责任制争议激烈，报刊还时有批评言论。我们决定先发内部材料报道“探路”。直到1980年5月31日，邓小平同志同中央负责同志谈话，充分肯定了肥西县的“包产到户”和凤阳县的“大包干”[见《邓小平文选》(1975—1982)，第275页]。至此，这一争议才告一段落。

小岗大包干(到户)是由凤阳大包干(到组)演变而来的。1978年冬，小岗队开始也是实行大包干到组，先划分四个作业组，干了没几天，组内产生矛盾，于是各个组“发杈”，又分成八个组，每个组只有二三户，可是没干几天，又有吵架的，还是干不好。于是在一天夜里，生产队秘密集会，立下“生死契约”：明组暗户，瞒上不瞒下，分田到户。从此，一种与安徽省所有联产责任制都不同的“小岗大包干”诞生了。

时任县委办公室秘书的吴庭美是土生土长的小岗人，地熟人更熟。1979年12月他回家乡写了一篇《一剂必不可少的补药》的“小岗大包干”调查。陈庭元将这篇调查报告送给万里。万里看后，1980年1月24日，风尘仆仆赶到小岗队调研。调研完临行前，对恋恋不舍的送行群众说，“批准你们干五年!”吴庭美是总结“小岗大包干”经验的第一人。

几乎与吴庭美回小岗调查同一时间，1979年末，张万舒和我带着小岗队是否“包干到户”的疑问，回到县城，询问县领导，但一个个讳莫如深。

1980年12月，张万舒从其他渠道得知“小岗大包干到户”的信息，又重返小岗实地采访，与大包干带头人严俊昌、严宏昌、严立学等人促膝细谈，掌握了详尽资料。他写了报告文学《中国，有这样一个村庄》，刊于新华社初创的《瞭望》杂志（1981年第2期）。张万舒是以纪实文学手段宣传“小岗大包干”的第一人。

小岗大包干后，1979年一年生产的粮食等于大包干前五年的总和，生产的油料等于前20年的总和，23年未向国家交售一粒粮，还吃救济粮，而那年一下交了2.5万斤粮食。随着一句顺口溜“千条计，万条策，不如大包干到户一剂药”的传播，“小岗大包干”成为“挡不住的诱惑”。特别是万里对“小岗大包干”的表态，更使“小岗大包干”成为全县学习的样板。尽管各个公社层层落实县委“要稳定各种联产责任制”的要求，但农民大声说：“不到户，稳不住!”许多生产队都是一夜之间就将田地分到了户。1980年下半年，是凤阳县包干到户逐渐取代包干到组的半年。到年末，全县90%以上的生产队实行了包干到户或者明组暗户。

就在凤阳县大包干由组“滑”到户的过程中，从省内到省外，一波又一波参观潮涌进来了。这些参观者开始都是抱着学习大包干（到组）的经验来的，县里介绍的大包干做法、样本、合同书，都是大包干到组的，但是参访者自己到生产队一看，发现很多是到户的，或明组暗户的。于是他们转而学习大包干到户的做法，也就是“小岗大包干”的做法。他们回去以后，也纷纷干起了包干到户。

各地的参访者打的是学习“凤阳大包干”的（到组）旗号，带回的是“小岗大包干”（到户）的做法。随着全省、全国各地到凤阳参观团队的返回，小岗大包干星火燎原般传开。到1981年底，安徽省大部分生产队已实行“小岗式的大包干”，到1984年底，全国97%的生产队已实行包产到户、包干到户，而其中绝大部分实行的小岗式的包干到户。

在后来的发展中，小岗村已由原来的“讨饭村”变成今天的“小康村”，但与经济发达地区的农村相比，这里没有实现工业化、现代化，还是一个传统农业区。于是有人对它“吐槽”，甚至质疑“大包干”方向的正确性。作为一名老农村记者，我以自己的采访经历得出结论——

“小岗大包干”的历史推动力不容置疑

1982年的中央“一号文件”，第一次“明确”包产到户、包干到户，都是社会主义集体经济的生产责任制。社会统称“双包责任制”。

那么，“包产到户”和“大包干（到户）”有什么区别，为什么农民最后都选择了大包干呢？

1979年12月，我和田文喜两位农村记者在滁县地区进行了十多天的调研，采写了内部材料报道《滁县地区各种联系产量责任制的对比分析》。我们在采访中得知，包产到户有烦琐的程序，至少要做到“四定一奖”(定亩产、定成本、定工分、定上缴、超产奖励)，还要求“五统一”(统一种植计划，统一育种，统一使用大型农机具，统一管水放水，统一植保治虫)。农民说，粮食称进称出，工分算来算去，还不是干部算计百姓。基层干部说，包产到户与集体生产相比，干部的工作量更大，但吃力不讨好。而凤阳大包干“直来直去不拐弯；保证国家的，留足集体的，剩下都是自己的”，“方法简单，一听就明，利益直接，一看就清”，所以深受农民喜欢。

关于包产到户与大包干（到户）的区别，原任滁县地委书记的王郁昭有更深刻的见解。1998年，在滁县地区纪念大包干20周年的座谈会期间，时任国家政策研究部门领导的王郁昭对我这个他称作“一条战壕的战友”，倾吐衷言。他说，包产到户是在维护“三级所有，队为基础”的人民公社体制基础上，对生产体制、计酬办法的一种改良；而大包干（到户）实际上是公有制条件下的分田单干加双层经营，是否定人民公社体制的一种改革。两者有本质区别。

他对大包干（到户）推动中国农村生产力的发展，推动中国特色社会主义的建设，作了高度评价。他说，大包干(到户)以后，农民有了种植自主权，经营自主权，这才有了多种经营、工副业生产的大发展，有了专业户、专业村、家庭工厂、股份制企业、专业市场这些农村新事物；农民有了土地流转权，这才有了家庭农场、规模经营、合作经济组织这些新现象；农民有了时间支配权，这才有了农民工进城，务工经商，推动了城市的建设和繁荣。

他进而推论，如果没有大包干(到户)，全国都推广包产到户，坚持“五统一”，那么人民公社那种体制束缚，就会将农民困在“一亩三分地”里，日出而作，日落而息，充其量温饱有余而已。关于这些表述，我曾写过内部报道《王郁昭谈大包干与包产到户的本质区别》。

现在回过头来看，“小岗大包干”确实是农村改革的奠基性改革，也是中国改革的启动式创举。

（原载《新华每日电讯》，2018年4月13日）

旧报章

实行“大包干”责任制，社员使劲搞生产

凤阳县大旱之年夺得夏粮丰收

据新华社合肥六月二十八日电 新华社记者沈祖润、王礼贶报道：实行“大包干”生产责任制的安徽省凤阳县，今年夏粮获得丰收。全县夏粮总产量达到二亿斤，比实行“大包干”第一年的去年总产增产一成，比没有实行“大包干”的正常年景一九七七年总产增加一倍。

凤阳县今年夏粮丰收的一个突出特点，是一大批过去的低产穷队，实行“大包干”到作业组的生产责任制后，今年夏粮增产幅度最大。如普遍实行“大包干”的武店区，今年六个公社，社社增产，有五个公社夏粮总产都增加一百万斤以上。

历史上“十年倒有九年荒，身背花鼓走四方”而闻名全国的凤阳县，二十多年来生产发展缓慢。许多年份，全县夏粮总产一直在六七千万斤徘徊，社员夏季分得的口粮只有几十斤到百把斤，不少社、队年年闹“夏荒”。党的三中全会以后，凤阳县认真贯彻执行了中央关于农业的两个文件精神，去年，全县实行“大包干”的生产队占生产队总数的百分之八十三，第一季小麦就大幅度增产。一九七九年全县夏粮总产比一九七八年增加五千八百多万斤；全年粮食总产也大幅度上升，比一九七八年增产百分之四十九，比历史最高水平的一九七七年增产百分之二十。

凤阳县实行“大包干”生产责任制，使社员们看到干多干少、干好干坏与自己的物质利益密切联系在一起，因此都千方百计去争取农业丰收。凤阳县去年九月下旬以后，近三个月未下一场雨，土地龟裂。严重的干旱，为秋种小麦带来很大困难。但是，由于实行了“大包干”，社员群众积极性很高，他们开动一切抽水机械，连天加夜抗旱种麦四十万亩；后来水抽不上了，男女老少又挑水造墒，种麦十万亩，十二月下旬降雨后，又抢种晚麦十三万亩，结果大旱年头比正常年景还多种小麦六万亩。为了夺取小麦丰收，社员们对麦田精细管理。过去给小麦追施化肥，是乱施乱撒，现在基本上都是搞穴施；过去锄草是“剃刀刮胡子”，图表面光溜，现在是“镊子拔猪毛”，连根除掉。有的生产队家底薄，缺乏生产资金，社员们就自动掏出卖肥猪、鸡蛋的钱供队里使用。社员们齐心协力，使足劲搞生产，终于在大旱之年夺得了夏粮丰收。

目前，凤阳县各社、队正按照“三包合同”进行夏季分配。广大社员喜气洋洋，在完成国家征购、超购任务和集体提留后，把一口袋一口袋的小麦扛回家里。

（原载《人民日报》，1980年6月26日）

关闭集市贸易是前进吗？

本刊评论员

前一个时期，本刊登了山西运城地区的群众和干部的来信，要求恢复农村集市贸易，引起了强烈的反响。这说明，认真执行现阶段党在农村的各项经济政策，对于调动农民的积极性关系极大。

也有不同的意见。例如，有同志说："前进了的东西，就不要后退了"，就是一种。在这些同志看来，现在"取代"集市贸易是前进，恢复就是后退。看来，在我们的工作中，究竟什么叫前进，什么叫后退，还是有弄清楚的必要。

现阶段"取代"集市贸易，是不是真正"前进"了，这不是靠关闭集市贸易的行政命令能证明的；也不是开动宣传车，大讲"取代"的"十大优越性"能使人信服的；就是说，不是以任何个人的主观愿望决定的。从运城地区已经暴露的问题看，目前取消集市贸易，并不是一种前进的政策。由于搞"取代"，农民和干部的关系紧张了，一方要赶集，一方要撵集，从对立到对抗；养猪的少了，养鸡的少了，果树被砍了，土特产少了，妨碍了家庭副业和多种经营的发展；影响了群众的生活，不仅农民不满意，靠近集市的工人也有意见。更值得深思的是，与搞"取代"的同志的愿望相反，资本主义活动不是减少了，而是助长了投机倒把活动。像这样干了对国家、对集体、对群众不利的事，还能叫"前进"吗？

当然，谁也不会说集市贸易比供销社、国营商业进步；谁也不会说集市贸易应当永世长存。按照事物发展的规律，集市贸易总是要被"取代"的，总有一天要在中国的大地上消失的。问题是，现在"取代"集市贸易的条件是不成熟的。农村的生产力水平还很低；许多农副业生产全靠集体经营还有困难；集体经济也满足不了社员生活上多方面的需要，还允许社员经营小量的自留地；供销社、国营商业既不能把全部农副产品收购上来，也不能充分供应。目前允许集市贸易，是为了弥补这种不足。因此，党的政策规定允许正当的集市贸易，是符合农村现状的政策。如果不面对现实，思想超过客观过程的一定发展阶段，把将来有可能实现的事情，勉强地放在现时来做，离开了当前大多数人的实践，这就不能叫做前进了，只能叫做冒进。所谓"冒进"，是毫无所进。由于冒进造成的恶果，阻碍生产力的发展，实际上是后退。

马克思说："人类始终只提出自己能够解决的任务，因为只要仔细考察就可以发现，任务本身，只有在解决它的物质条件已经存在或者至少是在形成过程中的时候，才会产生"（《马克思恩格斯选集》第2卷第83页）。可以设想，将来，当我们的一个农民能够种几百亩、甚至几千亩土地的时候，他还会手拿锄头去种巴掌一块大的自留地吗？（如果是作为一种消遣，那另当别论。）当几个人即能管理几十万只鸡的时候，还有必要让家中的老太太去喂那几只小鸡吗？当农民的收入普遍地大大提高以后，他们还会为了换几个另花钱而到集上去卖几只鸡蛋、几斤枣吗？只有到那个时候，"取代"集市贸易，才真正是前进了。

执行一种政策，采取一种措施，看它是前进还是后退，这要看是不是得到广大群众的真心拥护，是不是真正调动了群众的社会主义积极性，是不是有利于社会主义建设。归根到底一句话，政策的正确与否，要看实践的结果，就是要看它对于生产力的发展，是起促进作用，还是起促退作用。对前进与后退的看法，只有这一个标志，这是历史唯物主义的标志。因为，只有生产力的进步，才能促进社会一切方面步，并为这种进步提质条件。比如在农村有实现农业的机械化代化，使农林牧副渔展，社办工业大发展员生活水平大提高，才能前进。没有生产大发展，社会的前进，只好似海市蜃楼，在幻想中。我们说要按照客观经济规律就是要做那些能促进生产力发展的事，干那些对生产力发展起阻碍作用的蠢事

"四人帮"搞的那一条假左真右的命修正主义路线，严重地破坏了社会力，使国民经济面临崩溃的边缘，给国人民带来了深重的灾难，现在是彻底肃流毒的时候了。落实党在农村的各项经策，拨乱反正，其中就包括"允许正当市贸易的政策"这一项。所谓哈尔套集"的闹剧，是该停演了。我们应当坚移地回到毛主席的革命路线上来，走在席为首的党中央指引的光明大道上。

我们希望，那些下令撵集的同志，再撵集了，要采取积极态度，管好集易，做到"管而不死，活而不乱"，些破坏正当的集市贸易、破坏社会主义的投机倒把分子，让集市贸易真正起主义经济的助手作用。关闭集市贸易事，本来做得不对，听取群众意见，来，就好了。不能一味和群众对立，政策唱反调，错上加错。现在，我们出，如果那里的领导机关走到另一个放而不管，甚至在大忙季节天天赶集，政府主义，那同样是违背党的政策的，要犯新的错误。

我们希望，那些真心想搞"取代志，把积极性放在促进生产上。要正实，你们那里的生产水平并不高，甚低，并不是象你们宣传的那样——"作的条件是基本上成熟的"，群众的有很多困难，需要我们做很大的努力把社会主义的集体生产真正搞上去了家的贡献多了，群众的生活大大改善是前进了。

农村集市贸易能够发挥衔接城乡产区、引导消费、增加就业、带动当地经济发展的作用。但在改革开放以前，集市贸易一度被当作资本主义尾巴全部取缔。

1978年，《光明日报》上刊登的一封不显眼的读者来信，将恢复集市贸易的大幕掀开一角，并最终促成整个山西省集市贸易的恢复。集市贸易的恢复不仅方便了群众生活，更使全国人民特别是运城地区的广大干部群众从极左的禁锢中醒悟过来，开始思考“四人帮”利用大寨推行极左路线给农村农民农业造成的危害。

改革元年稷山集市贸易存废之争

◎刘晓君

凌晨3时，山西运城市稷山县的“两红”市场就红火起来。太原、西安、武汉等地的商贩一车一车地将货物交给场内的几十家批发企业，批发企业边核实货物边将货物用小型送货车一车一车地配送到全县各个集贸市场的个体摊点。

如今，稷山县200多个行政村中，村民不用出村就能到集贸市场买到日用品。

然而，在1978年春季，这里还禁锢在极左思潮的迷雾中：集市贸易被当作资本主义尾巴全部取缔，群众偷偷到人多的地方卖点鸡蛋，有关部门便组织民兵驱赶，运气好的跑掉，不好的没收鸡蛋不说，还要拉到大街上批斗。群众怨声载道又无可奈何！

也就在此时，《光明日报》刊登了李先念同志关于农村问题的文章，文中提到：应恢复农村集市贸易。这引起该县汽修厂工人陈寿昌的注意。

陈寿昌是北京人，1968年中学毕业后来稷山插队。这期间，他目睹了取缔集市贸易给农民带来的不便，便给《光明日报》写信希望恢复集市贸易。来信引起光明日报理论部编辑武勤英、方恭温的注意。但当时全国农村领域的拨乱反正才刚刚开始，大寨领导人陈永贵仍是党和国家的领导人，仍强调取缔集市贸易是学大寨的重要内容。登还是不登？光明日报副总编辑马文沛听取汇报后毅然决定将这封信刊登在该报7月21日《经济学》版的《读者来信》栏目中。

来信在全国特别是运城地区引起强烈反响。基层干部十分拥护陈寿昌的来信，他们到处找《光明日报》，一时刊登来信的报纸成为干部群众亲朋好友互相传阅赠送的“礼品”。

运城地委主要负责人却暴跳如雷，一面指责《光明日报》否定毛泽东思想，否定农业学大寨，要各县不要理《光明日报》，加大力度继续“撵集”；一面要稷山县追查陈寿昌的反大寨罪行和反革命动机。运城地委负责人的做法激起干部群众的极大愤慨。临猗县的十几位干部公开给《光明日报》写信发电报支持陈寿昌的要求，稷山县委的一位工作人员称稷山的陈寿昌是个工人，不会关心农村的事，信是别人冒用他的名写的，以此保护陈寿昌。一些卖鸡蛋的农民则把《光明日报》贴在大街上，盖在放鸡蛋的篮子上，和“撵集”人说理和抗争。

《光明日报》顺应人民群众意愿，8月4日刊发了第二封群众来信《陈寿昌的信说得好》。这更引起运城地委负责人的恼怒。

他召开干部群众大会，说什么取消集市贸易是中央领导省委领导的决定，恢复集市贸易是资本主义回潮，是和学大寨唱对台戏；《光明日报》代表不了党报，和《光明日报》的斗争是资本主义和社会主义两条路线的斗争，声言要一斗到底，直到彻底胜利。陈寿昌同志也终被发现，关进了学习班，交代反大寨罪行。

《光明日报》呼吁恢复集市贸易的报道得到中央主要媒体的大力支持。8月18日，《光明日报》刊出第三封群众来信《不能再“撵集”了》，新华社当日加编者按发了通稿，《人民日报》第二天全文转载。之后，《光明日报》又于9月16日、30日分别刊发了运城、临汾等地关闭集市贸易造成严重后果的调查报告和《关闭集市贸易是前进吗?》的评论员文章。

在舆论的压力下，山西省委下达了开放全省集市贸易的有关决定，调整了运城地委的领导班子，处分了运城地委主要负责人。据稷山县的一位同志讲，该县恢复集市贸易的第一天，许多集镇尽管没多少货物可买卖，但人山人海，人流如潮。有的集镇群众还把《光明日报》贴在墙壁上，在墙壁前放鞭炮以示庆祝和感激!

集市贸易的恢复不仅方便了群众生活，更使全国人民特别是运城地区的广大干部群众从极左的禁锢中醒悟过来，开始思考“四人帮”利用大寨推行极左路线给农村农民农业造成的危害。于是，《再不要拿“反大寨”的棍子打人了》等反思农业学大寨过失的文章陆续从运城寄到《光明日报》。《光明日报》倾听群众呼

20世纪80年代初的农村集市

声，又将报道锋芒转向彻底清除“四人帮”在农业学大寨中的种种谬论和罪行，全国农村领域的拨乱反正便进入实质性阶段。最初调查运城、临汾等地关闭集市贸易造成极大危害，并将调查报告发在《光明日报》上的著名经济学家、山西财大原校长冯子标教授，回忆起那段历史仍心潮澎湃：“《光明日报》开了农村清除‘四人帮’极左路线的先河!”“日后农村推行联产承包责任制，《光明日报》做了最先的舆论引导!”后任稷山县文联主席的陈寿昌回忆当时写信及日后挨整、平反的不平凡经历也感慨万千：“如果把极左路线比作一块覆盖全国农村的坚冰，《光明日报》的这组报道硬在冰上打了一个大大的窟窿，稷山、运城、山西乃至全国的

赶集的人们

农民就是从这个窟窿中看到光明，开始了新的追求，新的生活!”

“沉舟侧畔千帆过，病树前头万木春。”诚如本文上面提到的《光明日报》的那篇评论员文章预料的那样，集市贸易大大促进了农副业发展。而随着农副业的发展，群众又自发创办了千千万万个集市贸易市场。为促进这些市场的健康发展，各级政府在规范村镇市场和个体网点的同时，引导千千万万个客商在交通便利的地方筹资建设了一大批集产品加工、批发、销售、冷藏、保鲜为一体的大市场。稷山县的“两红”市场就是全国千千万万个大市场中的一个。这些市场外接周边几十个甚至上百个大市场，内联方圆数十里的小市场，如万木葱茏，成为广大农民的致富桥、摇钱树！

稷山集市贸易的命运变迁，预示着一个新的时代正在到来，以党的十一届三中全会为标志，我国开启了改革开放的历史进程，从计划经济到商品经济再到社会主义市场经济，党对市场作用的定位不断突破，对政府和市场关系的认识不断深化。党的十九大报告重申“使市场在资源配置中起决定性作用，更好发挥政府作用”，并对加快完善社会主义市场经济体制作出全面部署。改革越全面深入，党对改革的根本目的认识也越到位。正如习近平总书记强调的，要把握住方向和源头，坚持从人民利益出发谋划改革思路，人民群众关心什么，期盼什么，改革就抓住什么，推进什么，人民有所呼、改革有所应，使改革符合广大人民群众意愿，得到广大人民群众拥护。

旧报章

农村集市贸易应该恢复

编辑同志：

万恶的“四人帮”肆意歪曲和篡改党在农村的各项经济政策，把农村集市贸易当成“资本主义尾巴”，一律割掉。当时，我们县的集市也被取消了，据说这是从“四人帮”在辽宁的死党那儿学来的“先进经验”。这在“四人帮”推行他们那条假左真右的反革命路线的时候，是毫不奇怪的。奇怪的是，粉碎“四人帮”已经一年多了，我们这里的集市贸易仍未恢复，街上仍然贴着取缔集市贸易的“十大好处”一类标语，群众赶集仍然遭到工作人员的驱逐。这不明明白白是“四人帮”的影响和流毒吗？结果，给农民的日常生活和家庭副业生产带来了极大困难，广大农民要卖的东西无处卖，要买的东西无处买，只好走村串户，严重地影响了生产。而且，还给一些投机倒把分子以可乘之机，他们转手倒卖，从中渔利。

集市对于广大社员来说就象工人、干部的星期天一样，大家把自己要办的事情集中到这一天办理，通过集市，互通有无，调剂余缺，安排好生活。群众生活安排好了，也有利于调动大家大干社会主义的积极性，促进农业生产的更快发展。广大群众迫切希望肃清“四人帮”的影响和流毒，恢复农村集市贸易。

山西稷山县　陈寿昌

（原载《光明日报》，1978年7月21日）

关闭集市贸易是前进吗

◎本报评论员

前一个时期，本报刊登了山西运城地区的群众和干部的来信，要求恢复农村集市贸易，引起了强烈的反响。这说明，认真执行现阶段党在农村的各项经济政策，对于调动农民的积极性关系极大。

也有不同的意见。例如，有同志说“前进了的东西，就不要后退了”，就是一种。在这些同志看来，现在“取代”集市贸易是前进，恢复就是后退。

现阶段“取代”集市贸易，是不是真正“前进”了，这不是靠关闭集市贸易的行政命令能证明的；也不是开动宣传车，大讲“取代”的“十大优越性”能使人信服的。就是说，不是以任何个人的主观愿望决定的。从运城地区已经暴露的问题看，目前取消集市贸易，并不是一种前进的政策。由于搞“取代”，农民和干部的关系紧张了，一方要赶集，一方要撵集，从对立到对抗；养猪的少了，养鸡的少了，果树被砍了，土特产少了，妨碍了家庭副业和多种经管的发展；影响了群众的生活，不仅农民不满意，靠近集市的工人也有意见。像这样干了对国家、对集体、对群众不利的事，还能叫“前进”吗？

当然，谁也不会说集市贸易比供销社、国营商业进步；谁也不会说集市贸易应当永世长存。按照事物发展的规律，集市贸易总是要被“取代”的。问题是，现在“取代”集市贸易的条件是不成熟的。农村的生产力水平还很低；许多农副业生产全靠集体经营还有困难；集体经济也满足不了社员生活上多方面的需要，还允许社员经管小量的自留地；供销社、国营商业既不能把全部农副产品收购上来，也不能充分供应。目前允许集市贸易，是为了弥补这种不足。因此，党的政策规定允许正当的集市贸易，是符合农村现状的政策。如果不面对现实，思想超过客观过程的一定发展阶段，把将来有可能实现的事情，勉强地放在现时来做，离开了当前大多数人的实践，这就不能叫做前进了，只能叫做冒进。所谓“冒进”，是毫无所进。由于冒进造成的恶果，阻碍生产力的发展，实际上是后退。

马克思说：“人类始终只提出自己能够解决的任务，因为只要仔细考察就可以发现，任务本身，只有在解决它的物质条件已经存在或者至少是在形成过程中的时候，才会产生。”可以设想，将来，当我们的一个农民能够种几百亩甚至几千亩土地的时候，他还会手拿锄头去种巴掌一块大的自留地吗？当几个人即能管理几十万只鸡的时候，还有必要让家中的老太太去喂那几只小鸡吗？当农民的收入普遍地大大提高以后，他们还会为了换几个零花钱而到集上去卖几只鸡蛋、几斤枣吗？只有到那个时候，“取代”集市贸易，才真正是前进了。

执行一种政策，采取一种措施，看它是前进还是后退，这要看是不是得到广大群众的真心拥护，是不是真正调动了群众的社会主义积极性，是不是有利于社会主义建设。归根到底一句话，政策的正确与否，要看实践的结果，就是要看它对于生产力的发展，是起促进作用，还是起促退作用。对前进与后退的看法，只有这一个标志，这是历史唯物主义的标志。因为，只有生产力的进步，才能促进社会一切方面的进步，并为这种进步提供物质条件。比如在农村，只有实现农业的机械化、现代化，使农林牧副渔大发展，社办工业大发展，社员生活水平大提高，我们才能前进。没有生产力的大发展，社会的前进，只好似海市蜃楼，呈现在幻想中。我们说要按照客观经济规律办事，就是要做那些能促进生产力发展的事，不要干那些对生产力发展起阻碍作用的蠢事。

“四人帮”搞的那一条假左真右的反革命修正主义路线，严重地破坏了社会生产力，使国民经济面临崩溃的边缘，给国家和人民带来了深重的灾难，现在是彻底肃清其流毒的时候了。落实党在农村的各项经济政策，拨乱反正，其中就包括“允许正当的集市贸易的政策”这一项。所谓哈尔套“赶大集”的闹剧，是该停演了。

我们希望，那些下令撵集的同志，不要再撵集了，要采取积极态度，管好集市贸易，做到“管而不死，活而不乱”，让集市贸易真正起到社会主义经济的助手作用。关闭集市贸易这件事，本来做得不对，听取群众意见，改过来，就好了。不能一味和群众对立，和党的政策唱反调，错上加错。现在，我们还要指出，如果那里的领导机关走到另一个极端，放而不管，甚至在大忙季节天天赶集，搞无政府主义，那同样是违背党的政策的，那就要犯新的错误。

我们希望，那些真心想搞“取代”的同志，把积极性放在促进生产上。要正视现实，你们那里的生产水平并不高，甚至还很低，并不是像你们宣传的那样——“取代工作的条件是基本上成熟的”，群众的生活还有很多困难，需要我们做很大的努力。只有把社会主义的集体生产真正搞上去了，对国家的贡献多了，群众的生活大大改善了，才是前进了。

（原载《光明日报》，1978年9月30日，有删减）

經濟日報

ECONOMIC DAILY

1987年6月 13 星期六 农历丁卯年 五月十八

第1515号 (总2088号) 代号1－68

关广梅现象

本报记者 庞廷福 杨浩 谢镇江

本溪出了个关广梅！

1985年4月，当“关广梅租赁经营”这件新鲜事儿，成了当地报纸头条消息的时候，很少有人预料到，租赁改革居然会如此剧烈地搅动了平静但并不丰富的山城市场：

——1985年，关广梅一鸣惊人，租赁了本溪市消防副食品商店，年终实现利润25.2万元，比上年增长40%，居全市36家副食商店实现利润额的第二位；

——第二年4月，她再度夺标，租赁已经亏损6.5万元的光明副食商店，到年底，这家连续亏损6年的商店扭亏为盈；

——同年8月，她第三次夺标，承租本溪市副食商业系统最大、利润最高的东明副食商场，5个月盈利33万元，相当于上一年全年的利润额；

——今年1月，关广梅连夺五标，一次承租五家副食品商店，连同前三家，组成租赁群体，共拥有职工1000人，总销售额占全市商业系统副食品零售商店总额的三分之一，利润额占二分之一。

较高密度的个人租赁门店，惊人的利润增长和一定程度上左右本溪副食品供应的市场，形成了本溪市独特的“关广梅现象”。

“关广梅现象”带来了什么？

一

说话嗓门很亮的蒋秀娥是关广梅租赁商店中从前“脾气最不好”的营业员。租赁以前，她几乎每天上班时，必不可少地要发生两件事：一是和同伴们聊天，二是挑顾客的毛病。“我过去是个不合格的售货员”，她直截了当地对我们说：“租赁以后，关经理告诉我，再犯过去的毛病，重罚。我压根儿不吃她那一套，过去哪个经理不是这么说，到头来罚过谁了？可有一天，店里一个营业员和顾客吵了一架。第二天，关经理先罚了自己20元，又罚了营业部主任、营业组长各10元，再罚吵架的那位50元。最后，连一旁看到吵架没出声的一个营业员也罚了——因为她没有制止本来该制止的事儿。就是从那一天以后，我见了顾客，处处小心在意，时间长了，倒觉着顾客也变得通情达理了，您说怪不怪？现在，我每月的奖金都是全商店220来号人中最高的……”。

蒋秀娥的变化，只是租赁企业中职工精神面貌和劳动态度的一个缩影。租赁把“百元销售工资率”等一整套管理办法，输入了本溪市长期以来缺乏活力的商业小型企业中，使营业员的劳动收入和劳动量直接挂起钩来，由此带来的劳动热情和服务质量，本溪人都看到了眼里。

一位顾客向我们讲了一个真实的故事：“我住在光明商店旁边。那商店，过去又脏又乱，你进门买菜，问话没人搭理你；搭理你那话头也是硬梆梆的。有一天，我去买菜，突然发现墙刷新了，地扫干净了，商品也多了一些。一打听，原来这店让关广梅租赁了。一个过去和我吵过架的营业员迎上来笑着说：‘我们新进了白面包，您要不要？这儿还有新鲜的小香肠，您买吗？’就是从那一天起，商店营业时间延长了。我现在每次走进店里，都感到有点‘阿信’的味儿。”

二

1948年参加解放军的宋士柱，是关广梅租赁商店从前的门市部主任。当了20多年的主任，他承认自己还站在生意人的门外。但他没有想到关广梅租赁后，会请他去烧茶炉，而他自己居然也认为这种安排没什么不合适——此事一度成为震惊本溪商界的新闻。

本溪市委政研室处长李明，是最早研究“关广梅现象”的人。理论上探索了一年以后，他居然“弃官经商”，辞去处长职务，去做关广梅的助手——此事引起的轰动是去年辽宁省的十大新闻之一。

平庸的领导者开始去做力所能及的工作，一批敢冒风险的人急剧地向改革的实践流动。这是“关广梅现象”带来的另一个变化。有人统计过，在她租赁的8个企业中，商店经理一级的干部从33人减到18人，科室脱产工作人员从76人减到40人。

本溪理论界对上述事实的评价耐人寻味：这种变化，是租赁机制对于部选拔方法的一个刷新，把过去行政部门的“静态任命式”改变为企业内外的“动态竞争式”，使经营能人得以脱颖而出。

三

50岁的于淑芹，已经有17年的商业工龄，但她作梦也没想到，关广梅租赁她所在的平山副食商店以后，她会对“头儿”的看法发生了这么大的变化。

在她的记忆中，平山副食店很少有过盈利的月份。她只记得，租赁前一年有几个月，营业员每人每月只发25元生活费。今年1月开始租赁，5个月以后，商店的财务报表上出现了正号：实现利润比去年同期增长315%。职工每个月可以拿到几十元的奖金。从不大声讲话的于淑芹忍不住给素不相识的关广梅写了一封信。当向我们谈到这件事时，这位3个孩子的母亲眼睛是湿润的：“租赁这5个月，日子再不象过去那么紧巴巴的了。我不会写字，就央求丈夫代我写封信给关经理，没别的想法，我就是想谢谢她……。”

租赁，在把生产力向前推进的同时，也给生产关系带来了新的变化。关广梅租赁后，给职工办了12件事：45岁以上的职工过生日，送寿桃；晚婚青年结婚，送礼品；女职工生育送5公斤鸡蛋；职工搬家，商店给“搬迁费”；商店配一台洗衣机，为职工洗工作服；职工父母病故，领导吊唁送花圈；逐步建立阅览室、游艺室、托儿所、浴室……。

一位女职工谈到这些事时，讲了一个小例子。她说：“我们租赁企业的所有女职工，一个月有两天特殊假。记者同志，您在别的地方听说过这种事儿吗？”

四

“关广梅现象”究竟带来了什么？我们在采访中，不断向本溪人提出这个问题。

租赁企业的营业员说：现在挣多少钱要由我们干了算，“大锅饭”吃不成了；

一位每天买菜的退休干部说：市场上发生了一些微妙的变化，走进租赁商店，你感到自己真的成为顾客了；

租赁商店上级公司的经理说：她的用人办法，解决了我们多年来想解决而解决不了的问题——“常败将军常挂帅”；

市委书记从正龙说：本溪是改革的一块试验田，关广梅是试验田最早的开垦者之一；

省委书记全树仁说：这个经验是成功的；

国务院领导同志认为，这个情况说明了租赁制的作用……

然而，并非所有的人都对“关广梅现象”拍手叫好：

一位在本溪市蔬菜公司系统工作26年的党员干部情绪激动地抨击道：关广梅租赁后，就把党支部书记换了。这事儿发生在资产阶级自由化泛滥的1986年，难道是偶然的吗？他一口气提出了对关广梅租赁经验的12条“学不了”，其中上至关广梅不要党的领导，下至关广梅会跳交谊舞，洋洋洒洒。

另一位自称对理论“很有兴趣”的同志，则表现出更大的疑虑：关广梅一人可以租8个店，由此才形成企业群体，如果国家的企业任凭这样“租”下去，那么本溪钢铁公司可不可以租？

去年12月底，在“本溪市企业思想政治工作会议”上，有人一口气向关广梅提出十几条问题。其中，“不要党的监督”、“不要职工民主管理”、“贬低思想政治工作”等等，带有相当浓烈的政治气味。

4个月后的另一次很重要的会议上，为数不少的代表提出了更尖锐的批评：“关广梅的租赁，是坐收渔利，带有剥削性质”；“她一人租赁8个店，在本溪市形成了一个商业垄断集团，把市场的商品和物价都垄断住了”；“她干的是社会主义吗？”……

新与旧、进与退、未来与以往、变化与僵化，环绕着“关广梅现象”，发生着冲突、碰撞，有时甚至是对峙。

“关广梅现象”引出了更多的社会现象，这些现象向改革的人们提出了一些迫切需要回答的问题。

这些问题是深化改革进程中所不能回避的。

租赁企业究竟姓“社”还是姓“资”？②

上海揭开推行承包经营责任制序幕

首批119家大中企业签订承包合同

本报讯 记者钌修根道 6月11日，上海市的119家大中型企业和主管局、市财政局签订了承包经营合同，自此，全国最大的工业城市揭开了推行承包经营责任制的序幕。

上海市有大中型国营工业企业584户，其中税利总额在1000万元以上的有330户。这些企业仅占全市独立核算工业企业数的4%，但其实现利税却占60%，对上海的经济有举足轻重的作用。这次，上海根据行业和企业的特点，将采取综合承包、单项承包、行业承包等多种承包经营责任制。11日签约的119个大中型企业，是以保上缴利润、保技术进步、保固定资产增值，工资或增长留利同开。

上海市副市长黄菊……人负有重任。因此，实……国家财政收入和企业的……例时，要以此为原则，……策落后的原则。

英大选揭晓 撒切尔夫人连任

本报伦敦6月12日专电 记者关仲萼报道 玛·撒切尔首相的保守党赢得了6月11日大选的胜利，这位英国历史上的第一位女首相又创造了另一个第一，成为英国一个半世纪以来头一个赢得连续三任的首相。

据悉6月11日的选举结果是，在议会下院650个席位中，保守党得378席，工党得228席，社会民主党自由党联盟得21席，其他小党共得23席。

1987年，由“关广梅现象”引起的大讨论，实质是改革姓“社”还是姓“资”之争。由经济日报率先报道并发起的这场讨论，是中国经济体制改革进程中一个标志性事件。在中国特色社会主义进入新时代，全面深化改革的当下，回顾这一段历史，依然具有特殊的意义。

“关广梅现象”与“社资”之争

◎庞廷福

1987年4月中旬，从本溪传来消息说，搞租赁改革的关广梅，被视为本溪市资产阶级自由化代表人物，摆放在市内展窗里的她的大照片被人打上了“×”。我当时是经济日报社驻辽宁的记者，闻讯后急忙从沈阳奔赴本溪。

“关广梅现象”缘起

我在采访中了解到：关广梅在1971年参加商业工作，当过营业员、门市部主任、业务副经理、经理。1984年改革以来，其先后租赁了8家副食商店，其中包括全市最大的副食品商店——东明商场，组建成东明商业集团，并创造出租赁、承包、股份合作相结合的三位一体经营形式，人们称之为新租赁制。关广梅对租赁的商店进行了体制改革，如对各店的经理实行“委托经营责任制”，其收入取决于经营业绩；对职工实行“百元销售工资率”的分配办法，打破了“大锅饭”；实行经理兼党支部书记领导体制，精减了脱产人员，等等。

关广梅经营的商场经济效益迅速提高，职工收入成倍增长。事实证明，关广梅的改革是成功的，“关广梅现象”是鼓舞人心的。但是，“关广梅现象”发生在一个特定的历史阶段，注定要引发认识上的分歧。自1986年底开展反对资产阶级自由化斗争以来，关广梅的一系列颇有成效的改革举措变成了一系列搞自由化的“罪状”。如，针对她的收入高于职工，说她是“没有资本的资本家，搞剥削”；针对她实行经理委托负责制，说她是“坐收渔利的二把头”；针对她组建租赁集团，说她“学资本主义搞垄断”等等。

进入1987年，对关广梅的“批判”愈演愈烈，公开说她是“本溪搞自由化的代表人物”。在市老干部局召开的会议上，有人向市委领导质问道：“关广梅是优秀共产党员，为什么还去搞租赁？为什么去挣钱？”3月份，在评选省劳模和党的十三大代表时，一些人对来考核的省有关部门的同志说：“关广梅带头搞自由化，搞的还那么厉害，有什么资格当劳模、当党代会代表？”

采访在思考与辩论中进行

夜里，在宾馆房间梳理调查来的情况，我思绪如潮，翻腾不息，从微观入手的调查和从宏观着眼的分析研究，使我比此前更加清楚明确地认定，这是个带有全局性的重大问题，不失时机地抓住这一刚露头的事关大局的事态，提出人们都十分关心却不知怎么提或不敢提的问题，说出人们想说却又不知如何说或不敢说的话，不仅是党报记者的职责，也是新闻价值和新闻魅力所在。

我返回记者站，以“关广梅是搞资产阶级自由化吗？”为题，写成了内参，在讲述了关广梅租赁改革的情况和遭遇后，我写道：“尽管中央三令五申要严格划清搞资产阶级自由化同改革的界限，但在基层，人们在思想上还存在着模糊认识，有的人还在搞‘左’的东西。这些问题，若不及时予以解决和澄清，将阻碍企业改革的深化。”

4月18日，经济日报《情况反映》增刊第31期发表了这份内参。几天后的一个夜里，总编辑范敬宜同志亲自打来电话。在汇报了具体情况后，我说，对关广梅租赁改革不仅在本溪市有很大争议，而且在省里有关领导部门和新闻界同行内的看法也不一样。之所以出现很大分歧，其实原因很简单，一是对改革的认识，二是对关广梅本人的认识，即关广梅的租赁改革和她本人的思想修养都有不完善之处。但，我认为后者是“现象”，前者才是“本质”。

我之所以郑重建议高度关注这一事态，并非要单纯宣扬关广梅的改革业绩，把关广梅当作了不得的先进典型来树立，而是要通过对她租赁改革的争议提出这样一些重大原则问题：搞改革是不是搞资产阶级自由化？在企业改革里搞反自由化斗争对不对？

如果动辄就问姓“社”还是姓“资”，那中国改革还能不能搞？在出现资产阶级自由化问题后，中国的改革还要不要搞下去？这些问题，是社会普遍关心的问题。至于对

关广梅（右）当年和职工在一起

关广梅本人，不能求全责备。改革，要在改革中完善；改革者，也要在改革中完善自己。最重要的是，改革者本人的缺点，决不能成为否定改革的理由。在反对资产阶级自由化斗争这样的背景下，如此鲜明地提出这样严肃的“难点”问题，是需要政治勇气的，对此范敬宜同志态度鲜明：只要角度妥当，没有不可触及的问题。

很快，财贸部的杨洁、谢镇江同志从京来沈。我们三人组成报道组即刻赶赴本溪。在那里，我们整整蹲了七天。其中，花了五天时间进行采访，可以说是广泛、深入、细致。这里，值得一提的是一场大型座谈会。在采访快结束的时候，我们发现持两种不同观点的人是“背靠背”谈的，没有面对面直接交锋，似乎缺点什么，觉得不过瘾。既然要在报上开展大讨论，为何不在本溪先“讨论”一把？于是，一场30多人的座谈会举行了。与其说是

座谈会，倒不如说是大辩论会。开头，倒也“和风细雨”，可开着开着，就变成“暴风骤雨”了。我们的全部采访就这样在唇枪舌剑、气氛紧张的“本溪讨论”中结束了。

那天，一回宾馆，三人都很兴奋，很快拟定了报道计划：一、以关广梅建议在报纸上开展讨论的《给编辑部的信》作为开始；二、写一篇讲述关广梅租赁改革情况及其遭遇的问题的报道；三、将在大型讨论会中的两种不同观点整理成《对话》。

一石击破水中天

1987年6月13日，《经济日报》头版头条刊出报道《关广梅现象》。一石击破水中天，由此引发了租赁企业究竟姓“社”还是姓“资”的大讨论。这组深度报道由《关广梅现象》《“关广梅现象”大对话》《论关广梅现象》等九篇报道和评论组成，以长篇通讯《关广梅现象》和《本溪市委、市政府的一封吁请信》为开端，历时45天，震动全国上下，引起全世界强烈关注。英国金融时报记者跑到经济日报社问：毛泽东号召学雷锋，谁是“关广梅现象”大讨论的后台？

“关广梅现象”大讨论前后共收到读者来稿来信一万多件。而关广梅本人不仅照常出席了党的十三大，还成了会上的“风云人物”。在有数百名中外记者参加的招待会上，关广梅侃侃而谈，

关广梅出席党的十三大时接受记者采访

赢得了热烈的掌声。有的外国通讯社甚至报道称十三大刮起了“关广梅旋风”，美国《时代周刊》还把关广梅作为封面人物进行介绍。最值得高兴的是，党的十三大明确提出了在社会主义初级阶段多种经济成分并存，这等于承认了租赁制的合法地位。实践证明，“关广梅现象”大讨论站住了脚。

“关广梅现象”系列报道，被评为1987年度全国好新闻唯一的特等奖。《关广梅现象》这篇报道在2013年被收入《中国百年新闻经典通讯卷》中。

范敬宜的《一点补充》

三十多年过去了，一个“插曲”依然难忘。由于采访中遇到始料不及的两种意见的激烈争论，前方记者压力很大。时任经济日报总编辑范敬宜给采访组写了一封表明态度的信，大意是：编委会决定开展关广梅问题的讨论，不是仅仅想弄清楚关广梅这个人究竟能不能当十三大代表，主要是想通过这个讨论，帮助广大群众认清我们目前进行的改革的性质，即究竟是社会主义性质还是资本主义性质，更加坚定对改革的信心和决心。如果将来的事实证明这个报道搞错了，一切由我负责，与记者无关。这封带有“军令状”性质的信，对前方记者起到了“定心丸”的作用，体现了范敬宜同志作为报人的责任与担当。

《经济日报》关于“关广梅现象”的报道，之所以能在全国产生轰动效应，甚至引起国外媒体的高度关注，范敬宜同志在《一点补充》一文中认为，主要是由于这样几方面的原因：

一、它是特殊历史背景下的产物。1987年春天，是我国改革进程中的一段重要时期。一方面，改革开始由农村转向城市，引起了全国人民更大的关注；另一方面，党的十三大尚未召开，社会主义初级阶段的理论还没有提出，社会上对于当前的改革究竟姓“社”还是姓“资”的争论非常激烈，广大群众迫切需要媒体对关系改革前途和命运的重大问题解惑释疑。在这样一种复杂的形势下，《经济日报》推出的“关广梅现象”大讨论，正如一石激起千层浪。

二、它是当时媒体新闻改革浪潮下的产物。随着全国经济体制改革的不断深入，改革新闻宣传的呼声越来越高。新闻界的有识之士，纷纷提出“改革的宣传呼唤宣传的改革”这样一个命题。广大读者也强烈要求新闻媒体能够及时、深刻地回答时代提出的各种新问题。作为当时国内最权威的经济类报纸，《经济日报》自然而然地要承担起改进自身报道，为经济领域的改革鼓与呼的责任。

三、它也是经济日报自身改革与发展的产物。经济日报创刊于1983年，是随着我国经济体制改革的进程应运而生的。短短三年时间，就以富有革新精神和不断推出具有重大社会影响的报道名噪舆坛。1986年春天，报社进一步提出了“同中央的方针政策贴得近些更近些，同实际工作和生活贴得近些更近些，同群众脉搏贴得近些更近些”的办报思路，并进行了一系列实践，如“关于雪花电冰箱质量问题”的大讨论，“淮河，我为你哭泣”等系列报道，在社会上引起了强烈反响。“关广梅现象”的报道和讨论，由此产生的轰动效应，正是在这样的背景下出现的。

旧报章

关广梅现象

◎庞廷福　杨　洁　谢镇江

本溪出了个关广梅!

1985年4月，当“关广梅租赁经营”这件新鲜事儿，成了当地报纸头条消息的时候，很少有人预料到，租赁改革居然会如此剧烈地搅动了平静但并不丰富的山城市场。

较高密度的个人租赁门店，惊人的利润增长和一定程度上左右本溪副食品供应的市场，形成了本溪市独特的“关广梅现象”。

“关广梅现象”带来了什么?

一

说话嗓门很亮的蒋秀娥是关广梅租赁商店中从前“脾气最不好”的营业员。租赁以前，她几乎每天上班时，必不可少地要发生两件事：一是和同伴们聊天，二是挑顾客的毛病。“我过去是个不合格的售货员，”她直截了当地对我们说，“租赁以后，关经理告诉我，再犯过去的毛病，重罚。我压根儿不吃她那一套，过去哪个经理不是这么说，到头来罚过谁了？可有一天，店里一个营业员和顾客吵了一架。第二天，关经理先罚了自己20元，又罚了营业部主任、营业组长各10元，再罚吵架的那位50元，最后，连一旁看到吵架没出声的一个营业员也罚了——因为她没有制止本来该制止的事儿。就是从那一天以后，我见了顾客，处处小心在意，时间长了，倒觉着顾客也变得通情达理了，您说怪不怪？现在，我每月的奖金都是全商店220来号人中最高的……”

蒋秀娥的变化，只是租赁企业中职工精神面貌和劳动态度的一个缩影。

二

1948年参加解放军的宋士柱，是关广梅租赁商店从前的门市部主任。他没有想到关广梅租赁后，会请他去烧茶炉，而他自己居然也认为这种安排没什么不合适——此事一度成为震荡本溪商界的新闻。

本溪市委政研室处长李明，是最早研究“关广梅现象”的人。理论上探索了一年以后，他居然“弃官经商”，辞去处长职务，去做关广梅的助手——此事引起的轰动是去年辽宁省的十大新闻之一。

平庸的领导者开始去做力所能及的工作，一批敢冒风险的人急剧地向改革的实践流动。这是“关广梅现象”带来的另一个变化。有人统计过，在她租赁的8个企业中，商店经理一级的干部从33人减到18人，科室脱产工作人员从76人减到40人。

本溪理论界对上述事实的评价耐人寻味：这种变化，是租赁机制对干部选拔方法的一个刷新，把过去行政部门的“静态任命式”改变为企业内外的“动态竞争式”，使经营能人得以脱颖而出。

三

租赁，在把生产力向前推进的同时，也给生产关系带来了新的变化。关广梅租赁后，给职工办了12件事：45岁以上的职工过生日，送寿桃；晚婚青年结婚，送礼品；女职工生育送5公斤鸡蛋；职工搬家，商店给“搬迁费”；商店配一台洗衣机，为职工洗工作服；职工父母病故，领导吊唁送花圈；逐步建立阅览室、游艺室、托儿所、浴室……

四

然而，并非所有的人都对“关广梅现象”拍手叫好：

一位在本溪市蔬菜公司系统工作26年的党员干部情绪激动地抨击道：关广梅租赁后，就把党支部书记换了，这事儿发生在资产阶级自由化泛滥的1986年，难道是偶然的吗？他一口气提出了对关广梅租赁经验的12条“学不了”，其中上至关广梅不要党的领导，下至关广梅会跳交谊舞，洋洋洒洒。

另一位自称对理论“很有兴趣”的同志，则表现出更大的疑虑：关广梅一人可以租八个店，由此才形成企业群体，如果国家的企业任凭这样“租”下去，那么本溪钢铁公司可不可以租？

去年12月底，在“本溪市企业思想政治工作会议”上，有人一口气向关广梅提出十几条问题。其中，“不要党的监督”“不要职工民主管理”“贬低思想政治工作”等等，带有相当浓烈的政治气味。

四个月后的另一次很重要的会议上，为数不少的代表提出了更尖锐的批评：“关广梅的租赁，是坐收渔利，带有剥削性质”；“她一人租赁八个店，在本溪市形成了一个商业垄断集团，把市场的商品和物价都垄断住了”；“她干的是社会主义吗？”……

新与旧、进与退、未来与以往、变化与僵化，环绕着“关广梅现象”，发生着冲突、碰撞，有时甚至是对峙。

“关广梅现象”引出了更多的社会现象，这些现象向改革的人们提出了一些迫切需要回答的问题。

这些问题是深化改革进程中所不能回避的。

（原载《经济日报》，1987年6月13日，有删减）

人民日报
RENMIN RIBAO
1979年5月16日 星期三
农历己未年四月廿一 第11268号

分清主流与支流 莫把「开头」当「过头」

各级领导干部解放思想是保证生产队行使自主权的关键，要坚定不移落实党的方针政策

编者按：党的三中全会精神，有力地推动着各方面工作向前发展，受到广大群众、干部的热烈欢迎。但是，正如《辽宁日报》记者写的这篇述评所说的一样，三中全会确定的方针、政策，如尊重生产队自主权，在基层才刚刚开始贯彻，有些同志就叫嚷什么"强调自主权过头"了。有一部分县社干部搞瞎指挥，搞强迫命令搞惯了，现在老办法行不通了，就大喊什么下面"不听指挥"呀，"乱了套"呀。究竟自己指挥得正确不正确？下面的意见有没有道理？根本不去了解。还有一些领导同志，对三中全会确定的方针、政策，本来持怀疑态度，甚至有抵触情绪，自己又不深入调查，看看群众和基层干部在想些什么，实际情况是怎样，一听到有人叫"过头了"，自己也跟着叫起来；或者把工作中出现的一些属于支流的问题当作主流。这说明一些同志的思想仍然处于僵化或半僵化状态。要改变这种状况，最好是这些同志自己到基层走一走，听一听群众和干部的呼声。作为新闻工作者，要象《辽宁日报》记者范敬宜同志那样，多搞一些扎扎实实的调查，用事实来回答那些对三中全会精神有怀疑、有抵触的同志。

本报讯 《辽宁日报》记者范敬宜述评辽宁省农村形势：最近一段时间，经常听见这样的埋怨声："生产队自主权强调过头了，现在下面都不听指挥了……。"

说这类话的，不仅有县社干部，也有城里的机关干部，有的还列举了许多当前农村中出现的问题，似乎这一切都应该归罪于生产队有了自主权。

事情果真是这样吗？为了弄清这个问题，我们走访了一些社队。

在采访过程中，我们向许多农村干部和社员提出这样一个问题："今年农村最大的变化是什么？"普遍的回答是："活起来了！"这个"活"字，很形象地概括了生产队有了自主权以后，在政治、经济、生产、生活上出现的生动局面。人们对"活"字感受如此深刻，绝非偶然：过十多年，在林彪、"四人帮"极左路线干扰下，生队自主权遭到肆意践踏、剥夺和侵犯，生产队不能因地制宜地确定合理的经济结构和生产布局，连种一亩土豆、一亩谷子都成了犯罪，生机勃勃千村万户被弄得万马齐喑，死气沉沉。党的三中全以后，随着发展农业的两个文件深入贯彻，生产自主权重新摆到了它应有的地位，人们哪能不由高兴！但是，不能设想，林彪、"四人帮"在十多中造成的影响，可以在短短几个月消除净尽。在彻尊重生产队自主权政策的过程中，阻力还是很的。从目前来看，在不少生产队，自主权还仅仅表现在作物地块和品种的选择上有了一点余地，也还谈不上；而有些生产队，连这点权利还没有到。有的队干部和社员对我们说："我们只有劳动没有自主权。"这种现状告诉我们：尊重和保护生产队自主权的工作，现在只能说刚刚开头，没有由可以认为已经"过头"。

那么，有了自主权的生产队是不是都"不听指挥"了呢？我们还是多看事实吧！有一个县，也曾被说成自主权多得"乱了套"，可是一调查，今年高产作物和经济作物面积都不折不扣地完成了国家计划。天下哪有这样"不听指挥"的生产队！后来我们渐渐摸到了一个"窍门"：遇到埋怨下面"不听指挥"特别厉害的干部，就叫叫真，请他提供一个"最不听指挥"的典型，一下子就"将军"了，因为这样的典型确实很难找。这说明，有些干部，特别是上面的干部，并没有亲自调查研究，而是道听途说，人云亦云。绝大多数生产队都是懂得如何正确行使自主权的，坚定不移地走社会主义道路的。那种企图摆脱党的领导、不顾国家计划、不听正确指挥的生产队虽然也有，应当做好他们的工作，处理好自主权同党的领导的关系，但这样的生产队只是极少数，我们不能以偏概全，把支流当作主流。再说，对于"不听指挥"，也要作具体分析：究竟是正确的指挥，还是错误的指挥、瞎指挥？事实上，凡是指挥受阻的地方，一般都事出有因。我们问过一位县委书记，今年在哪些问题上卡过壳，他很坦率地举了三件事：第一件是某项县办水利工程继续平调生产队的劳力；第二件是不经试验就大面积推广某种作物；第三件是在播种时间上不顾实际情况又搞了"一刀切"。他说："这不能怨下面，应该从上面来检查。过去生产队遇到这种情况，都忍气吞声，现在他们敢说话、敢抵制了，这应该说是好事，不是坏事。"可惜能够这样严以解剖自己的领导干部，现在不是很多。

尊重生产队自主权既然是这样一件大得人心的好事，为什么会遭到这么多非议？通过调查，我们感到，一个很重要的原因是，十多年来有些干部受林彪、"四人帮"极左路线的影响较深，思想完全从禁锢中解放出来需要有一个过程。有的老干部忘记了群众路线的老传统，也习惯于那种官僚主义、强迫命令的手段了；有些比较年轻的干部，从当干部那一天起，就没有听说过生产队还有什么自主权，接触的就是"挖修根""拔修苗"以及"一声雷""一刀切"那一套，以为这是天经地义的事情。现在看到原来唯命是从的基层干部居然敢于提出不同意见，就认为大逆不道，"乱套了"，甚至对党的政策也产生了怀疑。这恰恰从反面说明，各级领导干部解放思想，是保证生产队自主权正确行使的关键。

尊重和保护生产队自主权是党的三中全会确定的发展农业生产的重要政策，我们一定要坚定不移地去继续贯彻落实。大量工作在等待我们去做。这里最重要的是领导干部对客观形势有一个清醒的、正确的估计，分清主流与支流，千万莫把"开头"当作"过头"。这是正确贯彻党的政策的前提。否则就会左右摇摆，贻误工作，甚至象毛主席讽刺过的那位好龙的叶公那样，天天念叨生产队自主权，等到自主权真正来临的时候，又惊慌失措，迷失方向了。

把有生之年献

湖北省军区副政委张光汉

本报讯 据《解放军报》报道：湖北省军副政委张光汉同志志愿申请转业并经上级批准新疆维吾尔自治区工作。

一九七五年军委扩大会议后，张光汉同志虑到自己的身体情况，不宜继续留在现职岗位上如果转到地方，安排个适当的工作，还可为党干几年。于是，他向中央军委写了一份申请转的报告。不久，他的要求被批准了。

在如何对待工作地区和担任什么职务的问上，张光汉同志更是表现了一个共产党员的高品质。组织上原准备安排他在湖北省委工作，求他意见时，他说最好不要安排在湖北。接着准备要他到甘肃去。征求意见时，他说：坚服从组织分配。不久，有关部门通知他，决安排他去新疆工作，问他有什么意见，他还那句话：坚决服从组织分配，并且要求尽快

按照我国特点i

全国各省、市、自治区农机局
立功部长报告，决心认真做好农机

据新华社北京五月十五日电 我国农机工业要用若干年时间调整，按照我国特点发展，为实现农业现代化作出贡献。国务院副总理、国家农业委员会主任王任重在全国各省、市、自治区农机局长会议上讲的这番话，在会议代表中引起很大反响。

农机局长会议是最近由农业机械部在北京召开的。农机工业的调整，是这个会议的中心议题。代表们结合我国农业机械化事业的若干重大政策问题和今年的工作部署，进行了热烈讨论，一致拥护王任重同志提出的对方针。

会议指出要针对我国农的问题，根据分级管理，合要对现有企业实现专业化协高质量，降低路、质量差、对某些物资消期亏损的企业产品对路、质大的企业开足

江西省委认为当前农村形势大
不够解放，宁"左"勿右的流毒没

继续贯彻三中全会

新华社南昌五月十四日电 新华社记者刘光辉报道：今年春季，江西省农村形势很好，油菜籽增产四成以上，春粮作物丰收在望，早稻栽插和棉花播种已经基本完成。中共江西省委要求各级党委：要乘胜前进，继续坚定不移地贯彻党的十一届三中全会精神，全面落实中央关于农业问题的两个文件，研究和解决前进中出现的新情况和新问题，夺取全年农业丰收。

江西省过去深受林彪、"四人帮"的干扰破坏，农业生产受到很大影响。粉碎"四人帮"后两年半的农业生产情况是：一九七七年，由于批判了林彪、"四人帮"的极左路线，认真落实了党的各项政策，全省粮食总产量增加了一成多，结束了十年徘徊不前的局面。去年，尽管遇到历史上罕见的严重干旱，粮食总产量仍然比前年增长了百分之三，农民口粮和分配收入也都有增加。灾年增产增收，使们的情绪更高，劲头更今年农业生产形势更好赣州地区在林彪、"四帮"横行时期，生产长上不去。每年春季总有多人因缺粮缺钱外出生。今年的情况不同了他们集中力量搞春耕，仅种好现有耕地，而且方百计地垦荒，许多社扩大了粮食、甘蔗和其经济作物的种植面积。

近两年来，江西省村改变了"以粮唯一"做法，在搞好粮食生产同时发展多种经营。去蔗区对甘蔗生产实行"四定一奖"（定种植面产量、交售量、蔗农口超产超购奖励）政策，糖产量一举增加三倍多基本上解决了全省人民吃糖问题。今年，全省村饲养的猪、牛、羊、鱼及各种家禽，都是十多来最多的。各县、社、队发展了工副业生产，

习近平总书记指出：“调查研究是谋事之基、成事之道。没有调查，就没有发言权，更没有决策权。”《文摘报》的《旧报新读》栏目选载过的两篇旧文，一篇是改革开放发轫之初《辽宁日报》轰动全国的《莫把开头当“过头”》，一篇是30年后人民网《人民日报记者亲历改革开放30年》专栏对该文作者的访谈，文章生动诠释了调查研究对于领导干部正确认识客观世界，改造客观世界和主观世界，转变工作作风，增进同人民群众的感情，深切了解群众的需求、愿望和创造精神、实践经验的重要意义。

范敬宜：莫把开头当“过头”

范敬宜（1931—2010），当代著名新闻工作者。1951年开始从事新闻工作，历任《东北日报》(后改名《辽宁日报》)和《辽宁日报》编辑、农村部副主任、主任、编委等职务。1983年任《辽宁日报》副总编辑。1986年任《经济日报》总编辑。1993年任《人民日报》总编辑。

主持人：您写的一篇报道《莫把开头当“过头”》被1979年5月16日的《人民日报》转载了，这篇报道原发于5月13日的《辽宁日报》。当时在《人民日报》产生很大的轰动效应，为什么会产生这么大的轰动效应？

范敬宜：我觉得很多事需要回头看，回头看才可以越来越清楚。就像我们坐在一只船上，往往觉得怎么那么慢呢？好像船没有动，这时回过头看一看，才发现我们离开原来出发的地点已经

范敬宜

那么远了，而离我们的目标越来越近了。所以刚才又看到了30年前那篇报道，我非常感慨。

那篇文章，30年前是非常轰动，30年后看是非常平淡，这就说明我们进步了。我想讲一下为什么会写这样一篇文章。

当时我是《辽宁日报》的记者，是一个刚刚结束20年“右派”生活的人，那时叫“落实政策”，当时我已经年近50了。那么，我为什么能够写出那样一篇文章呢？现在想来，应当“归功于”20年的“右派”生活，它使我认识到，苦难是一种不幸，但是苦难也有它的两面性，会有一些偏得，有你正常情况下得不到的东西。

我在辽宁西部的朝阳地区建昌县插队落户，我本来是上海出生的，是一个五谷不分、养尊处优的知识分子，“右派”生活使我了解了农村，了解了农民，了解了我们的国情，了解了中国农村、农民现在最需要的是什么，我觉得这是最大的偏得。

1978年12月，十一届三中全会一开，我就马上意识到，我说中国的农民、中国的农村有救了，有活路了。所以我特别兴奋，由衷地拥护，这是很自然的一种状态。

当时一回到《辽宁日报》，他们征求我的意见，我主动要求去农村部。那个时期我写了许多报道，就是要把失掉的20年时间争夺回来，写出了一些有影响的作品。但是好景不长，1979年三四月份的时候，全国出现了一股“否定三中全会精神”，就是“倒春寒”，突然一下子气候就变了，来势还很猛。主要是认为，十一届三中全会的政策“过头了”，诱发了资本主义的倾向，现在资本主义势力正在向我们社会主义“进攻”，就是说“辛辛苦苦20年，一夜退到解放前”，真有一种“黑云压城城欲摧”的感觉。

农村部同志们都非常困惑，怎么一下子气候就发生变化，每天收到的基层来稿，几乎都是说“某某党支部，带领群众反对资本主义的进攻”，到底怎么认识当前农村形势？到底农村的形势是什么样？大家认为，结论必须产生在调查研究之后，必须先做调查，不能随波逐流。我们亲自做调查，当时分了三个小组，在辽宁东部、西部、北部几个地方调查，我自己要求到西部，因为我对西部比较熟悉。

调查完回来以后，结论大致相同，就是说农村改革以后出现一些新的问题，但是决不像说的那么严重，农村、农民对三中全会制定出来的政策都是特别拥护，兴高采烈，生产积极性空前高涨，几乎都是这样一个结论。后来就说我们要写一系列的文章，来正确宣传当前的形势。我就被分到写了第一篇。这在当时是很自然的事情，当时没有像你想象那样，有多大的思想斗争，下了多大的决心，我觉得是很正常的，只是如实反映情况，根本没有想到正面、反面的轰动效应。所以我自己老说，我是在一种“不经意”的情况下写出来的。我翻了当天的日记，很平淡地就写了一句话，“5月13日，《莫把开头当“过头”》，在今天一版头条发表了，没想到会发得这么显著”，所以我没有把它当成什么，文章发表的当天早上，我报纸还没有来得及看，就下乡了，我万万没有想到，5月16日的《人民日报》以罕见的版面刊登出来。原来我那个标题很简单《莫把开头当“过头”》，《人民日报》转载时标题是“《辽宁日报》记者评述尊重生产的自主权政策现状时指出（肩题），分清主流与支流　莫把‘开头’当‘过头’”，主题还有一个副题：“各级领导干部要解放思想，保证生产形式自主权的关键，要坚定不移地落实党的方针政策”。特别点名表扬了我，还加了一个很长的编者按。

主持人：您能给我们总结一下《莫把开头当“过头”》这篇作品诞生的前因和后果吗？

范敬宜：有很多同志问我，您那时怎么会有这么大的勇气，怎么会这么大胆？我说我并没有什么，我说我就只有两句话，一个叫“有恃无恐”，这个当然要加引号。一个叫“无知无畏”。有人觉得我“无私”，我说我不是“无私”，我是“无知”，所谓“有恃无恐”，是我知道是真正反映广大人民群众的心声，不是我杜撰的；“无知无畏”是我当时并不了解上层有这么复杂的斗争。我认为这恐怕是符合我当时思想实际的。

主持人：您这篇文章当时看起来是逆潮流而写的，但是却实实在在顺应了潮流的发展，您认为其中的原因是什么？

范敬宜：文章所表述的观点，是我采访了很多老百姓得出的，大家几乎都这么认为，历史长河中经常会出现各种各样的曲折，甚至是逆流，但是千回百转最后还是顺应老百姓的愿望。所有的历史都是这样的，拿我们建国以来的历史来看，都是这样的。

主持人：您还写过一篇评论叫《“大锅饭”与“铁交椅”》，这是您刚刚结束“文革”十年下放的生活后写的吗？

范敬宜：这篇比《莫把开头当“过头”》还早一点。我回到《辽宁日报》时，当时正好是农村改革刚开始时，那时各种各样的思想矛盾表现很多，所以我当时写了一系列的“辩”，辩论的“辩”。比如有一种说法是说现在走回头路了，我就“回头路辩”；有人说我们倒退了，我又写了“倒退辩”；有人说农村承包制调动的是农民的“私心”，我又写了《私心“辩”》。当时写了很多“辩”，还有很多“说”，如《说“变”》等等，当然这也是其中之一。

我从实践中总结出一条，离基层越近，离真理也就越近。所以遇到议论纷纷、莫衷一是的情况，我就到下面去，听他们讲，他们有一些见解是我们自己脑子想不到的。我们到下面采访，就是要出思想，我们写了几个“辩”，大部分观点都是老百姓自己的。

主持人：您在多年采访中，有什么人或者事给您留下深刻的印象？

范敬宜：这样的人挺多的，我想挑出最突出的一个人讲，任仲夷。任仲夷当时是辽宁省委第一书记。

《莫把开头当“过头”》发表的那天，省委正好开农村三届干部会议，《辽宁日报》一出来，舆论一片哗然：现在都这个样子了，还说没有过头，要什么样才过头？《辽宁日报》怎么能登这样的文章？我那几天不在沈阳，文章发表以后又去采访去了，这是后来才知道的。最后任仲夷出来表态，他说，我认为范敬宜这篇文章没有任何不对，我完全赞成他的意见，只是标题还不够劲，原来标题就是“莫把开头当‘过头’”，没有副题，也没有肩题。他说应该加上“莫把支流当主流”，他这样说的，结果这个话跟《人民日报》的题不约而同。

（原载人民网—中国共产党新闻网，2008年11月13日）

旧报章

分清主流与支流 莫把“开头”当“过头”

编者按：党的三中全会精神，有力地推动着各方面工作向前发展，受到广大群众、干部的热烈欢迎。但是，正如《辽宁日报》记者写的这篇述评所说的一样，三中全会确定的方针、政策，如尊重生产队自主权，在基层才刚刚开始贯彻，有些同志就叫嚷什么“强调自主权过头”了。有一部分县社干部搞瞎指挥，搞强迫命令搞惯了，现在老办法行不通了，就大喊什么下面“不听指挥”呀，“乱了套”呀。究竟自己指挥得正确不正确？下面的意见有没有道理？根本不去了解。还有一些领导同志，对三中全会确定的方针、政策，本来持怀疑态度，甚至有抵触情绪，自己又不深入调查，看看群众和基层干部在想些什么，实际情况是怎样，一听到有人叫“过头了”，自己也跟着叫起来；或者把工作中出现的一些属于支流的问题当作主流。这说明一些同志的思想仍然处于僵化或半僵化状态。要改变这种状况，最好是这些同志自己到基层走一走，听一听群众和干部的呼声。作为新闻工作者，要像《辽宁日报》记者范敬宜同志那样，多搞一些扎扎实实的调查，用事实来回答那些对三中全会精神有怀疑、有抵触的同志。

《辽宁日报》记者范敬宜述评辽宁省农村形势：

最近一段时间，经常听见这样的埋怨声："生产队自主权强调过头了，现在下面都不听指挥……"

说这类话的，不仅有县社干部，也有城里的机关干部，有的还列举了许多当前农村中出现的问题，似乎这一切都应该归罪于生产队有了自主权。

事情果真是这样吗？为了弄清这个问题，我们走访了一些社队。

我们向许多农村干部和社员提出这样一个问题："今年农村最大的变化是什么？"普遍的回答是："活起来了！"这个"活"字，很形象地概括了生产队有了自主权以后，在政治、经济、生产、生活上出现的生动局面。人们对"活"字感受如此深刻，绝非偶然：过去十多年，在林彪、"四人帮"极左路线的干扰下，生产队自主权遭到肆意践踏、剥夺和侵犯，生产队不用说因地制宜地确定合理的经济结构和生产布局，就连种一亩土豆、一亩谷子都成了犯罪，生机勃勃的千村万户被弄得万马齐喑，死气沉沉。党的三中全会以后，随着发展农业的两个文件深入贯彻，生产队自主权重新摆到了它应有的地位，人们哪能不由衷地高兴！但是，在贯彻尊重生产队自主权政策的过程中，阻力还是很多的。从目前来看，在不少生产队，自主权还仅仅意味着在作物地块和品种的选择上有了一点余地，其他还谈不上；而有些生产队，连这点权利还没有得到。有的队干部和社员对我们说："我们只有劳动权，没有自主权。"这种现状告诉我们：尊重和保护生产队自主权的工作，现在只能说刚刚开头，没有理由可以认为已经“过头”。

那么，有了自主权的生产队是不是都“不听指挥”了呢？我们还是多看事实吧！有一个县，也曾被人描绘成自主权多得“乱了套”，可是一调查，今年高产作物和经济作物面积都不折不扣地完成了国家计划。天下哪有这样“不听指挥”的生产队！后来我们渐渐摸到了一个“窍门”：遇到埋怨下面“不听指挥”特别厉害的干部，就叫叫真，请他提供一个“最不听指挥”的典型，一下子就“将军”了，因为这样的典型确实很难找。这说明，有些干部，特别是上面的干部，并没有亲自调查研究，而是道听途说，人云亦云。绝大多数生产队都是懂得如何正确行使自主权的，坚定不移地走社会主义道路的。那种企图摆脱党的领导、不顾国家计划、不听正确指挥的生产队虽然也有，应当做好他们的工作，处理好自主权同党的领导的关系，但这样的生产队只是极少数，我们不能以偏概全，把支流当作主流。再说，对于“不听指挥”，也要作具体分析：究竟是正确的指挥，还是错误的指挥、瞎指挥？事实上，凡是指挥受阻的地方，一般都事出有因。我们问过一位县委书记，今年在哪些问题上卡过壳，他很坦率地举了三件事：第一件是某项县办水利工程继续平调生产队的劳力；第二件是不经试验就大面积推广某种作物；第三件是在播种时间上不顾实际情况又搞了“一刀切”。他说：“这不能怨下面，应该从上面来检查。过去生产队遇到这种情况，都忍气吞声，现在他们敢说话、敢抵制了，这应该说是好事，不是坏事。”可惜能够这样严以解剖自己的领导干部不是很多。

尊重生产队自主权既然是这样一件大得人心的好事，为什么会遭到这么多非议？通过调查，我们感到，一个很重要的原因是，十多年来有些干部受林彪、“四人帮”极左路线的影响较深，思想完全从禁锢中解放出来需要有一个过程。有的老干部忘记了群众路线的老传统，也习惯于那种官僚主义、强迫命令的手段了；有些比较年轻的干部，从当干部那一天起，就没有听说过生产队还有什么自主权，接触的就是“挖修根”“拔修苗”以及“一声雷”“一刀切”那一套，以为这是天经地义的事情。现在看到原来唯命是从的基层干部居然敢于提出不同意见，就认为大逆不道，“乱套了”，甚至对党的政策也产生了怀疑。这恰恰从反面说明，各级领导干部解放思想，是保证生产队自主权正确行使的关键。

尊重和保护生产队自主权是党的三中全会确定的发展农业生产的重要政策，我们一定要坚定不移地去继续贯彻落实。大量工作在等待我们去做。这里最重要的是领导干部对客观形势有一个清醒的、正确的估计，分清主流与支流，千万莫把“开头”当作“过头”。这是正确贯彻党的政策的前提。否则就会左右摇摆，贻误工作，甚至像毛主席讽刺过的那位好龙的叶公那样，天天念叨生产队自主权，等到自主权真正来临的时候，又惊慌失措，迷失方向了。

（原载1979年5月16日《人民日报》，1979年5月13日《辽宁日报》刊发时原题为《莫把开头当“过头”》，编者按为《人民日报》转载时所加，略有删减）

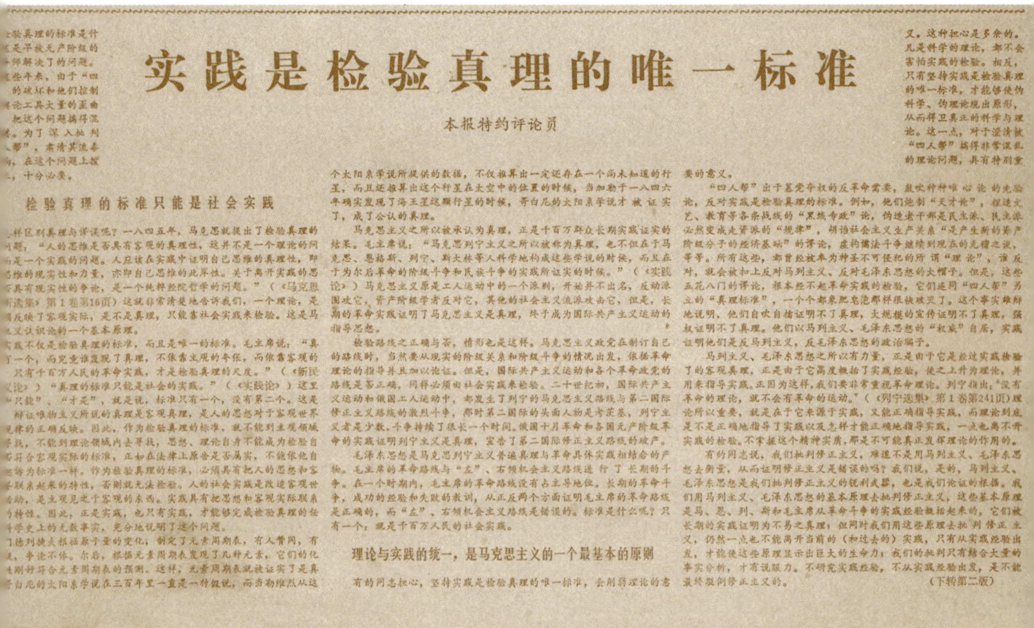

验真理的标准是什
是早被无产阶级的
师解决了的问题。
些年来，由于"四
的破坏和他们控制
论工具大量的歪曲
把这个问题搞得混
。为了深入批判
帮"，肃清其流毒
，在这个问题上拨
，十分必要。

实践是检验真理的唯一标准

本报特约评论员

检验真理的标准只能是社会实践

样区别真理与谬误呢？一八四五年，马克思就提出了检验真理的
题："人的思维是否具有客观的真理性，这并不是一个理论的问
是一个实践的问题。人应该在实践中证明自己思维的真理性，即
维的现实性和力量，亦即自己思维的此岸性。关于离开实践的思
具有现实性的争论，是一个纯粹经院哲学的问题。"（《马克思
选集》第1卷第16页）这就非常清楚地告诉我们，一个理论，是
反映了客观实际，是不是真理，只能靠社会实践来检验。这是马
义认识论的一个基本原理。
践不仅是检验真理的标准，而且是唯一的标准。毛主席说："真
一个，而究竟谁发现了真理，不依靠主观的夸张，而依靠客观的
只有千百万人民的革命实践，才是检验真理的尺度。"（《新民
论》）"真理的标准只能是社会的实践。"（《实践论》）这里
"只能"、"才是"，就是说，标准只有一个，没有第二个。这是
辩证唯物主义所说的真理是客观真理，是人的思想对于客观世界
律的正确反映。因此，作为检验真理的标准，就不能到主观领域
找，不能到理论领域内去寻找，思想、理论自身不能成为检验自
符合客观实际的标准，正如在法律上原告是否属实，不能依他自
诉为标准一样。作为检验真理的标准，必须具有把人的思想和客
联系起来的特性，否则就无法检验。人的社会实践是改造客观世
动，是主观见之于客观的东西。实践具有把思想和客观实际联系
特性。因此，正是实践，也只有实践，才能够完成检验真理的任
学史上的无数事实，充分地说明了这个问题。
德列捷夫根据原子量的变化，制定了元素周期表，有人赞同，有
，争论不休。尔后，根据元素周期表发现了几种元素，它们的化
刚好符合元素周期表的预测。这样，元素周期表就被证实了是真
白尼的太阳系学说在三百年里一直是一种假说，而当勒维烈从这

个太阳系学说所提供的数据，不仅推算出一定还存在一个尚未知道的行星，而且还推算出这个行星在太空中的位置的时候，当加勒于一八四六年确实发现了海王星这颗行星的时候，哥白尼的太阳系学说才被证实了，成了公认的真理。

马克思主义之所以被承认为真理，正是千百万群众长期实践证实的结果。毛主席说："马克思列宁主义之所以被称为真理，也不但在于马克思、恩格斯、列宁、斯大林等人科学地构成这些学说的时候，而且在于为尔后革命的阶级斗争和民族斗争的实践所证实的时候。"（《实践论》）马克思主义原是工人运动中的一个派别，开始并不出名，反动派围攻它，资产阶级学者反对它，其他的社会主义流派攻击它，但是，长期的革命实践证明了马克思主义是真理，终于成为国际共产主义运动的指导思想。

检验路线之正确与否，情形也是这样。马克思主义政党在制订自己的路线时，当然要从现实的阶级关系和阶级斗争的情况出发，依据革命理论的指导并且加以论证。但是，国际共产主义运动和各个革命政党的路线是否正确，同样必须由社会实践来检验。二十世纪初，国际共产主义运动和俄国工人运动中，都发生了列宁的马克思主义路线与第二国际修正主义路线的激烈斗争，那时第二国际的头面人物是考茨基，列宁主义者是少数，斗争持续了很长一个时间。俄国十月革命和各国无产阶级革命的实践证明列宁主义是真理，宣告了第二国际修正主义路线的破产。

毛泽东思想是马克思列宁主义普遍真理与革命具体实践相结合的产物。毛主席的革命路线与"左"、右倾机会主义路线进行了长期的斗争。在一个时期内，毛主席的革命路线没有占主导地位。长期的革命斗争，成功的经验和失败的教训，从正反两个方面证明毛主席的革命路线是正确的，而"左"、右倾机会主义路线是错误的。标准是什么呢？只有一个：就是千百万人民的社会实践。

理论与实践的统一，是马克思主义的一个最基本的原则

有的同志担心，坚持实践是检验真理的唯一标准，会削弱理论的意义。这种担心是多余的。凡是科学的理论，都不会害怕实践的检验。相反，只有坚持实践是检验真理的唯一标准，才能够使伪科学、伪理论现出原形，从而捍卫真正的科学与理论。这一点，对于澄清被"四人帮"搞得非常混乱的理论问题，具有特别重要的意义。

"四人帮"出于篡党夺权的反革命需要，鼓吹种种唯心论的先验论，反对实践是检验真理的标准。例如，他们炮制"天才论"，捏造文艺、教育等各条战线的"黑线专政"论，伪造老干部是民主派、民主派必然变成走资派的"规律"，胡诌社会主义生产关系"是产生新的资产阶级分子的经济基础"的谬论，虚构儒法斗争继续到现在的无稽之谈，等等。所有这些，都曾经被奉为神圣不可侵犯的所谓"理论"，谁反对，就会被扣上反对马列主义、反对毛泽东思想的大帽子。但是，这些五花八门的谬论，根本经不起革命实践的检验，它们连同"四人帮"封立的"真理标准"，一个个都象肥皂泡那样很快破灭了。这个事实雄辩地说明，他们自吹自擂证明不了真理，大规模的宣传证明不了真理，强权证明不了真理。他们以马列主义、毛泽东思想的"权威"自居，实践证明他们是反马列主义，反毛泽东思想的政治骗子。

马列主义、毛泽东思想之所以有力量，正是由于它是经过实践检验了的客观真理，正是由于它高度概括了实践经验，使之上升为理论，并用来指导实践。正因为这样，我们要非常重视革命理论。列宁指出："没有革命的理论，就不会有革命的运动。"（《列宁选集》第1卷第241页）理论所以重要，就是在于它来源于实践，又能正确指导实践，而理论到底是不是正确地指导了实践以及怎样才能正确地指导实践，一点也离不开实践的检验。不掌握这个精神实质，那是不可能真正发挥理论的作用的。

有的同志说，我们批判修正主义，难道不是用马列主义、毛泽东思想去衡量，从而证明修正主义是错误的吗？我们说，是的，马列主义、毛泽东思想是我们批判修正主义的锐利武器，也是我们论证的根据。我们用马列主义、毛泽东思想的基本原理去批判修正主义，这些基本原理是马、恩、列、斯和毛主席从革命斗争的实践经验概括起来的，它们被长期的实践证明为不易之真理；但同时我们用这些原理去批判修正主义，仍然一点也不能离开当前的（和过去的）实践，只有从实践经验出发，才能使这些原理显示出巨大的生命力；我们的批判只有结合大量的事实分析，才有说服力。不研究实践经验，不从实践经验出发，是不能最终驳倒修正主义的。

（下转第二版）

1978年5月11日，《光明日报》发表特约评论员文章《实践是检验真理的唯一标准》，引发了一场推动全民思想解放的关于真理标准问题的大讨论。这是中国新闻史上光辉的一页。在这篇世纪雄文发表40周年之际，《文摘报》刊发文章，回顾《实践是检验真理的唯一标准》一文发表经过，缅怀书写这光辉一页的领头人，时任光明日报社总编辑的杨西光同志。

是他，从完整、准确、全面地理解毛泽东思想体系出发，以高度的政治敏感和无畏的理论勇气，果断地组织修改并决定发表《实践是检验真理的唯一标准》一文；是他，以对党的事业的强烈责任感，与新闻界、理论界的同志密切配合，揭开了真理标准问题大讨论的序幕，为思想解放，为拨乱反正，为改革开放，在思想上、舆论上作出了贡献。

杨西光与真理标准讨论

◎陶　铠

杨西光速写

杨西光同志是1978年3月由中央任命担任光明日报社总编辑的。这时，他还在中央党校学习，尚未结业。待到4月上旬，才结束党校的学业正式就任。他一上任，就着手报纸的改版工作。

恢复报纸传播科学知识的职能

改版是由胡乔木同志提出，经中央批准后确定的。粉碎“四人帮”以后，全国人民强烈要求结束“以阶级斗争为纲”，一心一意建设四个现代化。建设四化从何处着手呢？1977年8月8日，邓小平同志提出："要从科学和教育着手，科学当然包括社会科学。"而科学、教育这两个领域，是在"文化大革命"中被破坏得最厉害的。因此，宣传、弘扬科学和教育，成为拨乱反正、推进四化建设的一个非常紧迫的任务。

《光明日报》有着宣传报道文化教育工作的传统。加强科学教育工作，宣传好科学教育，这一任务便更多地落在了《光明日报》的肩上。因此，中央决定将《光明日报》改成一张以报道科学、教育、文化为主要内容的报纸，减少对一般国内政治、经济新闻的报道。

杨西光同志一到报社便全力以赴抓这件事。在他的率领下，经过紧张的工作，1978年5月1日，《光明日报》宣布改版。

《为本报改版致读者》的社论中开宗明义地指出：改版以后，本报将作为一张以科学、教育为主要宣传内容的文化战线的报纸，以宣传科学、教育方面的路线、方针、政策为主，积极反映国内外科学、教育方面的动态，大力普及科学知识，为了保持和发扬原有特点，还要兼顾社会科学和文化等其他领域的宣传，办好各种专刊和副刊；国内外政治，经济新闻，除特殊重要者外，一般将不刊登。这样一改，《光明日报》将成为一张既不同于一般性的综合报纸、又区别于一般科学技术专业报刊的报纸，具有鲜明的特色。

当时，人们对"文革"仍然心有余悸，提出一般国内政治经济新闻不登，这需要有相当的勇气，也给人以耳目一新之感。同时，社论提出，要恢复报纸传播科学知识的职能，为“知识性”恢复名誉。这也是拨乱反正，冲破禁区的重要一着，确实起到了振聋发聩的效应。

一个至关重要的决策

《光明日报》从5月1日改版，到5月11日发表《实践是检验真理的唯一标准》一文，其间，时间是短促的，而大量的改版工作，可以说为《实践是检验真理的唯一标准》一文的发表做了很好的铺垫。对杨西光同志来说，从组织改版以及组织修改到发表《实践是检验真理的唯一标准》这篇文章，其办报思想是一脉相承的。

改版后的《光明日报》不刊登一般国内政治经济新闻，并不等于就游离于国内政治生活之外。相反，它在社会政治生活中仍发挥着重要的舆论作用。杨西光同志认为，这种作用主要是通过理论宣传（包括评论）来实现的。

改版之际，对要不要继续办理论专刊，也曾经有过不少议论，有主张继续办的，有主张不办的。杨西光同志考虑到《光明日报》专刊的历史影响，以及它对活跃理论学术空气，广泛联系理论学术界人士和有关方面的读者所起的作用，还是把它保留下来了，并且作了适当的调整和改进。

《实践是检验真理的唯一标准》这篇文章，开初就是准备在

《哲学》专刊上发表的一篇理论文章，后来经过精心修改移到一版发表的。现在看来，如果当时取消了理论专刊，也许这篇文章就不会到《光明日报》的编辑手中了。

1978年4月上旬的一天，载有胡福明同志撰写的《实践是检验一切真理的标准》的《哲学》专刊第77期大样，送到杨西光同志手中。这篇占上辟栏长达5000字的文章，他用了差不多一个小时才读完。

读完这篇文章，他立即要我（当时是他的秘书）把此文的责任编辑、哲学组组长王强华同志找来。他对王强华说，这篇文章提出的问题很重要，在《哲学》专刊上发，引不起注意，可惜了，把它撤下来，放在一版发表。他说，文章要进一步修改，要针对理论和实践关系问题上的一些混乱思想，作比较充分的论证，使文章更有指导意义；要进一步触及影响拨乱反正、冲破禁区的一些现实问题，提到思想路线上来批评、阐述。

文章经过修改后，以“本报特约评论员”的署名于5月11日在《光明日报》一版下辟栏发表。文章发表后果然产生了巨大的影响。现在看来，这篇文章如果不是他做这样的决定，而是按原先的安排以胡福明同志的名义在《哲学》专刊上发表，是不会引发真理标准问题的讨论的。

那么，他为什么会在一小时之内作出这样的决策呢？这并不是偶然的。

杨西光对真理标准问题思考已久

杨西光同志对理论工作，对文教工作，对知识分子工作相当熟悉。1949年他随解放大军进驻上海，便以军代表的身份接管了同济大学，后调到福建省任省委宣传部部长一段时间，又回到上海管文教工作。他先后担任过复旦大学党委书记、上海市委教育卫生部部长兼《解放日报》总编辑。“文革”前夕任上海市委书记处分管文教工作的候补书记。多年的文教工作、思想理论工作、知识分子工作经历，使他对思想文化战线颇为知情，在文化界、知识界有很多知己、朋友。“文革”开始，他首当其冲，与陈丕显、曹荻秋并称上海三大“走资派”，被批斗，被打倒。复出后，担任上海市革委会副主任。1977年，他到中央党校学习，这时，他已知道邓小平同志对“两个凡是”曾提出批评，提出应该用准确的完整的毛泽东思想指导党的工作。

当年12月，中央党校在研究编写“文革”中党的历史问题，其时担任副校长的胡耀邦同志提出了编写要求：一是完整地、准确地运用毛泽东思想，二是实践是检验真理的标准。这个问题在党校的不少中、高级干部中进行了讨论。在胡耀邦同志提倡“解放思想，实事求是地评价历史”的鼓舞下，一部分同志还提出了一系列与拨乱反正有关的问题。杨西光同志也积极参加了这些讨论，思想极为活跃，并有自己的见解。

可以说，关于“实践是检验真理的标准”这一命题，在他胸中酝酿已久。在“文革”中他被打倒，被监禁，被下放到工厂参加劳动的时候，在他读书反思的时候，他都在思考这一命题，而最后在党校臻于成熟。担任《光明日报》总编辑以后，他对当时的拨乱反正做了大量的舆论引导工作，但“两个凡是”仍然束缚着人们的思想。他在苦苦探索着冲破禁区推动拨乱反正的有效办法，所以，胡福明同志的文章他一下就看准了，而且牢牢地把它抓住。

1985年，杨西光同志已退居二线，他在组织我们（当时的评论部）编写关于《实践是检验真理的唯一标准》一文写作和发表的经过时，对于这篇文章发表的背景有这样两段叙述：

在真理标准问题展开讨论以前，《人民日报》和不少报纸以及社会舆论已经就教育上两个估计问题，所谓文艺黑线问题、老干部和“走资派”问题、知识分子问题等，特别是对于天安门群众运动，强烈地提出拨乱反正的要求。老干部和“走资派”问题是在胡耀邦同志指导下，由中央党校组织讨论的。当时有的人则阻止和妨碍这些讨论，并继续设置禁区。因此，当时已经在相当规模上展开了两条思想路线的争论和斗争。这个时期，有的文章也从理论上一般地论及了真理标准问题，如《人民日报》1978年3月26日的一篇短文《标准只有一个》；中央党校个别同志写的文章中也提到过这个问题。

《光明日报》这个时期也参加了当时的争论。在当时斗争形势的影响和鼓舞下，大家都感到有必要根据邓小平同志、胡耀邦同志的思想，写一些比较全面的关于解放思想、拨乱反正的文章，并且作了议论。

从以上两段叙述中，也可以印证杨西光同志对真理标准问题是思考已久的。

“唯一”是从何时加上去的

这篇文章从《哲学》大样上撤下来后，杨西光同志和理论部的同志即着手修改。4月10日左右，杨西光同志得知中央党校理论研究室的孙长江同志也在酝酿写相同主题的文章。恰好这时胡福明同志来京参加一个会议。4月13日晚，杨西光同志约请孙长江、胡福明、马沛文和王强华四位同志，在他的办公室共同讨论了修改意见。最后他综合大家的想法，对如何修改好这篇文章，提出了如下意见：

（1）完整地、准确地理解毛泽东思想；要批评“两个凡是”，解放思想，冲破禁区；

（2）要阐述理论指导实践，实践检验理论的辩证关系；

（3）要充分论证马克思主义是不断发展的，要在实践中不断经受检验，永葆青春，更具活力和指导作用；

（4）更加有力地批判林彪、“四人帮”的反动理论，鲜明地批判教条主义倾向。

由是，后来发表的文章的观点以及所要表述的内容，在这次会议上由杨西光同志归纳后，就基本上定下来了。

这次讨论后，胡福明同志在4月14、15日改了一次，由于他急于离京，没有来得及把讨论的观点全部反映出来。马沛文、王强华同志后来接手修改，才把上述观点基本上体现出来了，而且在文中鲜明地提出了“实践是检验真理的唯一标准”的观点。这就是4月20日的改样。这个改样送给了孙长江同志，请他进一步修改。与此同时，杨西光同马沛文、王强华同志一起，又修改了一次，并将文章的标题改为《实践是检验真理的唯一标准》，这个改样也送给了孙长江同志。

现在有的同志一口认定“实践是检验真理的唯一标准”这“唯一”二字是党校在改稿时才加上的，《光明日报》送去的文章的标题只是“实践是检验一切真理的标准”。我看，这样的疏忽是不应该有的。好在当时的清样还在，并已收入本书，无需再多费笔墨。

拉开真理标准讨论的序幕

在孙长江同志修改稿件期间，杨西光同志又到党校与吴江、孙长江同志交换意见。大家对文章的基本观点认识是统一的。吴江同志认为，4月20日的文章写得有勇气，理论逻辑上差些，要理好，并加以提高。杨西光同志再一次提出，要突出马克思主义有生命力、要永葆其青春的观点。此后，孙长江同志以4月20日的稿子为基础，改写出一稿，经吴江同志修改，于4月27日定稿，送胡耀邦同志审阅。同时，送给杨西光同志，并航寄南京胡福明同志。杨西光和吴江同志商定，为扩大影响，先在中央党校5月10日的《理论动态》发表，第二天即5月11日再由《光明日报》以特约评论员名义公开见报。这个安排得到了胡耀邦同志的批准。

由此可见，这篇文章的修改实际上是杨西光与吴江同志共同主持完成的。现在有一种说法，说《光明日报》当时不敢发表这篇文章，所以才拿到《理论动态》上发表的。这个说法与事实有悖，在逻辑上也是讲不通的。杨西光同志花费那么大的精力组织修改这篇文章，难道不是为了发表吗？

那么，文章为什么要先在《理论动态》发表，而后再由《光明日报》发表呢？

当时，杨西光同志考虑，这篇文章只是一家发表，不会形成气候，需要其他新闻单位的支持和呼应。他当时曾和新华社、《人民日报》的主要负责同志曾涛、胡绩伟商量，文章发表后，由新华社发通稿，《人民日报》转载，但要这样做，需要上面有人审阅这篇文章，而当时若将此文按正常程序送中央主管宣传工作的

60

实践是检验真理的唯一标准

检验真理的标准只能是社会实践

中共中央党校内部刊物《理论动态》第60期发表了《实践是检验真理的唯一标准》一文

负责人审，他们是不会同意《光明日报》发表的，更不会同意由新华社发通稿、《人民日报》转载。而当时中央党校《理论动态》的每篇文章，都要经时任中央党校副校长的胡耀邦同志审阅。所以，先在《理论动态》发表，此文由胡耀邦同志审定就是很自然的了，也避开了《光明日报》越过宣传部门的领导而直接送胡耀邦同志审定的嫌疑。所以，此文由《光明日报》以特约评论员名义发表后，当天新华社全文转发，第二天《人民日报》《解放军报》等一些中央和地方的重要报纸相继转载。这样，一场全国性的关于真理标准问题讨论的序幕就拉开了。

一颗平常心

文章发表后，反响强烈，不少读者投书报社，欣喜之情，溢于言表。但也出现了不同声音和不同的意见，这是很自然的。而当时主管宣传工作的领导同志也对这篇文章大加挞伐，这就使杨西光同志在思想上、政治上承受了巨大压力。面对压力，他是以一颗平常心来对待的，而且他对此是有思想准备的。在这篇文章修改的过程中，曾有人提醒他，这篇文章的发表会冒很大风险。他当时说，我已经老了，而且"文革"那么大的险滩都闯过来了，还怕什么呢？文章发表前，杨西光同志在一次报社负责人会议上宣布要发表这篇文章时坚定地说：这是一场事关中国命运的尖锐的政治斗争，如果结果好，那不用说，如果因此我们受到了误解，甚至受到组织处理，由我承担责任。但我们也要相信，历史最终会公正地作出结论。

在真理标准讨论得到邓小平同志的全力支持，并在全国产生重要影响后，人们自然要称道《光明日报》发表的这篇特约评论员文章。面对一片赞扬声，杨西光同志更加冷静，他一直对此不居功，不夸耀，而是强调邓小平同志等老一辈革命家不可磨灭的功勋。

（原载《实践是检验真理的唯一标准：纪念真理标准问题讨论30年》，光明日报编辑部编，光明日报出版社2008年出版）

旧报章

实践是检验真理的唯一标准

◎光明日报特约评论员

检验真理的标准是什么？这是早被无产阶级的革命导师解决了的问题。但是这些年来，由于“四人帮”的破坏和他们控制下的舆论工具大量的歪曲宣传，把这个问题搞得混乱不堪。为了深入批判“四人帮”，肃清其流毒和影响，在这个问题上拨乱反正，十分必要。

检验真理的标准只能是社会实践

怎样区别真理与谬误呢？1845年，马克思就提出了检验真理的标准问题：“人的思维是否具有客观的真理性，这并不是一个理论的问题，而是一个实践的问题。人应该在实践中证明自己思维的真理性，即自己思维的现实性和力量，亦即自己思维的此岸性。关于离开实践的思维是否具有现实性的争论，是一个纯粹经院哲学的问题。”(《马克思恩格斯选集》第1卷第16页)这就非常清楚地告诉我们，一个理论，是否正确反映了客观实际，是不是真理，只能靠社会实践来检验。这是马克思主义认识论的一个基本原理。

实践不仅是检验真理的标准，而且是唯一的标准。毛主席说：“真理只有一个，而究竟谁发现了真理，不依靠主观的夸张，而依靠客观的实践。只有千百万人民的革命实践，才是检验真理的尺度。”(《新民主主义论》)“真理的标准只能是社会的实践。”(《实践论》)这里说：“只能”“才是”，就是说，标准只有一个，没有第二个。这是因为，辩证唯物主义所说的真理是客观真理，是人的思想对于客观世界及其规律的正确反映。因此，作为检验真理的标准，就不能到主观领域内去寻找，不能到理论领域内去寻找，思想、理论自身不能成为检验自身是否符合客观实际的标准，正如在法律上原告是否属实，不能依他自己的起诉为标准一样。作为检验真理的标准，必须具有把人的思想和客观世界联系起来的特性，否则就无法检验。人的社会实践是改造客观世界的活动，是主观见之于客观的东西。实践具有把思想和客观实际联系起来的特性。因此，正是实践，也只有实践，才能够完成检验真理的任务。科学史上的无数事实，充分地说明了这个问题。

门捷列夫根据原子量的变化，制定了元素周期表，有人赞同，有人怀疑，争论不休。尔后，根据元素周期表发现了几种元素，它们的化学特性刚好符合元素周期表的预测。这样，元素周期表就被证实了是真理。哥白尼的太阳系学说在300年里一直是一种假说，而当勒维烈从这个太阳系学说所提供的数据，不仅推算出一定还存在一个尚未知道的行星，而且还推算出这个行星在太空中的位置的时候，当加勒于1846年确实发现了海王星这颗行星的时候，哥白尼的太阳系学说才被证实了，成了公认的真理。

马克思主义之所以被承认为真理，正是千百万群众长期实践证实的结果。毛主席说："马克思列宁主义之所以被称为真理，也不但在于马克思、恩格斯、列宁、斯大林等人科学地构成这些学说的时候，而且在于为尔后革命的阶级斗争和民族斗争的实践所证实的时候。"（《实践论》）马克思主义原是工人运动中的一个派别，开始并不出名，反动派围攻它，资产阶级学者反对它，其他的社会主义流派攻击它，但是，长期的革命实践证明了马克思主义是真理，终于成为国际共产主义运动的指导思想。

检验路线之正确与否，情形也是这样。马克思主义政党在制订自己的路线时，当然要从现实的阶级关系和阶级斗争的情况出发，依据革命理论的指导并且加以论证。但是，国际共产主义运动和各个革命政党的路线是否正确，同样必须由社会实践来检验。20世纪初，国际共产主义运动和俄国工人运动中，都发生了列宁的马克思主义路线与第二国际修正主义路线的激烈斗争，那时第二国际的头面人物是考茨基，列宁主义者是少数，斗争持续了很长一个时间。俄国十月革命和各国无产阶级革命的实践证明列宁主义是真理，宣告了第二国际修正主义路线的破产。

毛泽东思想是马克思列宁主义普遍真理与革命具体实践相结合的产物。毛主席的革命路线与“左”、右倾机会主义路线进行了长期的斗争。在一个时期内，毛主席的革命路线没有占主导地位。长期的革命斗争，成功的经验和失败的教训，从正反两个方面证明毛主席的革命路线是正确的，而“左”、右倾机会主义路线是错误的。标准是什么呢？只有一个：就是千百万人民的社会实践。

理论与实践的统一，
是马克思主义的一个最基本的原则

有的同志担心，坚持实践是检验真理的唯一标准，会削弱理论的意义。这种担心是多余的。凡是科学的理论，都不会害怕实践的检验。相反，只有坚持实践是检验真理的唯一标准，才能够使伪科学、伪理论现出原形，从而捍卫真正的科学与理论。这一点，对于澄清被“四人帮”搞得非常混乱的理论问题，具有特别重要的意义。

“四人帮”出于篡党夺权的反革命需要，鼓吹种种唯心论的先验论，反对实践是检验真理的标准。例如，他们炮制“天才论”，捏造文艺、教育等各条战线的“黑线专政”论，伪造老干部是民主派、民主派必然变成走资派的“规律”，胡诌社会主义生产关系“是产生新的资产阶级分子的经济基础”的谬论，虚构

儒法斗争继续到现在的无稽之谈，等等。所有这些，都曾经被奉为神圣不可侵犯的所谓“理论”，谁反对，就会被扣上反对马列主义、反对毛泽东思想的大帽子。但是，这些五花八门的谬论，根本经不起革命实践的检验，它们连同“四人帮”另立的“真理标准”，一个个都像肥皂泡那样很快破灭了。这个事实雄辩地说明，他们自吹自擂证明不了真理，大规模的宣传证明不了真理，强权证明不了真理。他们以马列主义、毛泽东思想的“权威”自居，实践证明他们是反马列主义，反毛泽东思想的政治骗子。

马列主义、毛泽东思想之所以有力量，正是由于它是经过实践检验了的客观真理，正是由于它高度概括了实践经验，使之上升为理论，并用来指导实践。正因为这样，我们要非常重视革命理论。列宁指出:“没有革命的理论，就不会有革命的运动。”(《列宁选集》第一卷第241页）理论所以重要，就是在于它来源于实践，又能正确指导实践，而理论到底是不是正确地指导了实践以及怎样才能正确地指导实践，一点也离不开实践的检验。不掌握这个精神实质，那是不可能真正发挥理论的作用的。

有的同志说，我们批判修正主义，难道不是用马列主义、毛泽东思想去衡量，从而证明修正主义是错误的吗？我们说，是的，马列主义、毛泽东思想是我们批判修正主义的锐利武器，也是我们论证的根据。我们用马列主义、毛泽东思想的基本原理去批判修正主义，这些基本原理是马、恩、列、斯和毛主席从革命斗争的实践经验概括起来的，它们被长期的实践证明为不易之真理；

但同时我们用这些原理去批判修正主义，仍然一点也不能离开当前的（和过去的）实践，只有从实践经验出发，才能使这些原理显示出巨大的生命力；我们的批判只有结合大量的事实分析，才有说服力。不研究实践经验，不从实践经验出发，是不能最终驳倒修正主义的。

客观世界是不断发展的，实践是不断发展的。新事物新问题层出不穷，这就需要在马克思主义一般原理指导下研究新事物、新问题，不断作出新的概括，把理论推向前进。这些新的理论概括是否正确由什么来检验呢？只能用实践来检验。例如，列宁关于帝国主义时代个别国家或少数国家可以取得社会主义革命胜利的学说，是一个新的结论，这个结论正确不正确，不能用马克思主义关于资本主义的一般理论去检验，只有帝国主义时代的实践，第一次世界大战和十月革命的实践，才能证明列宁这个学说是真理。

毛主席说："理论与实践的统一，是马克思主义的一个最基本的原则。"（《毛泽东选集》第5卷第297页）坚持实践是检验真理的唯一标准，就是坚持马克思主义，坚持辩证唯物主义。

革命导师是坚持用实践检验真理的榜样

革命导师们不仅提出了实践是检验真理的唯一标准，而且亲自作出了用实践去检验一切理论包括自己所提出的理论的光辉榜样。马克思和恩格斯对待他们所共同创造的著名的马克思主义科学文献《共产党宣言》的态度，就是许多事例当中的一个生动的例子。1848年《宣言》发表后，在45年中马克思和恩格斯一直在用实践来检验它。《宣言》的七篇序言，详细地记载了这个事实。首先，马克思恩格斯指出："不管最近25年来的情况发生了多大的变化，这个《宣言》中所发挥的一般基本原理整个说来到现在还是完全正确的。"同时，他们又指出，"这些基本原理的实际运用，正如《宣言》中所说的，随时随地都要以当时的历史条件为转移。"(《马克思恩格斯选集》第1卷第228页）马克思和恩格斯根据新实践的不断检验，包括新的历史事实的发现，曾对《宣言》的个别论点作了修改。例如，《宣言》第一章的第一句是："到目前为止的一切社会的历史都是阶级斗争的历史。"恩格斯在1888年的《宣言》英文版上加了一条注释："确切地说，这是指有文字记载的历史。"(《马克思恩格斯选集》第1卷第251页）这是因为，《宣言》发表以后人们对于社会的史前史有了进一步的认识，特别是摩尔根的调查研究证明：在阶级社会以前，有一个很长的无阶级社会；阶级是社会发展到一定历史阶段的产物，并非从来就有的。可见，说"一切社会的历史都是阶级斗争的历史"，并不确切。恩格斯根据新发现的历史事实，作了这个说明，修改了《宣言》的旧提法。《宣言》还有一个说法，说到无产阶级要用暴力革命夺取政权，以推翻资产阶级。1872年，两位革命导师在他们共同签名的最后一篇序言中，明确指出："由于最近25年来大工业已有很大发展而工人阶级的政党组织也跟着发展起来，由于首先有了二月革命的实际经验而后来尤其是有了无产阶级第一次掌握政权达两月之久的巴黎公社的实际经验，所以这个纲领现在有些地方已经过时了。特别是公社已经证明：‘工人阶级不能简单地掌握现成的国家机器，并运用它来达到自己的目的。’”（《马克思恩格斯选集》第1卷第229页）列宁对马克思和恩格斯的这个说明十分重视，他认为这是对《共产党宣言》的一个“重要的修改”。（《列宁选集》第3卷第201页）

正如华主席所指出的：“毛主席从来对思想理论问题采取极其严肃和慎重的态度，他总是要让他的著作经过一段时间的实践的考验以后再来编定他的选集”。毛主席一贯严格要求不断用革命实践来检验自己提出的理论和路线。1955年毛主席在编辑《中国农村的社会主义高潮》一书的时候，写了104篇按语。当时没有预料到1956年以后国际国内所发生的阶级斗争的新情况。因此，1958年在重印一部分按语的时候，毛主席特别写了一个说明，指出这些按语“其中有一些现在还没有丧失它们的意义。其中说：1955年是社会主义与资本主义决战取得基本胜利的一年，这样说不妥当。应当说：1955年是在生产关系的所有制方面取得基本胜利的一年，在生产关系的其他方面以及上层建筑的某些方面即思想战线方面和政治战线方面，则或者还没有基本胜利，或者还没有完全胜利，还有待于尔后努力。”（《毛泽东选集》第5卷第225页）

革命导师这种尊重实践的严肃的科学态度，给我们极大的教育。他们并不认为自己提出的理论是已经完成了的绝对真理或“顶峰”，可以不受实践检验的；并不认为只要是他们作出的结论不管实际情况如何都不能改变；更不要说那些根据个别情况作出的个别论断了。他们处处时时用实践来检验自己的理论、论断、指示，坚持真理，修正错误，尊重实践，尊重群众，毫无偏见。他们从不容许别人把他们的言论当作“圣经”来崇拜。毫无疑义，马克思主义的基本原理，马克思主义的立场、观点和方法，必须坚持，决不能动摇；但是，马克思主义的理论宝库并不是一堆僵死不变的教条，它要在实践中不断增加新的观点、新的结论，抛弃那些不再适合新情况的个别旧观点、旧结论。关于哲学，毛主席曾经说过：现在，我们已经进入社会主义时代，出现了一系列新的问题，如果只有几篇原有的哲学著作，不适应新的需要，写出新的著作，形成新的理论，那是不行的。实践、生活的观点是认识论的首要的和基本的观点。实践、生活之树是常青的。正是革命导师的这种坚持实践是检验真理的唯一标准的辩证唯物主义立场，才保证了马克思主义的不断发展，而永葆其青春。

任何理论都要不断接受实践的检验

我们不仅承认实践是真理的标准，而且要从发展的观点看待实践标准。实践是不断发展的，因此作为检验真理的标准，它既具有绝对的意义，又具有相对的意义。就一切思想和理论都必须由实践来检验这一点讲，它是绝对的、无条件的；就实践在它发展的一定阶段上都有其局限性，不能无条件地完全证实或完全驳倒一切思想和理论这一点来讲，它又是相对的、有条件的；但是，今天的实践回答不了的问题，以后的实践终究会回答它，就这点来讲，它又是绝对的。列宁说："当然，在这里不要忘记：实践标准实质上决不能完全地证实或驳倒人类的任何表象。这个标准也是这样的'不确定'，以便不至于使人的知识变成'绝对'，同时它又是这样的确定，以便同唯心主义和不可知论的一切变种进行无情的斗争。"（《列宁选集》第2卷第142页）

辩证唯物主义认识论关于实践标准的绝对性和相对性辩证统一的观点，就是任何思想、任何理论必须无例外地、永远地、不断地接受实践的检验的观点，也就是真理发展的观点。任何思想、理论，即使是已经在一定的实践阶段上证明为真理，在其发展过程中仍然要接受新的实践的检验而得到补充、丰富或者纠正。毛主席指出："人类认识的历史告诉我们，许多理论的真理性是不完全的，经过实践的检验而纠正了它们的不完全性。许多理论是错误的，经过实践的检验而纠正其错误。"又指出："客观现实世界的变化运动永远没有完结，人们在实践中对于真理的认识也就永远没有完结。马克思列宁主义并没有结束真理，而是在实践中不断地开辟认识真理的道路。"（《实践论》）马克思主义强调实践是检验真理的标准，强调在实践中对于真理的认识永远没有完结，就是承认我们的认识不可能一次完成或最终完成。就是承认由于历史的和阶级的局限性，我们的认识可能犯错误，需要由实践来检验，凡经实践证明是错误的或者不符合实际的东西，就应当改变，不应再坚持。事实上这种改变是常有的。毛主席说：“真正的革命的指导者，不但在于当自己的思想、理论、计划、方案有错误时须得善于改正”，“而且在于当某一客观过程已经从某一发展阶段向另一发展阶段推移转变的时候，须得善于使自己和参加革命的一切人员在主观认识上也跟着推移转变，即是要使新的革命任务和新的工作方案的提出，适合于新的情况的变化。”(《实践论》) 林彪、“四人帮”为了篡党夺权，胡诌什么“一句顶一万句”“句句是真理”。实践证明，他们所说的绝不是毛泽东思想的真理，而是他们冒充毛泽东思想的谬论。

现在，“四人帮”及其资产阶级帮派体系已被摧毁，但是，“四人帮”加在人们身上的精神枷锁，还远没有完全粉碎。毛主席在第二次国内革命战争时期曾经批评过的“圣经上载了的才是对的”(《论反对日本帝国主义的策略》) 这种倾向依然存在。无论在理论上或实际工作中，“四人帮”都设置了不少禁锢人们思想的“禁区”，对于这些“禁区”我们要敢于去触及，敢于去弄清是非。科学无禁区。凡有超越于实践并自奉为绝对的“禁区”的地方，就没有科学，就没有真正的马列主义、毛泽东思想，而只有蒙昧主义、唯心主义、文化专制主义。

党的十一大和五届人大，确定了全党和全国人民在社会主义革命和社会主义建设新的发展时期的总任务。社会主义对于我们来说，有许多地方还是未被认识的必然王国。我们要完成这个伟大的任务，面临着许多新的问题，需要我们去认识，去研究，躺在马列主义毛泽东思想的现成条文上，甚至拿现成的公式去限制、宰割、裁剪无限丰富的飞速发展的革命实践，这种态度是错误的。我们要有共产党人的责任心和胆略，勇于研究生动的实际生活，研究现实的确切事实，研究新的实践中提出的新问题。只有这样，才是对待马克思主义的正确态度，才能够逐步地由必然王国向自由王国前进，顺利地进行新的伟大的长征。

（原载《光明日报》，1978年5月11日）

附录一：

回顾历史是为了更好地出发

◎刘 昆

“没想到我们报界前辈的报道和这些重大改革关系这么密切！”这句话是笔者近段时间经常听到的，说这话的往往是较年轻的新闻同人。让他们产生如此感触的，是我们推出的《旧报新读——改革开放40年路上的人和事》(以下简称《旧报新读》)栏目。

从2018年2月10日开始，《文摘报》开辟了《旧报新读》栏目，选摘各大报刊刊登过的、曾经对改革开放进程产生重大影响的“旧闻”，并配发新的解读文章，至今已刊出20余期。这个栏目是《文摘报》结合自身的“文摘”特点，创新报道视角及形式，做好改革开放40周年宣传报道的有益探索。

一种价值，经受了时间的考验

波澜壮阔的改革开放进程，已经改变了中国，并将持续改变中国。作为中央党报《光明日报》的子报，《文摘报》具有鲜明的意识形态属性，应该牢固树立“四个意识”，自觉服务重大主题宣传。在改革开放40年的宣传中，《文摘报》需要化被动为主动，结合自身特点，做出点“花样”来。过去，《文摘报》在一些重要时间节点、一些重大主题宣传中，如党的十九大、全国两会宣传等，与母报《光明日报》同频共振，通过做专题、开专栏，积累了一些主题宣传的经验，但是因为“文摘”性质的局限，缺少原创元素，基本上仍是“就米下锅”式的宣传，力度不大。开辟《旧报新读》栏目，是一次有策划的行动。

“旧报新读”，可以说是针对新闻报道的再次报道。正如《文摘报》在开栏的《致读者》中所说：世间文章千千万，总有那些“不寻常”，如航标、星宿，熠熠发光。它们或是岁月的刻痕，或是历史的见证，或是时代的坐标，或是命运的呐喊，或是人世的长歌……这些文章不仅“美”，而且“真”，还很“实”，彰显出文字的劲道与力度。

改革开放这一重大主题，可挖掘的历史信息和思想文化资源非常丰富，用今天的视角去讲述改革开放40年路上的人和事，容易扣人心弦。40年的进程，无论是宏大叙事，还是小人物的命运变迁，都回味无穷。开办《旧报新读》专栏，就是要将此间那些动人而“不寻常”的篇章重新打开，重新唤醒，重新编排，请读者读，请读者品，请读者思，把读者带回到改革开放那些激情燃烧的岁月，引导他们在中国特色社会主义新时代，更好地投身改革开放的大潮。

对于栏目的名称，我们当初颇费思量。“旧报”是针对目前的时间点而言，所谓的旧，在当时的人们看来，自当有耳目一新甚至石破天惊之感。“新读”是针对过去的时间点而言，站在新时代，重温这些文章，回顾那段历史，既为了一种长久的思想文化价值，也为了一种继续前行的动力；既为老读者读，更为新读者读，每一期的内容也据此分为两部分：旧报道＋新解读。

《旧报新读》栏目首篇刊发的，是时任光明日报记者王晨（现任中共中央政治局委员、全国人大常委会副委员长）1978年6月18日发表于《光明日报》的长篇通讯《深入宝库采明珠——记抗疟新药“青蒿素”的研制历程》，在刊发这篇40年前“旧闻”的同时，配发解读文章《春天里的心跳　40年不停歇》，介绍2015年诺贝尔医学奖获得者屠呦呦等中国科技工作者开展青蒿素研究40年来取得的成就，揭示了当代中国科技发展的时代主题，让读者明白，为什么青蒿素研究的领头人屠呦呦能获得诺贝尔医学奖，为什么说改革开放给中国的科技事业带来一个又一个春天。

紧接着，《旧报新读》栏目刊发了40年前著名的报告文学《哥德巴赫猜想（节选）》，并配发解读文章《40年，这部作品仍令人念念不忘》。很多读者说，新旧两篇文章读来荡气回肠，感慨万千。40年前的1978年，是改革开放元年，也是中国科学事业唤来春天的一年，著名作家徐迟在《人民文学》杂志发表报告文学《哥德巴赫猜想》，描写了数学家陈景润的感人事迹。经历过“文革”后的中国知识分子，从这部作品受到鼓舞，受到教育，受到鞭策，在全社会兴起了尊重知识，热爱科学，报效祖国的良好社会风气。这种追求和理想，不仅在当年显得珍贵，在今天的社会同样具有巨大的价值。有读者说，《文摘报》这组文章引导我们回顾那段难忘的历史，增强了“四个自信”，激励着人们更好地在实现中华民族伟大复兴中国梦的征程中奋勇前行。

新闻记录历史，改变今天，影响未来。通过这个栏目，我们相信，人们会对“改革开放40年路上的人和事”有更真切的理解，对新闻的价值有更深刻的判断和体悟。

一种观念，与时俱进不断拓展

报纸毕竟是新闻纸，读者读报，首先，为了满足对“新闻”的需要。其次，时代在发展，新闻实践也在发展，特别是新媒体的勃兴，催发了新闻观念的深刻变化。过去我们理解，新闻是新近发生的事实的报道，今天，新闻的时间边界实际已经被打破。新近，已经变成了“即时”，一个事实在发生那一刻，往往就已经同步完成新闻的生产和传播。如果一定要从时间之新来界定，新闻应该是正在发生的事实的报道。而在新闻传播的实践中，定义新闻，除了时间这一维度，还有一个更开放更有价值的讨论视角，就是让事实的信息（无论是过去发生、新近发生，还是正在发生）与读者最新最现实的信息需求“勾连”起来，对于读者来说，未知而欲知的事实的信息就是新闻，包括历史上的旧人旧事。

《旧报新读》栏目从设计到付诸实践，都体现了这样的新闻观念。《旧报新读》栏目，首先要帮助读者了解欲知而未知的“改革开放40年路上的人和事”，这些人和事对读者兴许是陌生的，因而是“新鲜”的。但是，光讲这些故事还不够，还要讲清故事背后所蕴含的重大社会问题，以及这些问题的解决对于整个历史进程的意义，由此可以与当下的社会现实关联起来，让读者从这些人和事的回顾里，产生新的体悟，得到新的见解，以更好地面对未来。所以说，好的旧报新读选题，一定是历史感和时代感的双重体现。

既有历史感，又具时代感，就成为选择什么样的人和事的凭依。40年风云变幻，多少人和事已成过眼烟云，但仍有一些人和事经过媒体的报道，影响到社会发展的进程，镌刻在历史的记忆深处。大凡主流媒体上这样的人和事的报道背后，都承载着一个重大的社会问题。关于真理标准问题的大讨论，那是关乎党和国家的思想路线问题；蒋筑英的系列报道，揭示的是中年知识分子英年早逝问题，知识分子的待遇过低问题；韩琨事件揭示的是科技人员业余兼职收取报酬是否合法的问题；《一个工程师出走的反思》揭示的是人才合理流动问题。“关广梅现象”，直面的是社会

20世纪80年代，文摘类报刊快速发展，那个年代做文摘，是因为读者获取信息渠道不足，需要通过《文摘报》来广采博取，满足他们的信息需要。今天，《文摘报》的生存环境已然发生深刻的变化，在信息泛滥的情况下，简单的拿来主义肯定是行不通了。人无我有，你做不到；人有我新，你也很难做到；人新我特，才是唯一的出路。《文摘报》要延伸品牌的生命周期，传统的内容生产方式必须更新，必须在彰显特色上下更大的功夫。

特色从哪里来？鉴别、摘取、浓缩、集萃。这是文摘类报刊编辑的看家本领，也是打造自身特色的不二之途。

一是从源头上做文章，打破时间轴局限，不只是最新的报刊文章，旧报中的丰富资源也尽可发掘；二是对内容深度加工，进行二次甚至多次创作，甚至适当加入一些原创元素。如此既不偏离“文摘”的基本定位，又对旧文价值进行一个延伸，可以说，“旧报新读”是《文摘报》历来强调的“二次创作”的高级版。有读者来信说，“旧报新读”提升和深化了文摘功能。还有一点，编辑队伍思维方式和知识结构、能力结构的自我更新非常重要。《文摘报》的编辑工作，过去更多地近乎一种“剪刀＋糨糊”的简单劳动，在互联网时代，要办一张有生命力的报纸，编辑满足于做一个“匠人”是断然行不通的，必须有互联网思维，有创新的紧迫感和动力。还要有见解，会讲故事，能做原创作品，有生产融媒体产品的能力，这样才能让自己生产的内容质量与自身的职业竞争力同步提升。

在文摘报的微信公众号上，《旧报新读》栏目的系列文章也受到欢迎。新媒体的受众与纸媒有所区别，这一点，我们在标题制作上就进行了体现。举例说明，韩琨事件在报纸上的标题是《韩琨事件：折射知识分子命运的时代变迁》，较为稳重；在公众号上采用的标题则是《韩琨事件：使大批科技人员免除牢狱之灾》，更加直接。这篇文章被很多人转载和转发，取得了不俗的阅读量，许多年轻人从这篇推送中了解到，韩琨这个也许并不重要的人物，因为个人的遭遇引发了一场全国性的大讨论，由此改变了一个群体的命运，正如时任中共中央政治局委员、国务委员、国家科委主任方毅对时任光明日报负责人说的："韩琨事件使一大批类似韩琨这样的科技人员免除了牢狱之灾！"这一特殊年代的特殊遭遇，折射出历史的进步，反映了那个时代知识分子命运的巨大变迁。

《文摘报》的探索，不仅为自身品牌延伸助力，也为母报价值赋能。在留言和反馈中，不少人表示被文中的一段话所打动：《光明日报》20世纪80年代的报道中，因为有了勇气，才敢于突破旧的政策和观念，敢于顶住压力与抵制改革的势力进行较量，敢于旗帜鲜明地支持在改革中出现的新生事物，为改革助阵呐喊。张志新、遇罗克、马寅初、孙冶方、栾茀、韩琨、蒋筑英等人物报道便是《光明日报》当时刊发的影响最大、效果最好、最为社会各界称道的成功的人物报道。每个人物报道都呼应着一个重大的时代主题和社会关切。而这些人物报道的推出无不彰显着报人的勇气。这份勇气，对应着锐意进取和责任担当，至今不可磨灭。

在上述的实践和思考中，我们认识到，《旧报新读》作为一个栏目，它的生存周期总是有限的，而把它作为文摘类报纸的一种办报思路和理念，则富有持久的实践价值。

（作者系文摘报总编辑、中国文摘报研究会会长）

附录二：

走向改革史的深处寻找新闻人的足迹

◎殷陆君

做纪念改革开放40年的报道是今年的重头戏。大家都在做，如何求不同？如何来创新？创新是新闻的重要特征，做好这一报道更需要创新。有所区别，才能各具特点；各展所长，才能相映生辉。何谓长？你无我有，你有我新，你新我特，你特我独。看今年的纪念改革开放40年的报道中，《文摘报》的创造有新意、有特色，有主体、有个性，有独到之处。

《文摘报》策划的卓尔不群

《文摘报》的《旧报新读》栏目卓具特色：一是策划独具慧眼，有新的视角；二是主题独特重大，有新的梳理；三是编辑有独特思考，有新的观点。不是旧闻炒冷饭，再回首我心依旧，简单罗列；不是新瓶装老酒，再回首云遮断归途，回顾历史；不是没事找事，再回首泪眼朦胧，一点泪点一声叹息，徒剩嘘唏。

报道要有新意，必须在深度、厚度、温度上下功夫开掘，走向历史深入、走向心灵深处、走向时代深处。新闻报道要有特色，就要让新闻当主体，新闻人当主角，新闻背后的故事和意义当主题，同时关于新闻报道的报道要有底色，改革是主线，发展是主调，传承精神是主旋律，思考规律是正能量。新闻背后，折射的是一个过去未引人关注但是令人深思的道理：记者是改革的记录者，也是改革的书写者；记者是记者，也是智者；是思想者，更是建设者。可以说，新闻报道成功推动了改革，全体记者积极参与了改革，新闻报道是改革实践的一部分，新闻工作者的报道、作风、文风和新闻媒体的改革创新也是改革实践的一部分。

因此，笔者非常关注《文摘报》这一组系列报道。在改革开放活剧中，新闻记者是编剧，也是剧中人。在澎湃的改革浪潮中，新闻记者是观潮者，也是弄潮儿。它让笔者思考，记者在改革开放中的作用巨大，记者在新时代是否有更大作用？记者记录时代和别人的命运，她的命运怎么样？也值得深情记录和深刻思考。革命、改革和建设，改革前期、中期和后来，记者在不同时期发挥重要作用，为什么总能发挥作用？寻找背后的规律，开掘深层的精神，这些职业基因的传承启示着我们记者今天怎么看、明天怎么办。

《旧报新读》栏目的特殊意味

重温，有新的感动；重现，有新的温度。重温重现，需要检视过去，视角更新。我们写改革，记录改革。回顾改革开放历程中有影响、有代表性的事件或人物，放在更宽广、更长远的历史长河中进行解读，将读者重新带回那个时代、品味当时的气息，思考未来的方向。回顾当年，续接昨天，展望明天。把这一段宝贵记录，不是为了简单留下记忆，而是为了推动今天激发明天。当此时也，新时代新征程，呼唤新气象新作为。我们是历史的记录者，也是历史的推动者。为今天继续改革开放凝聚磅礴力量，为再次出发营造良好舆论氛围，再次为昨天的改革者而歌，也是为今天的奋斗者鼓动澎湃激情，为中华民族伟大复兴而奋发图强、激流勇进。

重读，有新的思考；重看，有新的深度。重读重看，需要检视时代，开掘更深。我们是历史的记录者，也是历史的书写者。我们写别人，记录自己。我们写历史，也是再写新闻史。重大报道史，是新闻史的重要部分。视角不同，年代不同，感受也不一样。报道之后的即时反响，报道之后的当代反响，若干年后的历史回眸，会让我们对历史有更多敬畏、珍惜或惭愧，也会对新闻报道的作用看得更加清晰。回顾改革开放历程中有影响、有代表性的事件或人物，放在更宽广、更长远的历史长河中进行解读，将读者重新带回那个时代、品味当时的气息，思考未来的方向。比如青蒿素的报道，不满足于刊发40年前的“旧闻”，做简单的“文摘”，而是在配发的解读文章中列举我国青蒿素研究近几十年取得的成绩等等，深化新闻史的再写报道这不仅加深了读者对“旧闻”的理解，让读者感受到改革开放进程中我国青蒿素研究的前进步伐和方向；更让人明白，为什么说改革开放给中国的科研事业带来了又一个春天，为什么青蒿素研究的领头人屠呦呦能获得诺贝尔医学奖，这些当年偶然的新闻报道，也印证了后来获奖的必然；说明了新闻记录历史也瞭望时代，讲述故事了传承了道理。记者是历史的书写者，也是历史的建设者。为人民立心，为时代发声；为党鼓与呼，为改革呐喊；为生民立命，为改革背书；为人歌与唱，为英雄正名。我们所做的这一切，也终将被人记录在大地上，铭刻在历史里。

重理，有新的脉络；重解，有新的厚度。重理重解，需要检视自己，琢磨更深。我们是时代的记录者，也是时代的思想者。我们记录自己，记录心灵。记者的心灵史是历史的重要一部分，也是新闻史重要的方面。走向心灵深处，回首记者情感之波澜、心灵之激荡，忆真诚之情，求真之道，求实之理，达更高境界。记者是行者，更是知者，鉴往知今，有些事可为也知其不可为；有些事可多为有些事少为。作为知者，有必要将自己重新带回那个时代、思索当年的历程，思考过了若干年这些报道是否能经得起更多的检视，是否依然有当初的价值判断，历史的车辙是否更加清晰深刻。将自己放在过去今天未来三维时间、前后左右上下六度空间检视，思考过了若干年再做这些报道是否能有更好地创造，明天做类似的报道是否能有超越时空的规律把握，今天心灵的答案是否更加深刻完善。

记者的责任就是要始终有那么一种冲动想报道，面对突发事件、迅速到达现场；始终有那么一种能力准报道：面对复杂情况、敏锐判断矛盾，面对时空地域挑战、全面理性客观把握；始终有那么一种激情快报道：准确表述事情、快速做出报道，简洁生动表达、快速抵达受众。记者的情怀就是始终有恻隐之温心，报道弱势、关怀苍生；始终有一种客观之真意，报道不足、兼济天下；始终有一种向上之正气，监督社会、抑恶扬善。记者的素质就是始终有一种能力，于纷繁事件中有一双发现新闻的锐眼、两只捕捉新闻的敏耳，于复杂现象中有一双直击主题的慧眼、一个展示主题的妙角，于简短时间中做出恰当的判断、准确的描述，体现剖析事实的逻辑、展示发展变化的故事。记者的水平就是始终有一种才华，有一副灵活的思想大脑、一支机巧的生花妙笔，用简洁语言描述，告诉人们事物全貌；用生动文字报道，告诉人们事实真相；用丰富片段再现，告诉人们事实正在发展，新闻还在路上。记者的职业就是始终有一种深情，有一颗理解的心关注世事沧桑，有一颗真诚的心关怀人情冷暖，有一颗火热的心观照悲伤痛苦，用个别传播普遍，用典型启示大众，用故事传递真情，告诉人们世道人心，给予大家温暖力量，引导走向光明希望。

我们知道，思想者不但因为思考社会而深刻，还因为思考人生而深沉。我们也知道，思想者不但因为观察客观而深厚，还因为体悟主观而深切。我们更想知道，思想者不但因为回顾昨天而深情，还因为展望明天而深邃。

谋改革推改革的深沉力量

全面、辩证、历史地看，我们的观察就有新的答案、意味。我们见微知著，察事物之萌，解青萍之末，虽然不一定都能治社会之未病，回答时代之声音。但我们记者就是有一种独特的视角和独到的能力，比更多人知道或更早更快判断事物的走势，更加了解时代未来的方向。

岁月的长河依然月明如昔。虽然过去那么久，感受不再那么敏感，但是读着当年的旧报文章，细品今天的《文摘报》新读，改革者的命运更是令人感叹，改革的故事更是令人心动，改革的成果更加令人珍惜。这种反思是激励前进的力量，也是激励成功的源泉，同时也是防止颠覆性错误的警笛，也是防止开历史倒车的雷达。

新时代，我们不但要遵循和把握新闻传播的客观规律，也要学习和掌握新兴媒体发展的规律。新闻传播的机理在于传播信息、传达故事、传递情感，决定抵达多少人心灵深处。新兴媒体更关注媒体吸引多少眼球、受众点击率、互动率，在看书看皮、读报读题、双微读图的时代，仍然有如此多的人关注深度文摘、温度文人、厚度文化，值得珍惜。它也激励我们要创新形式、内容、方法、手段、体裁，创新理念、体制、机制、载体，更好地传播信息、传导情感、传递价值、更加快速地贴近和到达受众。

这是《文摘报》适应移动化、分众化、精准化传播的趋势得到的应有回报，也是愉悦表达一个时代深层清谷的回音，更是“林静鸟谈天、水清鱼读月”静水流深的回响。它启迪人们，新闻的力量在于起承转合间抵达人心，在于跌宕起伏间洗涤情感，更在于真实真切传导真诚。

重温，有新的感动；重现，有新的温度；重读，有新的思考；重看，有新的深度；重理，有新的脉络；重解，有新的厚度。

我们是回顾历史，也是开掘历史，走向历史深处，还原历史的脉络。我们是记录今天，也是审视今天，走向思想深处，寻找今天的得失。我们是记录心灵，也是检视心灵，走向内心深处，检视人心的变化。我们是展望明天，也是思索明天，走向规律深处，寻找科学的规律。40年前，中国打开国门，一个改革开放的时代画卷徐徐展开。40年，中国在醒来、在蜕变、在飞跃，记者在记录、讲述、传播，改革情景波澜壮阔，改革历程扣人心弦，改革故事令人回味，改革人物令人感叹，我们是历史的记录者，也是历史的书写者。

新时代，明者因时而变，知者随事而制，我们用今天的视角去讲述昨天，我们用更加冷静的眼光审视今天，为的是以更加热情的力量和更富新意的创造为全面深化改革讴歌，为中华民族的艰难历程记录，为中国人文情怀为中国改革精神喝彩！

（作者系中国记协国内部主任）

后　记

即将付梓的这本《报章里的改革史》，记录的是改革开放进程中的一些瞬间、一些片断，因为它比较真实地还原了历史的大量细节，这些细节又折射出当时一些重大的社会命题，并且还在对当下产生或大或小的影响，所以我们认为它有着作为史的独特价值。

文摘报编辑部在酝酿《旧报新读——改革开放40年路上的人和事》这个专栏时，设想以1978年（改革开放元年）、1992年（邓小平南方谈话发表）、2012年（党的十八大召开）作为重要时间节点来组织文章。先期推出的20余篇文章，记述的大体是1978年前后的人和事，也是构成本书的主体内容。随着改革开放40年宣传的持续推进，还将有更多精彩的有价值的内容奉献给读者。

在编辑这个专栏文章的过程中，我们深切感触到这段不平凡历史的脉动，一直被一种高尚的情操激励着。新闻记录历史，新闻也影响历史。本书集纳的文章作者，有的既是这段历史的记述者，又是深度的参与者和贡献者，更多的，则是作为同道或是后来者的瞻望，他们的字里行间，都洋溢着对共和国这段历史的温情和敬意，作为编辑，感受到他们文字里的温度，并以虔诚之心，传递给亲爱的读者。

广西师范大学出版社慧眼识珠，决定出版这本书，并派专人专程来京商讨具体事宜，给予我们莫大的支持和鼓励。广西壮族自治区党委宣传部、新闻出版广电局有关领导在本书编辑出版过程中给予的指导和帮助，令人感动至深。

在推出《旧报新读》栏目过程中，光明日报社的领导和同事给予了各方面的鼎力支持，他们的勉励和指导，让我们感到温暖。从他们身上，我们进一步领会到“与真理同行，与时代同步”这一社训的丰富内涵。

这里还要特别感谢中国记协国内部殷陆君主任，他以新闻人的眼光、管理者的担当，给予我们智慧和力量，鼓励我们努力把有价值的事情做到最好。与他同道同行，当引为人生幸事。

由于成书过程比较匆促，我们未能与文章及图片作者一一取得联系，不当之处，敬请联系编者，并给予批评指正！

编　者

2018年10月

光明日报

华主席离平壤回国金主席到车站热烈欢送

金主席向华主席赠送礼品

实践是检验真理的唯一标准

人民日报

RIBAO

无理取闹辱骂殴打三名女教师

文艺工作者必须有一个坚定的哲学基础

为进一步做好知识分子工作 湖北省委制定五项措施

在新的崛起面前

周末文艺

热心发现人才 破格选拔人才

马寅初就任北京大学名誉校长

新华社北京九月十五日讯 马寅初已被任命为北京大学名誉校长。

教科新闻

学习不是你死我活的战斗

提高大学生就业质量

宁波一老师竟让家长批改作业

广西打通"中职升本"通道

经济日报

电力部水电四局在技术业务干部中发展党员

老先生访问记

墙 上 的 画